思想星空

袁祖社 主编

中国社会科学出版社

图书在版编目（CIP）数据

思想星空.2021 / 袁祖社主编. —北京：中国社会科学出版社，2021.12
ISBN 978－7－5203－9221－1

Ⅰ.①思⋯　Ⅱ.①袁⋯　Ⅲ.①社会科学—文集　Ⅳ.①C53

中国版本图书馆 CIP 数据核字（2021）第 193116 号

出 版 人	赵剑英
责任编辑	朱华彬
责任校对	谢　静
责任印制	张雪娇

出　　版	中国社会科学出版社
社　　址	北京鼓楼西大街甲 158 号
邮　　编	100720
网　　址	http://www.csspw.cn
发 行 部	010－84083685
门 市 部	010－84029450
经　　销	新华书店及其他书店

印刷装订	北京君升印刷有限公司
版　　次	2021 年 12 月第 1 版
印　　次	2021 年 12 月第 1 次印刷

开　　本	710×1000　1/16
印　　张	19.5
插　　页	2
字　　数	251 千字
定　　价	118.00 元

凡购买中国社会科学出版社图书，如有质量问题请与本社营销中心联系调换
电话：010－84083683
版权所有　侵权必究

编辑委员会

顾　　　问　（按姓氏笔画排序）
　　　　　　　万俊人　尤西林　孙正聿　李景林
　　　　　　　吴晓明　杨国荣　金　延　欧阳康
　　　　　　　郭齐勇　赵敦华　倪梁康
编委会主任　韩　震
主　　　编　袁祖社
本期执行主编　尹兆坤
编　　　委　（按姓氏笔画排序）
　　　　　　　丁为祥　王云霞　王　辉　王　晶
　　　　　　　尹兆坤　石碧球　刘学智　许　宁
　　　　　　　江求流　庄振华　李敬峰　宋宽锋
　　　　　　　肖士英　杨　辉　林乐昌　宗晓兰
　　　　　　　赵卫国　袁祖社　寇东亮　曹树明
　　　　　　　雷龙乾　戴　晖

目 录

发刊词

思想星空 …………………………………………… 韩　震（3）

通识理念

在书院精神的承传中升华哲学
　　——祝贺陕西师范大学哲学书院成立 ……………… 赵馥洁（7）
哲学，在人类文明与个体修炼之间 ………………… 欧阳康（10）
以哲学的方式进行哲学教育 ………………………… 韩　震（16）
大学精神的信仰渊源 ………………………………… 尤西林（21）

智慧之光

哲学的思想任务 ……………………………………… 吴晓明（41）
论真诚先于真理 ……………………………………… 沈湘平（68）
经典智慧与人生 ……………………………………… 吴进安（84）
哲学作为一项认知事业 ……………………………… 陈　波（95）

现代神经科学的形而上学基础
　　——心脑关系的自然主义视角 ················· 任　维（111）
柏拉图的媚俗
　　——抽象、类比和隐喻 ····················· 马天俊（117）
人工智能与道德行为者 ························· 龚　群（130）

名师专访

发挥思维效用，提升哲学素养，融通思想资源，培养创新人才
　　——哲学书院名师访谈系列之韩震教授专访 ············（151）
应时沉淀、顺循本真
　　——丁为祥教授专访 ·························（159）

通识名家论坛

第一届"哲学与通识教育"工作坊 ······················（171）

书院风采

《苏格拉底之死》剧本 ···················· 刘　钰　明　钰（203）
从多学科视角探析"忒修斯之船"的意蕴 ········ 梁曼靖等（262）
再思技术异化：基于韦伯与马克思历史观的比较 ····· 刘　洋（281）

编后记 ································· （303）

发刊词

编者按：哲学是人类思维规律探索的结晶，承载思想结晶的经典著作是思想的星空中闪烁着智慧之光的星星。作为真理探索者的我们，在感受美好的思想星空之时，也需要承担起拓展思想星空的责任，为开拓出更大的思想空间做出贡献。

思想星空

韩 震[*]

人与动物的区别，也许就在于思想的有无。人是一个物种、一种动物，但却是一种有思想的动物。

当然，从动物意识到人的思想，肯定不是没有丝毫联系的绝对鸿沟。但是，在漫长的进化史中，人类意识逐步符号化，让人的情感、欲望、冲动、想象获得了标识，而有了这些标识，人们就可以让零碎的意识形成某种系统的思想。

在动物那里，比如，鹿的眼中看到的是作为食物的各种草本身，而老虎眼里看到的是作为猎物的鹿本身，但人则变得越来越通过"草"这个词语来理解草本身，通过"鹿"这个词语来理解鹿本身，通过"虎"这个词语来理解虎本身。人在意识中失去了与世界的直接性，但却获得了超越具体性的抽象能力。正是这种抽象能力让人获得了越来越宽广的思想空间。

最初的思想空间是靠声音符号构筑的，代际的口口相传就是思想延续的途径。加之远古时代人寿命短暂，因而思想与知识的积累非常缓慢，甚至许多知识和思想往往因为有思想的个体生命的消失

---

[*] 韩震，男，1958年生，2020年被聘为首届基础教育教学指导委员会委员副主任委员，兼任教育部社会科学委员会委员，教育部高等学校哲学教学指导委员会委员，中央马克思主义理论研究和建设工程《西方哲学史》首席专家。

而消失。

有了文字之后，人类思想的发展呈现出一个不断加速的过程。这是因为有了文字对思想与知识的标识性固化：一方面有了文字的标识，人相对容易思想了。就像行路者有了地图，更容易理解自己在什么方位上，应该朝什么地方走。维特根斯坦说文字所表达的命题图示着世界，就是从这个意义上讲的。另一方面，即使发现或掌握思想与知识的人因生命的结束在肉体上消失了，但有了文字记叙，其思想仍然可能被其他人激活。只要这种文字仍然被使用，后人就可以通过阅读来激活这种知识与思想，甚至早已不被使用的"死语言"也可以破解，古代许多文明的成就就是通过这种方式被重新认识的。

没有活着的头脑的理解，文字本身还不是思想，但有了文字的标识，人们就有了运思观念的记号，从而容易理解前人的思想，阅读便成为穿越时空的力量。有了阅读，我们不仅可以理解几千年前先辈们的智慧结晶，如《道德经》《论语》《庄子》《孟子》《韩非子》，而且可以理解地球对面欧美人的思想。这就是阅读的力量，人们通过阅读不断拓展着思想的空间。一个人阅读的空间，就是这个人思想的空间。

哲学是对人们思维规律探索的结晶，因而可以说是关于思想的思想。人类思想的空间是一个不断积累、不断跃升的过程，在其中许多哲学家的经典著作成为引导我们在思想之路行进的闪烁智慧之光的星星，它们也成为支撑我们思想空间的梁柱。正是对哲学经典的阅读让我们进入思想的星空，也让我们在与前人或他人的对话中开辟新的更大的思想空间。

阅读并不是要完全接受别人的定论，而是激活我们自己的思想，拓展出更加广阔的思想星空。我们与其说是真理的拥有者，不如说是真理的探索者。所以，我们必须不断阅读、不断探索，永无止境，进入越来越宽广的思想星空。而拓展越来越宽广的思想星空，就是我们的办刊目的。

通识理念

编者按：哲学书院的通识理念对书院的文化建设和教学建设具有重要意义，它促进了书院特色文化的打造以及哲学通识核心课程群的开展；同时，它为书院对标国家"新文科"建设和拔尖创新人才2.0计划，明晰了前进的方向。因此，通识理念是书院建设的指向，也是教育工作实施的引领。

在书院精神的承传中升华哲学

——祝贺陕西师范大学哲学书院成立

赵馥洁[*]

近年来，中国高校建立的书院甚多，2014 年还成立了多所高校的书院联盟，以陕西为例，书院之花在三秦大地上多处开放：自 2011 年 12 月宝鸡文理学院成立横渠书院以来，眉县横渠镇重建横渠书院、西安电子科技大学新建终南书院、西安文理学院振兴关中书院相继成立，还有 2017 年 12 月《关学与关中书院》三集电视纪录片在中央电视台 10 套放映。这表明陕西教育界、文化界的有识之士都努力从丰厚的传统文化中发掘宝贵资源，都殷切希望承传中国传统书院的优秀精神。

如今陕西师范大学又成立了全国首个以学科命名的哲学书院，这在承传中国传统书院优秀精神上是新的开拓，它呈现出了新的景象，因而具有重大而深远的意义。

书院是中国古代教育史上一种极具特色的教育制度，它是中国古代大学文化的核心，是中国古代教育的辉煌成就之一，因而它在中国教育史上占有重要地位。据不完全统计，清代新创建的书

---

[*] 赵馥洁，男，1940 年生，1964 年毕业于西北政法学院哲学系。现任陕西省社会科学界联合会名誉主席、西北政法大学终身教授、学术委员会主任。

院达3757所，修复前代书院608所，两项共计为4365所。书院以传道济世、兼容并蓄、自由讲学、人格培育为特征，蕴含着以"弘道"为核心的人文精神、以学者为主体的独立精神、以自由切磋探讨为方式的学术精神和以人格提升、世风美化为宗旨的教化精神。1901年以后，书院制度不复存在了。而在书院废除之后，胡适先生曾经感慨地说："书院之废，实在是吾中国一大不幸事。一千年来学者自动的研究精神，将不复现于今日。"虽然传统书院已经终结了，但是它历经千年而积淀的教育智慧和教学经验，仍然值得我们借鉴和汲取；它承载的优秀人文精神和学术精华，依然值得我们传承和弘扬。

而这种书院精神多是由哲学家培育和传承的，因为在古代书院制度兴盛的宋代，是儒学哲理化的历史时期。宋代的著名书院多是由儒家哲人创建和主持的，它既是哲学家的讲学场所，更是培养哲学家的基地。中国历史上的四大书院睢阳（应天府）书院、岳麓书院、白鹿洞书院、嵩阳书院都是如此。而我们知道著名哲学家周敦颐、二程、张载、张栻、朱熹、吕祖谦、陆九渊、王阳明等学者都曾讲学于书院。由此可见，传统书院精神与哲学学问有着天然的精神联系，哲学培育和传承促成了书院，而书院又推进和升华了哲学。

陕西师范大学哲学书院的书院理念是：对标"双一流"与"新文科"理念，打造特色鲜明的书院文化和核心通识课程群。重专业融通与综合素质培养，重理性精神与批判性思维能力训练，重开放性国际视野与创新意识规训，重优良心智与健全人格养成，为基础学科拔尖创新人才的培养助力。这一理念体现了传统与现代、中国与世界的交融和结合，体现了传统书院精神的创造性转化。因此，一方面它必定会以新的姿态继承与发展传统的书院精神，另一方面它将在承传传统书院的优秀精神中，在探索传统书院精神的创造性转化中，为哲学学科的升华开拓出新道路，构筑起新平台。

由此可见，陕西师范大学成立哲学书院，是有见识、有胆略、有气魄的大举措，它是可歌可赞的！是可喜可贺的！

最后祝愿陕师大哲学书院前程似锦，成就辉煌！祝愿哲学书院为建设学科、创新学术、培养学者、优化学风，做出重大贡献！愿它成为载入教育发展史册和哲学学科发展史册的光辉篇章！

（本文为赵馥洁教授在陕西师范大学哲学书院揭牌仪式暨一流本科建设高端论坛上的发言）

哲学，在人类文明与个体修炼之间

欧阳康[*]

我在这里讨论三个问题：第一个问题，哲学到底在教什么。哲学本科教育完成后，学生不从事哲学的研究，这是不是哲学专业教育的失败？不是，因为从这个世界上各专业的从事角度来看，从事哲学研究的一定是少数人，但是哲学作为一种素养，应该变成民族的共同素养。第二个问题，我们的哲学学科面临着极大的冲击。从学科建设的角度看，马克思主义学院独立后，哲学很大程度上被边缘化。而哲学书院的建立，可以使哲学教育走向更广阔的平台。第三个问题，陕西师范大学的哲学应该如何发展。专业哲学教育教学并不代表我们要放弃对大众哲学素养的培养，而书院的建立则开辟了哲学走进大众、走进心灵的可行路线。

一 哲学教育的价值取向

我们如今在讨论哲学，但哲学的发生对于人类究竟意味着什么，这是我们今天学习哲学非常重要的一件事。而用我们今天非常时髦的一句话，即哲学的初心在哪里？在西方哲学史的学习中，最先引

---

[*] 欧阳康，男，1953年生，现任华中科技大学教授、博士生导师，华中科技大学哲学研究所所长、国家治理研究院院长，《华中科技大学学报》（社会科学版）主编。

出的哲学思考就是"水是万物的本源",我经常琢磨这个命题,为什么这句话一提出,我们就认为在人类的意义上,人已达到了一种哲学的境界。人天天生活在世界上,关注着眼前的事物,那么人什么时候想到要去关注万物呢?这件事情非常重要。人想要超越现实的、直接的、功利的需要,去超越眼耳鼻舌身的局限去观察万物,而人不仅是去观察万物,还要去寻求万物背后的本源。但人们在寻找本源之时,又不仅是去寻找一个本源,而是要找到一个对象去说明本源。尽管在现在看来,寻找到"水"并不是那么智慧,但是寻找到"水"其实已十分厉害,因为事情的复杂性在于,正是由于水的作用才有了生命,真正意义上的自然世界才变成了生命世界、人类世界,进而才有了人的精神。所以在这样一个命题的背后,实际上是人视野的革命性提升,它意味着人类智慧达到了很高的境界。

大家知道哲学也叫作"爱智慧",但是我认为哲学不是爱一般的智慧,而是爱最高的智慧。智慧其实动物也有,植物也有,人也有,但是唯独人的智慧分出很多的层次。比如,人有一般的生命智慧,然后有感性智慧,也有理性智慧,而达到哲理层面的智慧,就不是一般的智慧了。这几年我也在讲几门课,一门是《哲学导论》,我负责了十六讲,这是整个湖北第一次推出的上千人的视频公开课。后来又开设了《人文社会科学哲学》,包含十五讲。前不久又开设了《哲学文化与人生智慧》,包含五十集,就是从"爱智慧"这里开始课程内容。后来我们发现,哲学中爱的智慧是最高的智慧,而什么是最高的智慧?它是和人类最高的价值取向相关联的智慧。这便是亚里士多德教导我们的,哲学智慧的活动是所有有美德的活动中最愉快的,因此它也是唯一的一门自由的学问。而这个世界上是否还有比美德、愉快、自由更高的价值?没有。因而这就是我们一直在追求的最高的价值。

但是我们怎样才可以获得这种价值?那就需要人的大智慧,而且这种智慧不仅仅超越了植物的智慧、动物的智慧,也超越了人的一般性智慧，它是帮助人类的智慧达到哲理水平的智慧。而所谓哲理的水平，其实就是要把握世界现象界的全体，全体背后的本质，本质背后的原因，原因后面的动力，直至去解决所有问题。所以，我们把哲学叫作寻根究底、追本溯源的学问。在这样的意义上，我们可以说哲学的发生意味着一个整体性人类文明的完整构建，只有在有了哲学以后，人类文明才作为一个体系建立起来。由此，我们要看到，学哲学就是要学习人类，要学习如何去把握人类的整体文明，从而达到一定的高度。而为什么学哲学难，这是因为你要站在这样的视野和高度上去看待世界，包括自然界与人类社会，也包括自我和自我的心灵世界。

因此，我认为哲学的出现对于人类意味了太多，以至于直到今天为止，我们仍然要去寻找它。如：要回到中华文明的智慧，大家第一时间想到的就是《周易》；研究印度文化，就不能忘记印度的一些古籍；研究古希腊的智慧，那么也要到古希腊的文化、神话背景中去研究这样一种转变。由此，在这样的意义下，对于我们如今谈论的哲学而言，如果有一个价值取向，就是要回到初心，就是要回到人类文明的整体构建。

二　哲学变革的意义

哲学的变革意味着什么？我们学习整个西方哲学史、中国哲学史，包括印度哲学史，等等，近年来我也非常关注国际的跨国文化比较研究，参加了很多会议，其实就是在关注在一个全球化的背景中不同的文化要怎么去碰撞的问题。

大家知道最近针对中国有三个说法：历史终结论、文明冲突论，还有中国威胁论。在这样一个背景下，我们如何对它们进行判断呢？我认为，哲学的每一种进步都是在挑战人类智慧的极限，哲学智慧最大的特点是致极性，其具体表现便是帮助人类在有限的生命历程中去追寻无限。其中，人类有一个悲剧，即人类生活在有限世界，但是永远向往着无限世界，可无限世界又永远无法进入，所以最后人类达到一个叫作极限世界的阶段。极限世界就是人类的理性以最高的形态去探索人类文明的发展时，人们所达到的一个又一个的极限。而在哲学发展史上，我们不断地用有限去追求无限从而达到极限，这个极限便是每一个哲学家所建立起的哲学丰碑。因此，我认为致极性是哲学最根本的设想，它是哲学最根本的特点。

我们知道哲学区别于科学的最大特质就是每一个哲学家都从批判现在的哲学开始，然后提出自己的哲学观念，去建立一个又一个的哲学体系，最后建立起自己的哲学丰碑，而其意义便在于它们代表着这一个时期内哲学家们在这一个问题上理论思维所达到的最高极限。但是很遗憾，丰碑很快就会被打倒成墓碑，这就是黑格尔所说的哲学史就是一片厮杀的坟场。后起的哲学家打倒现在的哲学家，不断地打倒，不断地树起。但是这些墓碑都是有意义的，因为它们代表着人类理性不断探索发展的阶段性阶梯，它们是时代性的丰碑。所以在这样的意义上，我们认为哲学思维与人类文明进步是同频共振的。什么是同频共振？当人类文明面临着发展极限的时候，哲学就会重新展现出它的魅力，而在这个时候就一定会产生全新的伟大的哲学家，让人类去实现这一突破。我们如果历数人类文明的进步，便会发现在这一过程中哲学思维基本都与其实现了同频共振。在中国共产党的历史中，从最初接受马克思主义，学习马克思的墓志铭，到"实践是检验真理的唯一标准"。我们学习哲学那时，全中国已铺天盖地地讨论"实践是检验真理的唯一标准"，结果回到我们的教科书，回到我们的课堂，我们的老师讲解的则是"实践是检验真理的标准"，没有强化"唯一"。我后来感慨良多，这无非就是恢复了我们马克思主义的一个常识，但却引发了物质的巨大革命。在那时我们的思想受到了严重的禁锢，而这种禁锢已经成为我们中国社会发展的巨大障碍，所以一旦提出"实践是检验真理的唯一标准"，将阻碍全中国社会大进步，思想大进步，文明大发展。因此，从这个角度而言，我认为哲学的进步意味着我们极限的拓展。

那么这对同学们学习哲学有什么意义呢？其意义在于帮助我们把所有的学科发展成果作为一个前提来加以反思。今年我招了两个博士，一个博士是我们学校光电学院的同学，另外一个是学软件的同学。而我为什么要招他们？因为我们准备进行大数据与国家治理现代化的研究。在这个意义上，我们现在是用大数据去帮助我们的国家突破极限，用哲学的思维方式来推动人类文明的进步，所以我们成立了一个名为"大数据资本学说与国家政治现代化"的工作坊。

三　哲学教育的意义

哲学教育对于教育而言意味着什么？冯友兰先生说，一般的教育都是教育我们成为一个职业的人。而真正的哲学教育是教育我们成为一个真正的人，它是人之为人的教育。这就是哲学教育区别于我们一般的知识性教育的一个重要方面。我们的哲学教育当然要有知识，自然科学、人文社会科学知识我们都要学习，但是其最重要的意义就是教会我们以人生的方式来体验整个世界的发展。对于哲学教育我有一个命题，"以真正哲学的方式来学习和研究哲学"，我认为真正意义上的哲学是能够关注到人类生命发展和世界发展的内在相关性的哲学。它能帮助我们去认识历史，认识时代，尤其是把我们个体摆在时代里。而这种真正意义上的哲学，在古希腊便是"认识你自己"，对我们中华文化而言便是"自知之明"，这种"自知之明"意味着于人类文明的顶端来看待人类文明迄今为止的所有现象，这或许是一种高度意义上的生命自觉，而我认为我们哲学教育最根本的教育内容就是要去帮助我们实现一种高端意义上的生命自觉。

而哲学学习对于个体而言意味着什么，我认为是学以成人。去年哲学大会的主题就是"learn to be human",而我曾经在美国参加的另一个会议是"价值与哲学研究",他们的会议主题是"relearning to be human"。我在世界哲学大会上提到,怎样让我们真正学会做人。我们不是从出生起就处在学习的过程之中的,而是在所有的场景中,在所有的状态下,在所有的水平上,在所有的阶梯上,不断地去学习重新做个更好的人。由此,在这个意义上,哲学教育不能假定我们所有人就是一块白板,然后我们在白板的基础上去进行教育。我们哲学教育的前提应该是人已经成为人,进而哲学再帮助我们,让我们"learn to be human"。而且大家知道台湾很多大学的哲学专业是不直接招收本科生的,而是在已有的一年级、二年级学生中去招生。这是因为学哲学要有一定的生命经历,而且一定要在成人的基础上进行哲学学习。因而当我们开展哲学教育的时候,我认为很重要的一个前提就是要假设你的教育对象在头脑中已几乎懂得了人类文明的所有观念,而且他已经站在了一个立场上,进而你去影响他们,让他们变得更加美好,更加善良,更加富有创造性,更加为自己的理想奋斗。

因此,哲学教育其实是一个非常复杂的事情,它对我们的哲学老师提出了很高的要求,在老师的理论与学生已有的思想发生碰撞之时,学生有可能认同老师,也可能坚守他们固有的思想。我们的哲学教育便是要在碰撞之中,为教育的所有对象塑造出完整的人格,让他们更加愿意且自觉地认识自我,认识这个世界。而在这个节点上,我们的哲学教育才能发挥作用;在这样的意义上,我们才可以理解哲学所具有的特殊的教育意义。

(本文为欧阳康教授在陕西师范大学哲学书院揭牌仪式暨一流本科建设高端论坛上的发言)

以哲学的方式进行哲学教育

韩 震[*]

大家都在说,陕西师范大学的哲学书院是全国首家以哲学学科命名建设的书院。在这个意义上,它创造了历史。然而,这个创造历史的人不是我,我却被推到了历史的舞台上,并扮演一个很重要的角色。按照社会学的理论,每个人都在扮演着角色。所以,既然我扮演了一个角色,我也就该为这个角色代言。因为这里是哲学书院,所以我们主要来讨论一下怎么读书。

一 读书的意义

书院教育最根本还是读书,因为哲学不是靠听来的。读书究竟是意味着什么?或者说,什么是读书?读书,就建立在动物对周围世界的理解上。读书,我们说看书,实际上动物也在"看","看"这个世界。但是动物的"看",由于没有符号作为中介,它只能看到这个世界上存在的东西,没法读出这个世界上看不到的东西。人,由于有了符号作为中介,就能看到动物看不到的东西,而这便是人

---

[*] 韩震,男,1958年生,2020年被聘为首届基础教育教学指导委员会委员副主任委员,兼任教育部社会科学委员会委员,教育部高等学校哲学教学指导委员会委员,中央马克思主义理论研究和建设工程《西方哲学史》首席专家。

的读书和动物的"看"的差别。

我曾经在北外当过校长和书记,知道现在的学校经常评一流大学。我经常跟校长开玩笑说,有一个非常简单的评价学校的标准,就是到一所大学里,看这所大学的教师讲什么话,这样就知道它是什么层次的学校。比如,凡听到大多数教师都在说地方话,那它就是地方性大学;凡听到南腔北调的,那它就是全国性大学;凡听到世界各种地方语言的,它就是世界性大学。我到北外以后,别人经常和我说学外语的重要性,如包容引领等意义。但我认为语言的重要性在于,人因为有了语言,才能从动物变成人;有了文字,我们才能进入文明时代。赫拉利说,动物也有语言。但是这与我对语言的理解并不冲突,因为动物的语言只能表达这个世界上能看到的东西,比如食物、配偶、敌人、天敌等,它只能看到、只能表达这些内容。唯有人,由于有了符号,他才开始有了另外一种理解,有了意义世界。如:自然科学的客观规律,都是理解;价值观、中华民族等,都是意义世界中的元素。所以,人类的读书实际上有异于动物的"看"。我们的看书,由于有了符号作为中介,就产生了意义。

欧阳兄提及"水是万物的始基",这个命题为什么这么重要呢?过去,人更多的是像动物一样,看到这个世界上存在的东西,水就是水,土就是土,石头就是石头,植物就是植物。忽然之间,泰勒斯说,水是万物的始基。这样,概念就产生了。什么叫概念?即水在这里不再是"看"意义上的水,而是万物的基石。当他看这个山的时候,他看的不是山;看这个植物的时候,看的不是植物,它们背后都是水,也因此说明了世界的统一性。这是人类思维训练的一次很大的飞跃,没有这个飞跃就不可能有哲学的思维。

我认为读书的意义何其了得,我们的琢磨,我们的看书,就建立在动物看这个世界的基础上。我们也在读各种事物,读这个世界,读这个社会的答数,读这个自然的答数。但是,人与动物的读法不一样。由于没有符号,动物所有的知识往往都随着它肉体的消失而消失，尽管它也会教育它的后代，但是每一代又在重新开始。而人由于有了符号，有了意义编码，这样他就能把前人的知识积累下来，前人的知识就变成了我们后人的起点。我们一步步走向了文明，而文明也不断地进步发展。刚才欧阳兄提及了极限，而我们每一代人的极限都和前一代人的极限不一样，这就是历史，这就是生存，这就是学以致用。所以说，读书它具有超越时空的力量。正是这种超越时空的力量，让人一步步地成为人，一步步地越来越像个人，从而个体越来越发展，社会也越来越文明。

读书首先超越了时间，我们或许没见过作者，但却阅读了他的作品。比如我最近在阅读的艾利森的《注定一战》，我没见过这个作者，但他却在地球的另外一面为我们提供了很多视角。读书还超越了空间，我们不用如过去般面对面地沟通。有了这种超越时空的力量，所有历史上的、不同地域的人的智慧，都可以变为我们的起点，让我们站在前人的基础上进行思考。这就是读书的力量。

二　如何读哲学书

我在 20 世纪 90 年代初读过一本教材，就是 Introduction to Philosophy（《哲学导论》），后边有个附录是 How to Read Philosophy，就是"如何读哲学"。我认为归纳起来有两个方面。

第一，慢慢读。正如我们看不懂的内容，我们一看图，就看懂了；听不懂的内容，一举例子，我们也就听懂了。这告诉我们，人的理解有时候需要借助感性的力量。但是，感性的东西都是正在存在的知识，只有理论化的知识才具有普遍意义。在这个意义上，哲学是最抽象的，它最具有理论性。因此，哲学读起来是最困难的，我们必须慢慢琢磨。比如，维特根斯坦《逻辑哲学论》第一句话让很多人感到迷糊，"这个世界不是事物的总和而是事实的总和"。如果不琢磨他的话，我们确实没法理解。但在琢磨透后，也正像维特根斯坦所说的，他的学说是透明的，是非常容易懂的。他说的便是，每个事物都在那存在着，这些事物的关系构成的事实，才让这个世界表现出不同的性质。这就是说，语言无非是在涂饰这个世界，凡能说清楚的，都能说清楚，说不清楚的东西，就应该保持沉默。所以维特根斯坦的学说很简单，但由于它是抽象表达，便让人难以理解而需要琢磨，而我们一旦琢磨透了，它便具有了普遍意义。因此，对于哲学的阅读而言，必须慢慢琢磨。

第二，孤独阅读。哲学是一种思维活动，我们学哲学不是为了把自己头脑变成别人思想的跑马场，而是用前人的思想激活我们自己的思想，让我们自己思考起来，并在前人的思想基础上继续前行和深化，从而真正进入哲学的状态。运用欧阳兄的词，便是达到新的极限。维特根斯坦也认为哲学是一种活动，而不是知识。这其中并不是指没有知识，而是有知识，但哲学的意义在于让自己思考起来。因此，学习哲学绝对不能像学习其他知识那样以记忆的方式进行，它是一种批判性的思维活动。而这种思考起来的状态，便是孤独阅读。

能写书的人一般比不能写书的人脑子要聪明，而能写哲学书的人，相对而言更聪明。如本地关学的历史非常深厚，我们阅读这些经典，以对话的方式进行阅读，便和这些巨人站在了同一个水平上去思考问题，如：你为什么这样讨论？你以如此的方式讨论有没有道理？由此，我们便慢慢地将哲学家的思考方式内化为我们自身的思维方式，进而提升自己的思维能力。

另外，我认为还应该加一条读哲学的方法，即左顾右看，相互参照。因为每个人的智慧都是有限的，尽管我们可以自由阅读，可以与哲学家对话，但是有的时候，由于有些哲学家的头脑非常聪明，推理十分缜密，同时他的作品也是他多年积累的成果，所以当我们直接去触及他的作品时，特别是初学者触及时，就会不知所云。这时候，我们必须通过历史的参照，多学科的参照，中外不同看法的参照，不同学者的参照去读这个著作。这时候我们会发现，每个人的不同意见，会帮助我们打开更广阔的世界，跳出自己原有的狭隘性。

三　本科教育

　　本科教育非常重要，凡属于一流大学，都特别重视本科教育。为什么本科重要，因为本科是奠定自己知识方式和知识基础的最重要阶段，之后的研究往往是对自身的发展。在这个教育的过程中，人的各种能力实现了发展，但人最根基性的能力其实是思维能力。而哲学，恰恰锻炼的是人的思维能力。我们学习理论，必须先学习哲学。因为只有学习了哲学，才能在思维上或思想方法上解决问题。现在人有各种能力，如各种职业能力，而唯独哲学，它没有培养任何职业性能力，但却具有根基性的意义。技术方面的能力无非是思想的外化，也正因如此，陈毅同志说，你学习别的都能提高，但唯有学习哲学，才能在思想、工作、能力上有真正的提高，因为你是在思维层次上解决问题、在原始层面上解决问题、在哲学层次上解决问题、在普遍意义上解决问题。所以，我特别钦佩陕西师范大学为全校的拔尖创新人才成立了哲学书院，它能够在根基性、普遍性意义上发展学生，奠定他们的能力，进而为中华民族伟大复兴培养新一代的人才。

　　我们的教育为什么重要、为什么困难？因为我们必须培养出比我们这一代人更优秀的人，才能让他们更好地承担起中华民族伟大复兴的重任。因为我们这一代人还是以跟着跑为主，而我们下一代只有处于领跑的状态时，中华民族才能真正实现复兴，我们另一个盛唐才会出现。

　　（本文为韩震教授在陕西师范大学哲学书院揭牌仪式暨一流本科建设高端论坛上的发言）

大学精神的信仰渊源

尤西林[*]

一 大学概念辨析[①]

近现代意义的大学，自12世纪初诞生至今，甩开诸多外在形态改变，就其最为根本的精神宗旨所规定的大势而言，可以区分为两大演变阶段：以19世纪德国柏林大学建立为标志，此前的大学基本以基督教神学修道院为原型而向世俗化方向演变，此后的大学则逐渐定位于民族国家精神文化与科技所需求的教育科研。

这一转变更具体的情况是：中古大学不仅脱胎于基督教会，而且不管如何趋于世俗化，一个国际性的基督教团体特别是一个普世的基督教精神世界，始终是大学的实质性依托。文艺复兴发展起来的世俗化，至18世纪也未能提供一种取代基督教世界的依托体。这一情况随着法国大革命所产生的近现代民族国家及其民族主义观念而发生根本转变。民族国家及其民族主义观念终于成为迄今现代人类社会最为坚硬的统一体单位。正是承续赫尔德（J. G. von Herder）的"文化民族主义"（Cultural Nationalism），在

---

[*] 尤西林，男，1947年生，陕西师范大学文学院文艺理论与美学教授，校文科资深教授，校通识教育研究中心主任，博士生导师。

[①] 此处标题为编者所加，后同。

普法战争惨败时，德国的现代民族国家自我意识被有力激发，它不仅体现为费希特（J. G. Fichte）著名的《告日耳曼国民书》（1806），而且推动了洪堡（W. von Humboldt）上书申请创办柏林大学（1809）。

柏林大学的成立与汲取战败教训、强盛德意志民族国家的背景密切相关。柏林大学为此后的大学开创了一个深远的转变方向，那就是将科学研究视为与大学传统教学并重的职能。这一方向固然可激活教学传统而成为现代大学重要的特性，但它同时也成为大学服务于民族国家建设特别是转化为商业经济的纽带。这一纽带对于大学具有双重意义：它既是大学回应社会以激发活力的途径，又包含使大学隶属于现代化技术进程，从而丧失大学本己的现代性批判位置的危险。海德格尔（M. Heidegger）后来从后一角度反思了它更为深远的危害：

> 一种以研究所方式活动的历史学或考古学的研究，本质上比它自己的还处于单纯博学中的人文科学院系里的学科，更接近于相应地建立起来的物理学研究。所以，科学的现代的企业活动特性的决定性展开也造就了另一类人。学者消失了。他被不断从事研究活动的研究者取而代之了。是研究活动，而不是培养广博学识，给他的工作以新鲜空气。……
>
> 研究者必然自发地涌向根本意义上的技术人员的本质形态的范围中。……除此之外，还有某些时间和某些地方，能够保持着变得越来越淡薄和空洞的学究和大学的罗曼蒂克。但是，大学的有效的统一特性，以及大学的现实性，却不在于科学的原始统一过程所具有的某种精神力量，这种精神力量发源于大

学，因为它得到大学的培育，并且在大学中得到了保存。①

海德格尔在此反思中把作为现代化及现代性思维典范的科学归源于大学。但是，大学这种涵摄并超越现代性的本源地位又起源于何处呢？

这是有关大学本质的根本问题。与现代关于大学（高等教育）经费来源、毕业生就业去向等急迫重大而具体的现实问题相比，关于大学本质的超迈反思形成了另一类型的"高等教育研究"。值得注意的是，此类思考兴起于人文科学现代建构的19世纪，这同时是从思想观念到社会运动（以社会主义为代表）空前激烈地批判现代化——现代性的时期，关于大学本性的思考在此时成为现代性批判与人文科学现代建构的重要组成部分。

这一关于大学本性的现代性反思不断强调的关键词有：渊源于柏拉图的"理念"（idea）及其近现代演化概念"理想"（idea）、"精神"（德文"Geist"）、"人文学科"与"人文精神"（人文主义）。围绕这些关键词产生了"大学"思想的一系列著作：英国纽曼（J. H. C. Newman）大主教《大学理念》（*The Idea of a University*，1852）、美国佛雷克斯纳（A. Flexner）《大学》（*Universities*，1930）、德国雅斯陌斯（K. Jaspers）《大学理念》（*The Idea of the University*，1946）、美国克尔（C. Kerr）《大学功能》（*The Uses of the University*，1963）、德国哈贝马斯（J. Habermas）《大学理念》（1986）、美国彼里坎（J. Pelikan）、《大学理念：一个回顾》（*The Idea of the University: A Reexamination*，1992）……在中国，蔡元培在《中国现代大学观念及教育趋向》（1925）、《大学教育》（1930）中

---

① ［德］海德格尔：《世界图像的时代》，孙周兴译，《海德格尔选集》下卷，上海三联书店1996年版，第894页。引文将原中译本中"精神科学"（Geisteswissenschaften）一词按照其学术思想史含义改译（意译）为更为通行的"人文科学"；原中译本中"学院"一词其文化雅用涵义（学院、经院）颇传神韵，但汉语"学院"一词的流行指称低于"大学"的建制，鉴于本文恢复"大学"本义题旨，故改译为"大学"。

所阐发的"大学理念"及其北京大学范型，即使历经近一个世纪的沧桑巨变，依然在当代中国思想界关于大学的思考中享有经典原型地位。① 而以解构主义名世的法国哲学家德里达（J. Derrida）关于大学理念的执着思考②则表明，大学理念已成为抗衡现代拜金主义与技术主义的重要基石，这是一个即使在后现代消解主义时代也无法消解的理念。

"理念"（idea），这个希腊理性哲学所信仰坚执的真善美的故乡观念，在启蒙之后已转化为人文精神的"理想"观念。关于大学的思考，为什么总要与之相连，并透出一种神圣的信仰意味呢？

二 大学之诞生

有必要从区别于历史编纂学与实证社会学的人文信仰发生学角度，重新审视大学的诞生。

大学12世纪初诞生于欧洲。③ 与此相关的背景因素有以下几项：

1. 十字军运动与东西方文化交流

十字军东征带回的东方文化特别是阿拉伯文献所保存的古希腊罗马文化，这不仅为后来的文艺复兴提供了条件，而且推动与提高了专业学术的研究（特别是关于亚里士多德、罗马法学、医学的研究）。这是中古神学转变为近代学术与科学的一大契机。

---

① 蔡元培依据柏林大学洪堡的人文精神而承接现代大学理念，但从中央党务学校（1927）到中央政治学校（1929）开始，国民党训政化进入大学，三民主义被列为必修课，即标志着现代大学在中国的夭折。新中国成立后不久，大学又纳入苏联技术专业大学体制。因而，迄至20世纪90年代，继人文精神讨论（1994）后，大学理念才作为一个启蒙性课题提出。这在某种意义上是继续着蔡元培的话题与事业的。

② 从1983年在美国做"大学在今天是否有'存在之理'？"专题讲演，到2001年在中国复旦大学接受名誉博士时做"关于'无条件'的大学"讲演。

③ 此指与近现代大学一脉相承的波隆那（Bologna）大学（公元1100）、巴黎大学（公元1150）、牛津大学（公元1168）等。此前阿拉伯的赫克曼大学、仪勒姆大学以及拜占庭帝国的君士坦丁堡大学，乃至中国古代的大学（"辟雍"）等，则不属此范围。

2. 近代城市的形成

这里尤其需要注意的是，如文化人类学研究所发现的，不能将城市的起源仅仅外在地归结为人类直接觅食藏身与工商贸易的聚合结果，因为它同时还起源于祭祀地点的固定化，以及"精神世界"（innerness）保存寄托的需要。① 城市特有的向心力，不只意味着财富、生存机遇与享受，而且更深刻地象征与代表了一种文明、文化的中心。奥古斯丁《上帝之城》（*De Civitate Dei*）对罗马所代表的世俗城市的否弃，可视为对城市精神灵魂的极端强调。但即使上帝之城"不属这世界"（《新约·约翰福音》18∶36），人类向上帝之城迈进之途，却也不仅处于历史性的时间中，而且得落脚在空间中。

因此，一个在世间又超世间的精神（文化）空间，不仅成为追寻意义的世人个体剪除孤独与抚慰的需要，而且成为人类提升世俗生存走向至善世界的共同体基础。这一精神空间实体曾经是教会，但大学诞生之前的 10 世纪，基督教会已严重地蜕化为最有权势的世俗团体。对于基督教及其教会而言，政教合一使其代表精神世界并引领世俗社会的能力受到严重伤害；对于世俗社会而言，王权及新兴资产主义工商业，不仅需要从一个世俗权势化的、政教合一信仰体的压迫中获得解放（由此而指向后来的文艺复兴世俗化），而且需要一种新的有意义的精神信仰空间（由此而指向后来的新教改革）。

近代城市在工场制作与商贸市场将人群聚集之后形成，但城市及其开始现代化的社会，需要为自己寻找一种适合于近现代专业技术与商贸社会的新的精神信仰空间，这一新的精神信仰空间同时也是以城市为中心的现代社会的灵魂。

---

① 参见［美］芒福德《城市发展史——起源、演变和前景》，倪文彦、宋俊岭译，中国建筑工业出版社 1989 年版。

3. 修道院与经院哲学

修道院始终是基督教信仰的纯洁基地。如基佐（F. P. G. Guizot）所强调的，修道院即使在基督教会声名狼藉的时代，也在人们心目中享有神圣的地位。"在蛮族人的想象中，世俗教士、主教或一般的教士都是十分普通的人，因为他们常常看到他们、虐待他们、甚至抢劫他们。可是袭击一座修道院则是一件严重得多的事，那边有那么多的圣徒集结在一处圣地上。在野蛮时代修道院是教会的避难所，正像教堂是俗人的避难所一样。"① 一方面，从5世纪到12世纪基督教会逐渐世俗中心化；另一方面，自6世纪圣·本尼迪克特（St. Benedict）建立其修道会开始，基督教信仰通过远离世俗幸福的修道院生活磨炼，维护着自己的历史使命。修道院成为基督教信仰真正的精神空间。

从6世纪开始，修道院开始办学校，到了9世纪，修道院办学已蔚然成风。修道院学校不仅招收院内学生（oblati, oblate），而且招收俗界走读生（externi, extern）。就其直接目标而言，修道院办学校是为了培养修士。但从基督教整体在中世纪的状况来看，修道院作为维护基督教信仰的聚集团体，此种扩张性的办学教育，正属于基督教信仰在政教合一困境下的精神空间开拓或突围。这一开拓与突围后果深远地使基督教信仰将重心移向教育。

修道院学校以古典人文学科的"七艺"为内容，由此而指向后来的文艺复兴。"七艺"（特别是辩证法）用于基督教神学，而发展出经院哲学。经院哲学使信仰与理性结合，神学的学术性获得深化与精致化，并作为学术规范传统与学术观念、态度及风气塑造大学的灵魂。

在经院哲学传递给后来大学的学术观念里，其中最为珍贵的一个核心乃是对学术的信仰态度。与现代基于个人立场的论争不同，

---

① [法] 基佐：《欧洲文明史——自罗马帝国败落起到法国革命》，程洪逵、沅芷译，商务印书馆1998年版，第111页。

经院哲学特有的基督教信仰大前提，使之更鲜明地体现着学术传统的一个基本态度：学术论辩不是个人之争，而是互以双方的对立所构成的认识论差异为条件，在相互诘难中共同趋近真理的活动。因而，真理不是现代人辩论文化观念时所认为的胜者占有的对象，而是论辩双方共同努力接近的信仰目标。真理在经院哲学中所享有的信仰地位，使学术成为超出任何特定个人意志的信仰性对象。这就是后来大学中学术享有至高无上尊严的渊源。

4. 行会与近代社会功能分化

社会功能的分化及其在社会功能分化意义上相应的社会阶层的分化，是现代性（modernity）的基本特性之一。社会功能范畴也因此属于近现代，它表征着社会作为有机体系统的现代化方向。它在两个基本点上不同于非现代社会：①它基于社会有机体功能分化（分工），而非基于世袭与战争暴力所形成的权力财富多寡来确定社会阶层。在此意义下，商人、工人、知识分子与官僚不同于前现代社会的奴隶与奴隶主。同时，这一着眼于社会系统正当分工的社会职能性阶层，也不同于现代社会基于经济政治利益格局的阶级（如无产阶级与资产阶级），后者拥有自己的意识形态观念。②它是分化性，而非未分化性的，而古代的君主统治与中世纪的政教合一则是未分化性的。

注意到上述区分，我们就会对中世纪的行业公会（Universitas）有更多角度的认识。拉丁文"Universitas"指由一些有知识和技艺的人组成的传授知识技艺的联合体。行会的社团含义后来由中古英语的"gild"和古斯堪的那维亚语的"gildi"混合成的英语 guild（基尔特）。古代行会发展至中世纪"Universitas"，有这样一些特性：①其职业团体性质与近代开端的社会职能分化具有重要的吻合对应性；②职业行会构成近代城市社会结构的基础；[①] ③尽管组成行会的

[①] ［美］芒福德：《城市发展史——起源、演变和前景》，第9章，第6节。

动机与直接的生存利益密切相关，但行会所凝聚的近代社会职业意识及其职业文化，却超越了特定阶层的利益格局。其中，特别侧重的是本行职业的传授与教育。

技术行会的根本性限定在于：①所传授的技术是实用经验性的，不具有普遍必然性的原理根据；②各行会被本行业技术所限定，不能通识；③实用行会技术缺少超出实用技术的普遍知识，这在当时是神学、法学与医学（医学在中古与灵魂相关）；④行业之间利益冲突要求超越利益之上的公义仲裁，这需要依靠当时的教会；⑤最后，行会社会众生仍然处在宗教传统中，因而需要信仰机构，但这已指向了在行将到来的近代文明社会中有别于教会的信仰机构。

能满足上述要求的特殊教育机构在当时就是修道院。这使"Universitas"转化为"Universitates"（大行会），这就是今日英语中"University"（大学）一词的来源。"Universitates"最初称为"Stadium general"，意即"来自各方的人一起参与学习"，其基本含义就是后来19世纪兴起的通识教育（general education）。直到"二战"后欧洲建设通识教育，德国甚至直接以这一拉丁文短语表述，而非德文"Allgemeine Balding"来指称"通识教育"一词。

"Universitates"表明一个超行会的社会公共教育机构的产生。这恰是前述近现代社会职能分化中的定位，由于"Universitas"的信仰团契本义（由"Unum""versito"两词合成），它特别满足了以城市为中心的现代社会对重建精神信仰空间的需要。

因此，大学同鱼贩、商行等行会一样，是一种特定的行会团体，一群教育职业者的行会。这一大学行会由教师与学生共同组成，他们有着自己本行的条件要求与协作利益，例如游学四方的学生在各地大学可获得的食宿与听课权利，教师职衔待遇的保障协定，等等。就这些利益内容而言，大学与鱼贩商业行会并无特别不同之处。

但是，大学这一职业行会的职业内容及其性质，却超越了包括大学师生在内的社会各个职业行会的特定利益格局与立场。大学承担了文化贮存、文化传播和交流以及文化创造和发展的专门功能。其中，尤其是作为各行业经营活动的涵义（meaning）所具有的终极价值与意义（significance），① 它不能够依据各行业直接的涵义（meaning）自身来确定，而相反地只有在起源于巫师巫术后演进到文明时代的宗教与哲学中才获得专题对待。② 如前所述，中世纪政教合一使基督教教会沦陷于世俗涵义（meaning）中，已无力研究意义（significance）境界，于是经由修道院中介，这一承担社会终极价值意义（significance）保存与教化的功能便历史性地传递给了大学。一个重要的演变是：教化与知识相结合而成为教育。

如同巫师身兼神使与人类代言人双重身份，而不能拥有私人身份及利益一样，③ 大学行业也具有了社会最高代表的特殊意义。所谓社会最高代表，在此并非指行政实体的首长，而是指大学行业人士更应超越自身特定利益立场，甚至超越特定阶级、政党与王国、民族利益，从更高的人类社会整体与终极价值意义角度思考行事。处于这一位置上的人，远古时即巫师，至中古时仍是教士，但在近代社会开始的 11 世纪，它被一批大学人士所取代，这一社会职能的承担者被称作"知识分子"。④ "Universitates"及其知识分子因而在各行业公会中享有了特殊的地位。拉丁文"un－ns"从此指称着卓越崇高者。

只有从上述深层精神结构与社会职能角度，我们才会更深刻地理解大学在中世纪社会中的特殊地位：

（1）大学脱胎于基督教（修道院、教会）团体并长期作为宗教

---

① 参见尤西林《有别于涵义（meaning）的意义（significance）》，《学术月刊》1996 年第 10 期。尤西林《阐释并守护世界意义的人：人文知识分子的起源与使命》，河南人民出版社 1996 年版，华东师大出版社 2017 年第四版修订版，第 2 章。

② 参见尤西林《阐释并守护世界意义的人：人文知识分子的起源与使命》，第 3 章。

③ 参见尤西林《阐释并守护世界意义的人：人文知识分子的起源与使命》，第 3 章。另参见[英] 弗雷泽《金枝》，第 17 章、第 59 章。

④ 参见 [法] 雅克·勒戈夫《中世纪的知识分子》，张弘译，商务印书馆 1996 年版。

性教育与研究机构存在。大学除了直接脱胎于修道院外，还来自接受捐赠基金的济贫院，而"在以捐款为一种虔敬行为的时代，它赋予有关机构以一种宗教的性质。在这种情况下，它引导建立的不是像现代为师生们建立的世俗的寄宿宿舍，而实际上是建立仅仅和其他大学教堂（Collegiate church）不同的大学教堂，是建立兼顾祈祷的研修，而非兼顾研修的祈祷"①。因此，初期的大学实际是适应即将来临的人文世俗时代的修道院衍变体。牛津大学默登学院（Morton College）著名的默登法规作为此后欧洲大学基金会的经典文本，浓郁的修道院气息宛然可见。"在这个称为默登学者之家中，将永远有一些学者潜心于学问，并且必须把全部学习时间用于学习人文学科、哲学、教会法或神学，直到照院长和同事们的意志转而学习神学。但其中四五个人将按照上级的规定允许学习教会法；如有方便，还可听听民法课。"②

因而，大学"首先是个宗教组织。虽然它的成员很久以来都不全属于一个教团，但是它的队伍里纯世俗教徒的数目越来越多，大学的成员仍全部被当作教士看待，接受教会的管辖，并且更要受罗马教廷领导。它们是在宗教世俗化的运动中出现的，从属于教会，尽管它试图在组织上脱离教会"③。大学创办人即该城市的主教，校长由大教堂司法官兼任，教师即牧师，学生是教士或在一定程度上被定向为未来的教士。④ 更准确地讲，大学是宗教世俗化运动中的一种迁移衍变体，它乃是世俗化时代的世俗大教堂或一种"知识教会"。

（2）大学的国际性。尽管中世纪行会组织追求的一个方向是跨

---

① ［英］威廉·博伊德、埃德蒙·金：《西方教育史》，任宝祥、吴元训等译，人民教育出版社1985年版，第150页。中译本未将"an studendum et orandum"与"an orandum et studendum"译出。
② ［英］威廉·博伊德、埃德蒙·金：《西方教育史》，第151页。
③ ［法］雅克·勒戈夫：《中世纪的知识分子》，第65页。
④ 参见［英］威廉·博伊德、埃德蒙·金《西方教育史》，第148—156页。

地域的普遍联系与认同，但只有大学才真正达到了最为普遍的国际性联系，大学教师的讲授与大学学生的听课是跨国界的。大学的国际性直接依托基督教世界的教会组织，但大学普遍性的一体关联与高度认同，更深层依托的是基督教信仰亦即精神世界的普世性。这深刻标志着大学行会的精神共契性质。

（3）大学高度自治的独立性。大学高度自治的独立性是大学引人注目的一个特性。大学的自治独立地位，起初是依凭基督教会在中世纪的特殊地位。大学在与市民、与各种行会、与王权的冲突摩擦中，均因享有修道院式的种种豁免权而未受制裁。大学的自治独立性的更高发展，则是在与教会组织（包括修士会）的摩擦矛盾中逐步摆脱教会控制，而终于成为王权、教会与各种世俗势力不得侵犯的神圣领土。质而言之，大学是世俗化时代一个神圣的独立王国。大学的自治独立地位，不能仅仅外在地视为大学自身争取的历史性结果——恰恰相反，透过大学与世俗社会产生冲突时的解决方案来看，大学的自治独立地位，毋宁说是整个社会出于对大学某种近乎一致的尊敬态度而照顾让步的产物。教会、王室、世俗行会与市民，对大学潜意识地怀着某种新时代精神信仰的期待与信靠。由此，我们可以得出的结论是：基督教创办大学，不能仅仅被看作一桩历史事实，它同时是一个精神信仰演进的逻辑环节。在文艺复兴与现代历史行将来临的前夕，基督教将精神信仰教化从宗教形态转化为大学人文精神，这是一个意义深远的现代性（modernity）开端。大学从此不仅在基督教与政权分离的近代意义上，而且在独立于政治、经济与大众媒体的现代意义上，成为政教分离的现代文明的一个致动因。诞生于近现代开端的基督教世俗化的大学，不仅从基督教那里承接了至高无上的意义阐释权利与教化资格，而且从新兴的世俗人文意义那里获得了同样的委托。巴黎大学重要的先驱活动人物阿伯拉尔（Petrus Abaelardus），作为修道院经院哲学家、教士兼文艺复兴人物先驱形象的人文主义者，其复杂综合的活动，正是大学的个人缩影。

如果我们接受韦伯关于现代信仰私人化与小圈子化的判断，那我们便可以这样说：大学就正是现代社会信仰域的"小圈子"，或者说，大学是世俗化时代的信仰团契。这一结论使我们再度回到了作为大学母体的修道院定位，我们是否可以由此来延伸出一个更加骇世的结论——大学是知识分子的"教会"？

三　大学之魂灵

确如韦伯（M. Weber）著名的概括：现代社会已不再是神性信仰的时代，世界除魅（disenchantment of the world）化了。与此相应的是以科技与工商为代表的理性化。这样便又返回到本文开始的话题：启蒙运动以降，科技工商主义及其引发的现代化（外在的客观世界）与现代性（内在的心性精神世界）危机，均在深层需要上要求重建规范与引导科技理性的终极信仰。这信仰在19世纪以迥然别异于文艺复兴世俗化人文主义的新人文主义——人文精神形态出现。它一方面同经过启蒙理性批判洗礼的宗教精神联系，一方面又以现代理性的人文科学与现代复兴的古典人文学科为学术教育基地。这两方面都与大学相关。以柏林大学为代表的现代大学自此将中古大学的基督教神学信仰转变为人文精神信仰，人文精神与人文教育成为现代大学引人注目的话语，这也就是"大学理念"的基本含义。这人文精神所针对的不再是文艺复兴时代的宗教神学，而是现代科技工商主义。宗教神学恰如同启蒙理性大师康德《单纯理性限度内的宗教》所象征定位的，它已转化为现代性伦理价值本体的功能性资源。在这个意义上，现代大学与中古大学是一脉相承的。

这就是北京大学百年校庆（1998）时，哈佛大学校长尼尔·陆登庭（Neil L. Rudenstine）首先以人文学科教育在大学基础理论研究与基础教育中的核心地位展开讲题的时代背景。① 来自世界各地的数十位大学校长几乎一致地在"21世纪的大学"主题下强调了人文精神与人文学科教育,这一"大学理念"与以财政为中心的现实问题论域形成了现代大学校长们的两大问题共识。

只有从人文精神的高度,才能更深刻地理解与把握现代大学的功能与精神:

1. 大学知识及其研修的特性

(1) 大学所研修的知识,其主干并非实用的技术规则,而是技术的原理,即"知识的知识"。原理性知识为各类职业技术所依凭遵循,但并非其认知与传授的对象("百姓日用而不知"),唯有大学将各行业技术所根据的原理作为科学研讨并传授为学术传统的对象。这是大学与职业学校,乃至专才学院的根本区别之一。"科学"(science)一词的拉丁词源"Scientia"包含着希腊文化追求确定性知识以实现实践自由的含义。因此,科学超越实用技术的手段而关乎人文。作为科学的知识本身的重要性超过了其所研究的特定对象及其应用价值。大学精神之理念在此体现为"为知识而知识",即"爱智"。此即古希腊最高科学的"哲学"(Philosophia)本性,它在近代以后的科学领域中体现为区别于特定具体科学技术的科学精神。科学精神是科学及技术的原动力,科学精神构成大学精神之一。

(2) 大学知识超越实用技术的精神,同时体现为对技术分工专业知识的综合整合。"meta"(超、元)与"physics"(物理科学)之"metaphysics"汉译名"形而上学",表明此"学"乃道体(本体)之大学问;而"爱智"之"智",亦并非仅指近代科学意义的规律认知,而是真善美统一的人生最高智慧。因而,大学知识的整合性不仅指各科分支知识的系统化,更是指知识、意志、情感及相应各类学问与价值的有机统一。这种有机统一系于人格的全面发展

---

① 参见《21世纪的大学——北京大学百年校庆召开的高等教育论坛论文集》,北京大学出版社1999年版,第20—21页。

与完善，从而指向大学人文教化的最高目的。

正是这种有机整合性与完整人性的教化目标，使大学的系科与古典人文学科密切关联。以培养优秀自由民为目标的古希腊罗马的"七艺"与塑造士君子的中国先秦"六艺"，在现代大学人文精神的背景下转化为大学人文（素质）教育的重要资源。

大学人文精神的人文价值整合统一性是大学完整统一性的内在保证。大学文理工商诸专业相隔系科之所以聚于一校，而不落于外在空间聚合，端赖此大学精神纽带维系，大学精神因而是超专业的。一个北京大学的学生以隐含自豪的口气道出自己的校名（"北大！"）时，已表明了他对于自己所在大学整体人文精神的归属认同，这一认同超越了他所在专业系科。

承载大学人文精神的不仅是大学的专业知识，而且有那代代相传的学术传统风气（重实证或重思想、"兼容并包"的自由学术，等等）与社会个人观念（如"五四"以来北大突出的以天下为己任的责任使命感），还有大学社团活动、卓越教授的个人魅力、同学的聚合，甚至那古老的校园建筑与林木古藤……大学是一个活的生命体，而且是个性化的生命体（北大之别于天津大学、耶鲁之别于麻省理工，宛如一批卓而特立的优秀人士）。"大学校园"成为上述因素的统一体。因而，将大学简化为知识传授，就抽去了大学的人文精神而不复为大学。电脑时代的信息网络教育或诸种远程教育的"大学校"（Multiversity）之所以不可能取代大学，根本限定之一亦在于此。

2. 大学知识分子的含义

大学所培养的本源意义的知识分子，如别尔嘉耶夫（Н. А. Бердяев）所强调，应是以人文关怀为理念的人文知识分子。[1]

---

[1] 参见［俄］尼·亚·别尔嘉耶夫（Н. А. Бердяев）《俄国共产主义的起源与涵义》（Истоки и смысл русского коммунизма，Москва，1990，Стр. 18.）。另参见尤西林《阐释并守护世界意义的人：人文知识分子的起源与使命》，第 24—27 页。

这一意义的知识分子我们与技术专家角色的区分，我们应时刻注意这一意义的知识分子与技术专家的区分。

（1）就其系统的专业知识与深厚的超专业知识基础而言，大学所培养的知识分子作为博学之士，虽不等于专家，但又是专家与职业技师的母体源泉。这不仅指知识分子优秀的专业素质，而且指在专业技能与知识结构而更新日趋加速的知识经济时代，大学知识分子深广的基础知识亦即原理性知识结构保障了其更新专业技术的"迁移"（transfer）能力与自我教育能力。激光照排技术的问世可令印刷行业铅字排版技术工人一夕失业，但拥有高等数学与电子学原理知识结构的知识分子却可以很快掌握新技术，而且开拓、更新技术。此即原理创生（"迁移"）知识与技术。

（2）大学原理性思维培养了知识分子追根溯源的精神品格。但如前所述，原理性思维与追根溯源的"本体论"思维习性乃植根于终极性信仰。因而，大学知识分子理性究问的深层气质乃是对真善美终极价值的执着向往，这一境界也是大学教育最深亦即最高的培养目标。领略此境界的大学知识分子可能超越一己利益与各类特定利益的狭隘限定，而得以按区别于民族国家的"社会"最高最长远的公共性视野思想行事。例如生态保护，这一超出了民族国家直接眼前利益的新人文立场，即是人文知识分子最先提出并艰苦推行，从而才逐渐为各国政府所接受的，大学知识分子因此成为真正以天下为己任的大公无私者。大学则不仅作为科学原理创新的基地，也成为社会道义的策源地。

上述大学知识分子的特性，若用 Michael Confine 关于现代知识分子的著名概括来表述，即：深切关怀一切有关公共利益之事；将公共利益视为自身之事；将政治、社会问题视为道德问题；有一种义务感，不顾一切代价地追求终极结论；深信现状事物须作改变。①

---

① 参见余英时《士与中国文化》，上海人民出版社1987年版，第3页。

能够如此立身行事者，即为知识分子。这当然不限于大学，但培养这样的知识分子却是大学的天职。

四　大学之殇

中国近代启蒙思想家黄宗羲已指出："学校，所以养士也。然古之圣王，其意不仅此也，必使治天下之具皆出于学校，而后设学校之意始备。"这不仅指有形之规章、制度、礼仪以学校为原型，而且"使朝廷之上，闾阎之细，渐摩濡染，莫不有诗书宽大之气。天子之所是未必是，天子之所非未必非，天子亦遂不敢自为非是，而公其非是于学校"（《明夷待访录·学校》）。现代民主法制社会的最终根据不仅是理性的，而且是有价值意义（significance）的，它们以教育机制为依托而统一于大学。大学作为知识科学、理性与自由、公共精神的教化—策源中心，成为现代社会统一性的终极保证。因而，"大学教育乃是一个社会的心脏"（耶鲁大学"Giamatti 座椅"铭言）。

然而，现代化压力却一直在迫使大学片面地服务于市场经济与全球化形势下民族国家的竞争。从纽曼时代开始，大学人文精神即被视作一种需要持守维护的理想信念（理念）。追溯大学精神的信仰渊源，有助于获得一种历史视野，以使人们更深刻地领悟历史赋予大学包容并超出经济技术之上的信仰教化使命。一个成熟的社会与民族应当理解，那近乎精神隐修的大学精神支撑现代社会——不只是科学技术，而且是终极价值的信仰意义。艾伦·布鲁姆（Allan Bloom）如此描写他的母校芝加哥大学：

> 组成芝加哥大学的是一群仿哥特式的建筑物，……它们指向一条路，这条路通向伟人会面的地方。……这是一个最沉溺于实际生活的民族向沉思生活表达的敬意。……由于这些殿堂

被赋予了先知与圣人的精神,因而有别于其他的处所。如果不计其精神的话,这些殿堂具有与普通房舍相同的许多功能,然而由于信仰之故,它们至今还是圣殿。一旦信仰消逝,先哲与圣人传播的经典成为无稽之谈时,即使房舍中活动不断,圣殿也不再成其为殿堂了。它会因此而走向死亡,至多成为一种纪念碑,悠闲的游客将永远不会领略它的内在生命。也许这个比较并非恰当,但是大学的讲坛的确也受到一种类同的精神的熏陶,这就是已故的先哲的精神,只有为数不多的人分享着这种体验。先哲的精神几乎可以包容一切人,然而只有人们尊敬并且认识到它的尊严之时,才可能如此。①

但愿21世纪的人们还能够对那些保存着中古神圣气质的老楼旧屋怀持敬仰与想象,从而大学还会是一种理念,社会还会有一处理想源泉。

(本文为尤西林教授在"基督宗教与大学"国际学术会议上的发言)

---

① [美] 布鲁姆:《走向封闭的美国精神》,缪青译,中国社会科学出版社1994年版,第291页。

智慧之光

编者按：哲学的英文是 philosophy，它源于希腊语 philos（爱）和 sophia（智），意为"爱智慧"。治学前辈们因自身对哲学的热爱，而踏上了追寻智慧的道路。他们对于智慧的探索成就，如今已成为了一束光，照亮了我们后辈的探寻之路，为我们指明了前行的方向。

哲学的思想任务

吴晓明[*]

各位书院的同学大家好,非常荣幸收到书院的邀请来做这样一个讲座。我今天讲的题目是"哲学的思想任务"。为什么讲这个题目呢?一是因为这是一个哲学书院;二是因为哲学是思想的事情,而思想如今已经成为当务之急。所以我今天围绕这样一个主题:哲学是思想的使命,思想是我们这个时代的当务之急。

讲到哲学,我想大家都知道(哲学)现在是各个大学当中的一个系科,但是哲学和一般的知识是有区别的,而且有非常大的区别。现在我们讲思想,大家觉得很奇怪,怎么把思想专门拿出来讲,因为我们现在经常讲到知识和学问,而且认为讲知识的学问就是讲思想,但其实这两个是有很大区别的。在今天我们可能讲知识、学问比较多,讲思想比较少,有时候也把哲学当成知识和学问来学,这当然有它的道理,但是这里出现了一些混杂。

在西方人那里,他们把哲学叫作"philosophia",意思是爱智慧,"philos"就是爱,"sophia"就是智慧。我们今天不大熟悉智慧,我们比较熟悉的还是知识和学问,但是智慧和知识、学问是有区别的。

---

[*] 吴晓明,1957年生,现任上海市哲学学会会长,复旦大学国外马克思主义与当代思潮国家创新基地(985国家级重点研究基地)及当代国外马克思主义研究中心(教育部重点研究基地)主任。

大仲马有一本小说叫作《基度山恩仇记》。《基度山恩仇记》中的一个主人公叫丹迪斯，他被朋友陷害，被抓到了伊夫堡监狱里，被抓进去以后在监狱里漫漫长夜无事可做，这时他很幸运碰到法利尔长老。法利尔长老觉得年轻人很聪明，就教他各种知识学问，他学得非常快，（长老）让他学物理学、数学、博物学，还教他各种古典语言。我不由得猜想这个人的智商极高。但是有一次法利尔长老问他：你怎么会被朋友陷害乃至于落到这样一个田地？他说："我每天都在想，我没想明白。"这个时候法利尔长老讲了一句非常重要的话：博学不等于智慧。

一　与时代相关的哲学[①]

在西方，学问、知识（博学）和智慧是不同的东西。你可以有很多知识、很多学问，但并不意味着你一定是一个智慧的人。回到之前说的"哲学就是爱智慧"，实际我们中国古人也明白这个道理，比如孔夫子说："学而不思则罔，思而不学则殆。"我之后讲解的内容与此相关，包括：为什么哲学是思想的事情，以及为什么思想是这个时代的当务之急。

在今天的主题里，哲学不仅是思想的体现，它还与时代有关。黑格尔讲，哲学是把握在思想中的时代，它和时代有关。但是我们看哲学家写的东西，总觉得玄而又玄，讲的是"天人之际""生死之际"，那么哲学与我们这个时代有什么关系呢？举个例子，笛卡儿有句名言叫"我思故我在"。他说我们对世界上的任何事都可以怀疑。甚至对于数学也可以怀疑。逻辑学也可以怀疑，上帝存在不存在也可以怀疑，坐在我对面的你们，究竟是真实的存在，还是只不过是我视网膜上的一个印象，这件事情也可以怀疑，但是我越是怀

[①] 该标题为编者所加，后同。

疑，有一件事情就越是不可以怀疑，那就是我在怀疑。我怀疑意味着我思想，我思想意味着我存在。因此，我思故我在是哲学上第一个可靠的出发点。大家想一想这位在讲些什么东西？跟时代有什么关系呢？如果我们想到那个时代的话（中世纪经院哲学的后期），我们就会明白。

在那个时代，在整个精神生活与社会生活中占主导地位的原则叫信仰与权威。对上帝的信仰以及服从教会的权威，是那个时代的标志和原则。但是笛卡儿通过"我思故我在"，宣布了新时代的原则，而这个原则叫思想，理性的思想。因此我们可以看到，笛卡儿通过他的这种哲学，这种看起来非常枯燥、晦涩的哲学，表达了那个时代最重要的思想。换句话说，当笛卡儿用"我思故我在"作为哲学上第一个可靠的出发点和起点的时候，他改变了或者他宣布要改变这个时代的基本原则，即要从权威和信仰的原则中解放出来，而开始一个以理性的思想为原则的时代，这个时代我们把它叫作现代或者近代。因此，笛卡儿被称为近代哲学之父。从笛卡儿开始，哲学回到了它最本体的任务，即思想的任务。因此，黑格尔称笛卡儿是一个英雄，他是一个敢于从头做起的英雄，他开创了一个以理性的思想为原则的新时代。任何实物要证明它有权力，必须经过理性的考察。这就是近代，我们直到今天仍身处这样一个时代当中。

哲学家可能讲了很多晦涩的东西，但是真正的哲学是和时代有关联的，所以黑格尔说"哲学是把握在思想中的时代"，马克思说"哲学是时代精神的精华"。虽然哲学家讲东西玄而又玄，但实际上它在表达时代的精神，表达时代的原则。因此我们看到，哲学和思想最为密切地联系在一起，甚至我们可以说"哲学是思想的事情"。当然现在哲学也表现为某种知识和学问，但是哲学本义的东西（本部的东西）就是思想。

二　外在反思

今天阻碍思想的最大因素是什么？我的观点是，今天阻碍思想的最大因素用哲学上的术语来讲，叫外在反思。外在反思在哲学上是一种互此互彼的推理能力，它从来不深入事物的内容，但它遵从一般原则，当它把一般原则运用到任何内容之上，这就叫外在反思。黑格尔的逻辑学中有专门的词叫"外在反思"或者"外在的反思"。这个东西听起来有点复杂，但实际上大家都知道这是什么，以日常的话语来讲，就是我们一般叫作"教条主义"的东西，即指从来不研究事物的内容，但却又把一般原则运用到内容之上。

举个大家更熟悉的例子：中国革命时期，就有一部分马克思主义者被叫作"教条主义的马克思主义"。最著名的叫 28 个布尔什维克，他们都是从苏联留学回来的，回来以后一口流利的俄语，马恩的经典著作倒背如流，其中最出色的是博古、王明。但是 28 个布尔什维克用脑子里的马克思主义指导中国革命时出问题了，他们不研究中国社会的内容，只知道一般原则，然后把这个一般原则强加给中国革命。他们这就叫外在反思或教条主义。

在这个地方，我们不能说他们没有知识、没有学问，他们的知识和学问很大，但我们会说他们没头脑，缺少思想。因此，当时中国革命的时候，中央指导强烈要求中心城市武装起义。因为苏维埃就是走的这条路子并且成功了，所以从苏联回来的 28 个布尔什维克认为中国也应该是中心城市武装起义。那么结果是什么样子呢？结果是一连串的灾难性失败。这种一连串悲惨的失败是因为马克思主义的原理错了？还是俄国的经验错误？都没错。错在哪里呢？错在外在反思、教条主义。只有当中国共产党终于意识到中国革命的道路不是这样的，中国革命的道路不是中心城市武装起义，而是农村包围城市时，中国共产党才在武装斗争方面摆脱了外在反思，摆脱了教条主义，才会深入中国社会的内容当中去。由此我们可以看到，一般的知识、学问同思想是有区别的。因为我们不能说 28 个布尔什维克学问不好，实际上他们的学问不是一般的好，列宁很多著作都是博古翻译的，王明当时在延安讲课也是风靡一时。然而在这里，外在反思是阻碍思想最大的障碍。

既然我们今天阻碍思想的最大因素就是外在反思，那么我们今天中国的哲学和社会科学要怎样前进呢？我们可以在黑格尔这里寻找到办法。黑格尔在他的所有著作中，都对外在反思进行了持续不断的甚至是苛刻的批判。在各个批判的过程当中，他阐述了一系列哲学上的原理，超出外在反思、教条主义、主观主义。他把外在反思叫作诡辩论的现代形式，是浪漫主义虚弱本质的病态表现，并把仅仅知道外在反思的人叫作门外汉。在这里，我们要提一下拿破仑。黑格尔对拿破仑评价很高，但是他多次批评拿破仑精神，在历史哲学、法哲学当中都批评拿破仑，为什么？他说，拿破仑想要把法国的自由制度生硬地强加给西班牙人，结果他把事情弄得极为糟糕，这位天才悲惨地失败了。这件事情非常简单，大家想一想，法国和西班牙有多大的差别？差别很小，在我们中国人看来几乎没差别。他们都属于南部欧洲，都属于基督教世界（广义的基督教世界）。我们再想一想，拿破仑是多么伟大的天才，这样的天才 500 年才出一个，但就是这样伟大的一个天才，居然做不成任何一件事情。他无法做到把法国的自由制度强加给西班牙。

我在上海有个朋友，他是一个自由主义者，他的博士论文写法国大革命。我看了这段内容以后就去找他，说自己对这段历史不大了解，希望他为我讲解一番。研究法国革命史的他滔滔不绝地跟我讲了一个多小时，对我帮助太大了，因为他让我知道了这是一个怎样的历史过程。我接着说，我要和你讨论一个问题：你比拿破仑如何？他说，这怎么能比呢？拿破仑是皓月之当空，我们连蜡烛都算不上。我说，如果你比拿破仑要差很多的话，你为何每天在想着要把美国的自由制度强加给中国人？他那天受到刺激蛮大的，沉默了很长时间，对我说："老弟，我没这么说过。"我说，你确实没这么说过，但是你发表的每一个演讲、每一篇文章，都是以这一条做前提的。你每天都在梦想着把美国的自由制度强加给中国人，拿破仑这样的天才都不可能把法国制度强加给西班牙人，你又如何能把美国的制度强加给中国人？

我认为这个就牵涉到今天思想的主题——外在反思、教条主义。这不仅是28个布尔什维克、教条主义的马克思主义的毛病，而且是今天中国知识界、学术界的一般状况。只不过那个时候的教条从苏联来，今天的教条主要从西方来。没有研究过中国社会，不了解中国社会的实际及其内容，而只知道一般原则，并把这个一般原则运用到任何内容上去，用黑格尔的词即"先验地"强加给任何内容，这就是阻碍思想的最大因素。

那么大家可能会问，为什么会出现这种情况？简单地讲，首先是由于现代性的意识形态和主导的知识样式一般地采取这种方式来看待问题，这是知性知识的运用。知性的知识采用什么样的方式看待问题呢？即抽象的普遍性，以及这种抽象普遍性的知性反思，实际上也就是外在反思。

三　学徒状态与自我主张

对我们中国人来讲，产生这个问题（外在反思阻碍思想）的一个非常重要的原因，是因为我们长期以来处在对于外部学术的"学徒状态"。前一段时间（我）有一本书叫《论中国学术的自我主张》，我的一个基本观点是，由于现代性在特定阶段上具有绝对权力，随着中国现代化进程的展开，中国的知识界和学术界总体上进入了对于外部学术的"学徒状态"，也就是做学徒。各位同学你们也是学徒，到学校来了是学徒，老师在上面讲课。但是我们说一句话，你"尽信师，不如无师"。

"学徒状态"是中国知识界和学术界长期所处的一个状态。从小学开始，我们现在学习的几乎所有知识都是从外面进来的，数学、外语、物理、化学，甚至语文的语法都是从外面进来的。我们首先要肯定，这种"学徒状态"不仅是必然的而且是必要的，是成果极为丰硕、意义极为深远的。因为正是通过100多年来大规模地对外学习，我们才有了现代化的、积极的展开，才能取得今天的成就。没有我们知识上和学术上的"学徒状态"，就没有这样的现代化进程。今天中国的学术是不可思议的，所以我们首先要看到它积极的方面，看到它实际产生了丰硕的成果。但是，任何一种学术真正的成熟总意味着它要在特定的阶段上摆脱它的"学徒状态"，并且获得它的自我主张。所以正如我前面所说，各位同学在这里上学、做学生，就是"学徒状态"，但是你们的老师最大的愿望是什么？是终于有一天我的学生超过了我，且远远地超过了我，那么学生怎么会超过老师了呢？就因为他在特定的阶段上开始摆脱他的学徒状态，并且获得他的自我主张。哲学史上有很多这种例子，比如说谢林，虽然比黑格尔年轻一点，但是从实际的辈分上来讲，谢林是黑格尔的老师呀，所以黑格尔有一段时间老拍谢林的马屁，跟在谢林后面摇旗呐喊，谢林给他了很多帮助。但是用诗人海涅的话来讲，这位雄心勃勃的学生，终于有一天超过了他的老师。黑格尔超过了谢林，把谢林推到了黑暗之中，并且给他剃了一个光头，这是诗人文学的写法。所以为什么"长江后浪推前浪"呢，"后浪"为什么说它是"后浪"呢？因为它处于"学徒状态"；它如何把前浪拍在沙滩上？这要求它在特定的阶段上摆脱学徒状态，并且获得自我主张。

所以学术、社会科学是一样的，虽然我们自近代以来经历了很长时间的"学徒状态"，但是任何一种学术真正的成熟总需要它在特定的阶段上摆脱它的"学徒状态"，并且获得它的自我主张。长期的"学徒状态"使得我们收获颇丰，我们在大规模的对外学习过程当中受益匪浅，但是长期的"学徒状态"会造成一个后果，就是容易外部反思、外在反思，为什么？因为这原理是老师教你的，学了这个原理你就习惯把它抽象地运用到别的内容上去了。我们说28个布尔什维克就在苏联读书，学马克思列宁主义，他们学得也很好，但是这种"学徒状态"往往使他们容易采用外在反思的思维方式。事实上，在学术的发展过程当中经常有这样的事情，甚至我们可以把它看作是一种规律，即一种学术在发展过程当中总会有一个阶段处于学徒状态，它在特定的阶段又能够摆脱学徒状态、获得自我主张。我们把发展到此阶段的学术看成是成熟的学术，用哲学上的术语来说，是自律的、自我授权的学术。

由此，我们可以反思出两个方面的内容：一方面，由于现代性在特定阶段上的绝对权力，中国有一个现代化的历史进程。在这个现代化的历史进程当中，中国的哲学社会科学、中国的学术从整体上进入了对外部学术的"学徒状态"。这外部学术可以是俄国的马克思列宁主义，也可以是西方各种各样的思想，我们应该把这个学习过程叫作波澜壮阔的对外学习过程，它不仅是必然的、必要的，而且有极大的收获，意义深远。我们如果考察这一百多年的中国学术史、中国各个学科的发展，我们都会意识到这一点，即如果没有这样一个对外学习过程，我们今天的学术是不可思议的。从另外一方面来讲，一种学术的真正的成熟意味着它能够在特定的阶段上摆脱它的"学徒状态"，并且开始获得它的自我主张。我认为随着历史性实践的展开，今天我们开始面临着如此的转折，面临着如此的改弦更张，也就是从长期的"学徒状态"当中摆脱，而开始获得它的自我主张。

因此，以往的哲学社会科学、学术发展实际上是经历了一个过程，这个过程如果用黑格尔的话来讲，是文化结合的艰苦锻炼。因为我们一方面要现代化，要向别人学习，另外一方面又要能够在特定的阶段获得自我主张，能够站到自己的角度。由此，我国的学术发展实际上是一个文化结合的艰苦锻炼过程。

关于这一文化结合的艰苦锻炼过程，我们可以看黑格尔怎么谈希腊，他说古希腊人既有自己的传统，又面对着强势的东方文化。大家注意，当时的东方文化要比希腊文化优越，并且强势。古希腊人在这种情况下正是经历了文化结合之艰苦锻炼过程，才获得了他们应有的活力，并且开创出他们胜利和繁荣的时代，也就是雅典的时代，伯里克利的时代，苏格拉底、柏拉图、亚里士多德的时代，它们是经历了文化结合的艰苦锻炼后获得的成就。

关于这一内容尼采讲得更加清楚，因为尼采是古典语言、希腊语的专家。他说，当时的希腊人看来一度要被当时的外来文化压垮，当时的希腊宗教几乎就是各种东方宗教的一场混战，有埃及的、巴比伦的、吕底亚的、以色列的，可能还有印度的，但是希腊的文化终于没有成为装饰性的文化和机械的文化，因为希腊人牢记德尔斐神庙那句名言：认识你自己。希腊人因此明确了自己真实的需要，据此整理杂多的外来文化元素，而没有长久地做东方的追随者。因此他们能够在特定的阶段上摆脱长期以来的学徒状态，并且获得他们的自我主张。

所以我们可以这么说："外在反思"是什么？"外在反思"往往是长期的"学徒状态"会带来的一个后果。因为你在学徒状态，你经常把老师的话当成原则、原理，当成不可改变的东西。当你获得自我主张的时候，你能够消化和吸收老师交给你的东西，这个是好的。你成熟了，你能够独立了，你才会自律和自我授权。我认为随着中国实践的历史性展开，当这样的历史性实践处在特定的转折点上的时候，我们的学术、我们的哲学社会历史科学也或早或晚要面临这样一个转折——摆脱长期以来的"学徒状态"并且开始获得它的自我主张。用我们的话来说，就是建设中国特色社会科学。建设中国特色社会科学并不是说要有一点中国色彩、中国因素，而是说要获得自我主张。因为只有当你获得自我主张，你的学术才可能有真正的中国特色、中国风格和中国气派，否则这些都无从谈起。

四　现实与现存

如果说我们的学术、我们的哲学社会科学要在特定的阶段上摆脱它的学徒状态并且获得它的自我主张，那么获得自我主张最重要的标志就是能够深入中国的社会实体性内容当中去，摆脱它长期以来的学徒状态，不再采用书中得来、纸上推演的方式，因为书中得来、纸上推演往往就是外在反思的方式，就是我们通常讲的教条主义。所以中国的学术在形式上的标准应是使用中国的本土语言而非外语，而实质上的标志则是能够真正地深入中国社会的现实当中，并且从中能引申出我们的哲学社会科学借此摆脱书中得来、纸上推演的思维方式。

这一点非常重要，比如说我们今天的社会科学研究有着各种各样的题材，包含政治、道德、制度等内容。我想自从黑格尔以来，哲学界已经意识到这些东西植根于特定的社会现实当中，因为黑格尔的法哲学就把抽象法和主观法倒过来，将它的本质性引入所谓伦理的领域。那么伦理是什么呢？就是家庭、市民社会、国家在其中活动的领域，也就是我们一般称为社会现实的领域。马克思更加强调这一点。今天所有讨论社会科学主题的学者们都在讨论什么呢？讨论房价、政治、道德、制度、文化观念等各种各样的话题。但是，如果我们不去把握特定的社会现实，而要来谈论这些话题的话，我认为自黑格尔和马克思以来，这种做法就变成时代的错误了。

不过康德不算是时代的错误，因为康德在黑格尔以前，他甚至构成了黑格尔哲学发展的一个阶段、一个前提条件，但费尔巴哈就犯了时代错误了，因为黑格尔已经把社会历史现实建立的原理完整地提出来了，但费尔巴哈放弃了黑格尔，所以恩格斯在讲到费尔巴哈的时候说，费尔巴哈的著作如果和黑格尔的（著作）相比，比如说法哲学、历史哲学之间相比，费尔巴哈的著作将受到毁灭性的打击，费尔巴哈在这里表现出惊人的贫乏。洛维的评价更加尖锐：与黑格尔相比，费尔巴哈只是表现出思维的野蛮化。马克思也说，费尔巴哈对于黑格尔是颇为问心有愧的。所以自黑格尔和马克思以后，如果我们讲社会科学，不去了解特定的社会现实，不是把研究对象的本质性引导到社会现实当中去，这就犯了时代的错误。

但是我们现在讲"现实"这个词好像讲得太轻易了，现在有一部分研究马克思主义的人说："我是研究理论的，现实上的东西我们不涉及。"另外一部分人则表示："咱研究现实的，理论的方面我们不涉及。"我认为他们对"现实"这个词（在哲学上）了解得不够。现实是一个有很高要求的词，它与我们一般日常的现象或者我们日常讲的"现实"不是一回事。黑格尔哲学当中"现实"是什么？现实是本质与实存的统一，是展开过程中的必然性。现在我们社会科学最为崇拜的东西叫什么？叫事实。它与现实完全不是一回事，因为事实是单纯的实存，也就是通过知觉可以直接被给予的东西。用黑格尔的术语来讲，"事实"就是实存。但是"现实"是什么？现实不仅是实存，而且是本质；不仅是展开过程，而且是变体。所以黑格尔说，并不是所有的实存都能够得到"现实"这个美名，除非这个实存展现了本质，我们才把它叫作现实。所以在黑格尔的逻辑学当中，现实这个概念不是出现在存在论当中，而是出现在本质论当中。因此，要达到现实，也就是要达到实存的本质，就要达到展开过程中的必然性，这是一个复杂的理论过程，不是我们用眼睛直接能看到的，不是通过知觉直接能够被给予的。

恩格斯在《路德维希·费尔巴哈与德国古典哲学的终结》第一部分就讨论黑格尔的哲学，通过展开过程当中的必然性区分了现存和现实。现存的东西并不就是现实的东西，有些东西虽然现存，但它已经不是现实的东西了，为什么？因为按照黑格尔的说法，其实"现实"是展开过程中的必然性。所以恩格斯举了两个例子，第一个例子，在尤利乌斯恺撒的时代，现存的事实是罗马共和国，但现实的事实是罗马帝国，因为在展开过程当中表现为必然性的已经不是罗马共和国，而是罗马帝国。换句话说，罗马共和国虽然是现存的，但它已经腐败了，而现实的，即在展开过程中表现为必然性的罗马帝国即将/正在取代它。恩格斯又举了一个例子，1789年的法国现存的是波旁王朝的封建制，但是现实的是什么？是法国革命，也就是说：在展开过程当中表现为必然性的是法国革命，它摧毁虽然现存，但已经失去了必然性的波旁王朝和封建制。所以我们在此可以看到，"现实"是一个很深刻的哲学概念，它跟我们一般讲的事实是不一样的。但我们今天的社会科学对事实顶礼膜拜，而不知道这已经离开科学的要求很远了。我们举个例子，比如说要给拿破仑写传，应该请谁来写呢？如果我们最重视事实，那最好叫他的仆人来写。为什么？因为仆人知道的事实最多，拿破仑喜欢喝哪种酒，他哪天晚上跟谁幽会，他在政治斗争当中干了什么缺德事，他的仆人全知道，所以要讲事实，仆人知道的最多。因此《拿破仑传》是否可以叫拿破仑的仆人来写呢？也许我们今天喜欢茶余饭后讨论一些风流韵事，但这只是个爱好，真正的历史不是这样的。

所以黑格尔讲到这件事的时候，他讲古人只知道实存，只知道事实，但他不知道本质，不知道展开当中的必然性，因此古人记载的拿破仑不是现实的拿破仑，只是拿破仑的现实。他还引用了歌德的一句话，来说明为什么写拿破仑的传记不能叫拿破仑的仆人来写？因为歌德说："仆人眼中无英雄。"（对于）黑格尔我还要补充一句，"仆人眼中无英雄"，不是因为英雄不是英雄，而是因为仆人毕竟是仆人，他看不到本质的东西，他看不到展开过程中必然性的东西，因此他能够提供的也就是事实或者实存，不能提供现实。也是在这个意义上，海德格尔在谈到历史时曾经讲过，有一种历史学家的做法甚是显得极为有限，那就是用全部历史细节的真实性伪造历史，也就是说这种历史学家写的东西全部都是真的，作为事实全是事实的，但是如果所有这些事实的罗列掩盖了本质的东西，它就伪造了历史。

我们需要在此强调，一种学术的自我主张事实上要求我们能够深入社会现实当中，这对于我们的哲学社会科学来讲应该是一个任务，如果我们只是书中得来，纸上推演，那就是外在反思的做法。为什么当时的28个布尔什维克主张中心城市武装起义？因为他们是从俄国的书里看来的，从马克思列宁的书当中看来的，然后他就拿到中国来了。那为什么后来中国共产党又提出农村包围城市了呢？因为在这样的纲领当中，他们深入到中国社会的现实当中去了，摆脱了外在反思，根据中国的国情和社会的现实制定出这样的纲领。所以在这个意义上，我们要提到中国学术的自我主张，它实质上的一个标准就是看它能否真正深入中国社会的现实之中，并从这种现实当中来提出我们关于道德、法、政治、国家制度的各种各样的理论和学说。否则的话，这种学术就还没获得自我主张。

我在今天还是强调，现实的要求是一个很高的要求，虽然这个词大家也用，但是按我的理解，一直要到黑格尔和马克思才真正在哲学理论上提出了"现实"概念。所以关于这一点，我们可以提一提海德格尔对马克思的两段评论，这两段评论都牵扯到关于现实的问题。有一段评论是在《关于人道主义的书信》当中提到的，第二次世界大战以后，海德格尔与当时的许多学者讨论人道主义问题，他写了一封很长的信，后来发表为《关于人道主义的书信》。在这封信当中他谈到了马克思，他是这样说的，他说"马克思在体会到异化的时候，是深入到历史的本质性那一维度当中去了，因此马克思的历史理论比其他的历史学来得优越，据我看来，胡塞尔的现象学，萨特的存在主义也没有达到那一维度，只有达到了那一维度才有资格与马克思主义对话"，这是海德格尔在《关于人道主义的书信》当中讲的。他在里面讲道，体会到异化的人很多，对于现代性、对于资本主义有批判情绪的人也很多，但是马克思在体会到异化的时候，能够"深入到历史的本质性那一维度当中去"。所以大家注意，这就是现实的一个要求：不仅是实存，而且是本质，它"深入到历史的本质性那一维度当中去了"，所以马克思的历史理论比所有的历史学要来得优越。

海德格尔这话分量很重，因为他接着提到了两位哲学家，他说"据我看来，胡塞尔的现象学没有，萨特的存在主义也没有达到历史的本质性，只有达到了那一维度才有资格与马克思主义对话"。这不是随便讲的两位哲学家，胡塞尔是海德格尔的老师，而且恐怕不是一般的老师，是我们校园里叫亲老师的，海德格尔的《存在与时间》就是献给胡塞尔的。而在纳粹当权以后，《存在与时间》再版的时候，因为胡塞尔是犹太人，所以封面的献词要去掉，但是海德格尔还是在书里加了一个注，对他的老师表示敬意和感谢。另外一位是萨特，法国存在主义大师，当时的名声可比海德格尔还要响，虽然哲学的深度不能跟海德格尔相比，但他的名声非常大，他获得了诺贝尔文学奖，而且他还拒绝拿诺贝尔文学奖。如果按现象学的标准，胡塞尔是海德格尔的老师；按存在主义的标准，萨特是海德格尔的同道，结果他讲这个话分量非常重，因为他说，据我看来胡塞尔的现象学、萨特的存在主义也都没有达到那个维度，只有达到那一维度才可能有资格与马克思主义对话。为什么有资格呢？他特别强调"历史的本质性"的那一维度，而"历史的本质性"的维度就是我们关于现实的理解。

另外还有一处出现在海德格尔1969年的晚期讨论版。在晚期讨论版当中，海德格尔说："现今的哲学只知道跟在知性科学后面亦步亦趋，而完全不理解我们这个时代的两重独特历史，即经济发展以及这种发展所需要的架构，而马克思主义懂得这双重的现实。"这里明确讲的就是现实，前面那段话讲的是历史的本质性，但是讲历史的本质性实质上讲的也是现实，因为历史的实存和历史的本质性的统一就是所谓现实的概念。继1969年讨论版之后，海德格尔在1971

年的讨论版中也讲道:"现今的哲学只知道跟在知性科学后面亦步亦趋,完全不理解我们这个时代的两重独特的现实,即经济发展以及这种发展所需要的架构。"他说马克思主义懂得这双重的现实。这话分量也很重,为什么?因为他把现今哲学一笔抹杀。那是1969年,海德格尔说现今的哲学不懂这个道理,完全不理解我们这个时代的现实只是跟在知性科学后面亦步亦趋,马克思主义懂这个现实,所以都是从现实、从历史的本质性方面去讲。

所以我觉得,我们的社会科学能否深入中国社会的实际性内容当中,是否能够深入到中国社会现实当中,并从中引申出我们关于道德、法、国家、政治制度等的观点和理论来,这是判断中国学术是否达到自我主张的一个实质性的标准与准则。

从这个意义上来讲,这个思想任务非常重,长期以来的"学徒状态"使我们学到了很多原理和抽象的原则,使得我们有一定的学术上的崇拜,但是摆脱"学徒状态"并且获得自我主张,这是一种学术、中国学术真正成熟的标志。而这种成熟的、实质的方面,就是要深入特定的社会现实当中去。所以从这方面讲,思想的任务就是同摆脱外在反思、摆脱学徒状态非常密切地联系在一起的,在这样一个过程中,尤其是在这样一个转折点,思想的任务会变得非常重。因为有些东西不能现成地给我们,就像一个学生自己开始独立的时候,就像一个医生跟他的导师说再见并且走上手术台的时候,他必须依靠自己来解决所有问题。我想,随着中国社会历史性实践过程的展开,哲学社会科学或迟或早要面临这样一个转折:摆脱它的"学徒状态",获得它的自我主张。从原先外在反思的思维方式当中解放出来,并且真正地深入社会现实当中去,这是中国学术的基本任务。

五　何为批判

最后,我想讨论一下批判方法。因为我们在哲学社会科学发展过程当中，特别是现在面临着思想的任务之时，单纯的学习已不足。虽然学习的任务还是很重大，但是在思想的任务突出之时，哲学上的批判方法会变得很重要。所以在这里特别讨论一下批判的方法，它也许能帮助我们摆脱外在反思的思维方式，从而使我们在面对中国现实的过程中积极地开展思想。

"批判"这个词我们用得很多。日常生活中人们也用这个词，我们学哲学的人用得尤其多，但是我们也需要了解它最基本的并且是原初的含义，以便在这个过程中了解思想如何能够积极地展开。（对于）批判，我们在一般的、日常的理解中，认为它有一种拒绝或者否定的意思，说批判某种事物就意味着要或多或少拒绝它或者否定它，但是"批判"一词不完全是这个含义，所以我们要在哲学上把握批判这个词原初的和基本的含义。

批判的思想、批判的方法最基本和原初的含义可以用8个字来加以概括：澄清前提，划定界限。我们知道，在哲学上比较明确地建立批判方法并且对后世产生最为恒久影响的是康德，康德和费希特的哲学后来就被叫作批判哲学。康德写过三部最主要的著作，叫作三大批判：《纯粹理性批判》《实践理性批判》《判断力批判》。批判的含义我们从著作的名称当中也能大致知道，它并不是说单纯地拒绝或者否定，比如说《纯粹理性批判》并不是拒绝或否定纯粹理性，《判断力批判》也不是说拒绝或否定判断力，而是说在经验的领域中进行这样的工作——其中的一种工作叫澄清前提，另外一种工作叫划定界限。我们就拿康德的第一批判来做例子。

康德当时讨论的例子，用我们通俗的话来讲叫"人类知识需要怎样的前提条件"。康德把人类知识最主要的形式叫作先天综合判断，所以他的问题叫"先天综合判断如何成为可能"。这话听起来较为麻烦，我们就这么说：第一，人类知识的前提条件是什么？第二，人类的知识有没有界限？如果有，界限在哪里？整个"纯粹理性批判"就做这两个工作。第一个工作为澄清前提，即这种问题是怎样产生的，是英国的经验论发展到极致，导致人类知识的体系面临着最重大的危险，所以康德来做一个拯救工作。康德讨论的是人类知识的前提条件是什么，他采用先验方法，所以他讨论的是人类知识的先验的前提和条件是什么。他通过一系列的考察，发现人类知识的先验的条件需要有自在之物，需要有自我意识、纯粹的统觉，诸如此类。所以批判首先做的工作是澄清人类知识先验的前提和条件是什么。而第二个问题：人类的知识有没有界限。如果有，界限在哪里？这个部分最主要的是"二律背反"，就是对于理性对象，知性的范畴没有办法去把握它，而当我们用知性的范畴去把握理性的对象的时候会出现二律背反，就是互相矛盾的命题。因此康德证明了，人类的知识实际上是有界限的，用他自己的话来讲，"我为人类的知识划定界限，为信仰留出地盘"。人类的知识是有界限的，在界限之内叫知识，在界限之外叫信仰。由此我们看到批判原初的含义，所谓批判、纯粹理性批判做的就是澄清前提、划定界限。

有很多不同意甚至要摧毁康德的哲学体系的哲学家都继承了批判的方法，以至于康德批判方法或康德-费希特的批判哲学成为哲学恒久的财富。再说黑格尔，虽然他对康德哲学有很多异议，但他同样是批判的，他有一句名言，我希望大家能够记得，黑格尔说什么是自由的思想？他说："自由的思想就是批判的思想，批判的思想就是不接受未经审查其前提的思想，无论它看起来多么理所当然。"这说得非常好，我认为我们做哲学社会科学的，如果你有批判的观点，就需要记住这话，"自由的思想是批判的思想"。换句话说，非批判的思想是不自由的。而外在反思的思想就是不自由的，所以他说："自由的思想就是批判的思想，批判的思想就是不接受未经审查其前提的思想，无论它看起来多么理所当然。"如果就此我们来反思我们的哲学社会科学，我们会发现我们接受了，甚至是太多地接受了未经审查其前提的东西，把它看作是理所当然的，甚至是神圣不可侵犯的。而这就是不自由的思想、非批判的思想。

后来的哲学家以各种方式继承批判的原理。黑格尔的第一个学生叫施特劳斯，他提出了神话解释学，是圣经解释学的历史的批判；黑格尔的第二个学生叫鲍威尔，他说你们讲的批判不是真正的批判，他的批判的理论叫批判的批判；黑格尔的第三个学生叫马克思，写了一本《神圣家族》，副标题叫"对'批判的批判'所作的批判"。据说这个题目是列宁想出来的，列宁问马克思和恩格斯，说鲍威尔提出了什么理论呢？马克思说，他的学说叫"批判的批判"，列宁说，那你就写本书叫《对'批判的批判'所作的批判》。后来的哲学家，比如说狄尔泰写了《历史理性批判》，萨特写了《辩证理性批判》，他们都是继承了批判的思想。

我想给大家举两个例子，谈一谈这个批判方法怎么用以及它的意义在哪里。我的这两个例子能够非常形象地说明问题，也就是说有许多东西我们看起来理所当然，但经过批判的分析我们就知道它的前提条件是什么以及它的限度在哪里。我们现在接受许许多多从外面得来的知识、理论、学说、思想都是非批判的，不知道它的前提条件是什么，也不知道它的限度在哪里，并在它们还只是外在反思的情况下，就把它们运用到任何内容之上。

第一个例子，伦理上讨论一种公平，叫形式的公平。什么叫形式的公平？就是无条件的公平，在任何时候任何情况下都公平。如果我们找到这种公平的话，这个世界将会变得多么美好，伦理学认为这种形式的公平是可以构造的，它的模型是怎样的？我们今天就讲这个模型。例如，这个地方有一个蛋糕，我们如何能够公平地分享这个蛋糕，同时又让这种公平是形式的公平。伦理学构造这个模型，说我们指定一个人来切这个蛋糕，并且同时指定他最后拿自己的一份。这样的话，就能很简单地建立起形式的公平。我们今天在座的一共70个人，我们现在请一个人来切这个蛋糕，但同时说清楚前提，切蛋糕的人最后拿蛋糕，那么这个切蛋糕的人会怎样来切这个蛋糕呢？他一定是尽可能平均地切这个蛋糕，以便能够得到他所能得到的最大的一份。他所能得到的最大的一份是多少，七十分之一，有没有可能更大？没有可能更大。有没有可能更小？有可能。只要你切得不平均，前面大的被排在前面的人拿走了，你最后肯定受损失，因为你拿的只能是最小的一块。但是如果我尽可能平均地切，那所有人拿到的都一样多，也就是七十分之一。所以这个就是伦理学讨论的形式的公平。当然尽可能平均这件事情是历史，因为在没有任何公序的情况下我只能看着你不多切。当有了欧氏几何学的时候，我可以想办法等分这个圆柱体；当18世纪有天平秤的时候，我就用天平秤称。今天我可以用激光、电子秤来解决这个分配（问题），但是这个原理是一样的。这事情看起来是不是清楚明白、理所当然？是的，我们要尽可能平均地分这个蛋糕，然后我们就指定一个人来切，而且同时指定他最后拿自己的那一份，当然这个蛋糕我们也能称之为利益。

　　现在我们对这件事情来进行批判，批判一定不是胡说八道，这不是批判的意思。批判的意思是什么呢？第一，澄清前提。刚才我们所说的那样一种公平有没有前提条件？有，这个前提条件为利己主义个人，即每个人都是自私的，每个人都是利己的，每个人都想得到尽可能多的蛋糕。它还需要一个前提条件，叫原子个人，不仅是利己主义个人，而且叫原子个人，什么叫原子个人呢？哲学上叫作具有抽象人格或人格性的个人。抽象的"personality"的个人，在西方经过1500年基督教的教化所形成。

　　然而这种"个人"在中国直到今天还在形成，因为中国人与人的关系还处在半伦理甚至半宗教化的联系当中。现在我们假设这样一个情况，我们请一个人今天切这个蛋糕的时候，排在第一位的是他亲老师，排在第二位的是你们袁祖社院长，排在第三位的是他的老同学，排在第四位的是他的小舅子，如此排下去，你知道他应该怎么切这个蛋糕吗？这里有很大的学问。因为如果你只是尽可能平均地切这个蛋糕，你就会犯错误，后果很严重，而且他根本不想要满足自己这一块。因为他看得非常清楚，排在第四位是他的小舅子，因此他切了一些蛋糕，后面随便地切，最后一块他不要了，他跑到门口跟他的小舅子一分，回家了。咱们不要讲他跑得不好，这里不是讲他跑了，而是说现实就是这样的。所以我们说，刚才那种公平的、看起来清楚明白、理所当然的分配方式实际上需要前提条件，而这种前提条件就是利己个人和原子个人，没有这样的前提条件，这样的公平是建立不起来的，这样一个分析质疑的过程就是批判的工作。

我们进一步设想，请问在家里一份蛋糕会不会这么分？一般来说不会这么分，因为在家里活动的那些人不是利己主义个人和原子个人，而是由血缘纽带联系起来的家庭成员，是父母和子女，是兄弟和姐妹，在家里分蛋糕怎么分呢？可能切一些大的、切一些小的，胃口大的人吃大的，胃口小的人吃小的。如果胃口实在太大了吃两块也是可以的，而且他认为这叫公平。我们看到马克思共产主义理论中讲按需分配，并不是尽可能平均地分才叫公平，而是说胃口多的人多吃点，胃口少的人少吃点，这叫公平。现在市场经济发展得比较厉害，有些家庭成员也开始反目成仇，这种事情也会出现。但一般来讲，至少在中国社会当中，这样的情形不是以原子个人、利己主义个人出现的。中国人讲父母子女、兄弟姐妹情感是完全不一样的，所以我们一般来讲，这时分蛋糕的方式有些不同。

后来我的一个博士生说，吴老师，这样之所以有的人多吃点，有的人少吃点，是因为蛋糕无限丰富，胃口大的人多吃点，胃口小的人少吃点。我说不对，不是蛋糕多少的问题，是原理完全不一样。我说我可以举一个资源最匮乏的例子，比如说三年自然灾害，这里的老师可能没见过，你们学生可能听都没听过。大概是1959年到1960年，上海、北京那样的城市（资源）都非常匮乏。我们设想在那个极其匮乏的情况下，家里做了个蛋糕，拿到桌子上来，小孩闻到蛋糕的味道全部围过来了，因为他们饿了，他们想吃这个蛋糕。

家里有 7 个人，母亲切蛋糕，切了 6 块。孩子饿归饿，但是他很聪明，他说妈妈你切得不对，我们家 7 个人，你怎么只切了 6 块呢？妈妈说我吃过了，这是分给你们的。她吃过没有？她没吃过，道理很简单，想让孩子多吃一口。这位妈妈把切得大的给大孩子，切得小的给小孩子，但是拿了大蛋糕的哥哥又把他的蛋糕给他的妹妹，这是"孔融让蛋糕"。大家想想为什么会形成这种情况呢？为什么这里跟我们心里想的那个形式的公平完全不一样？

当然我们只是讲例子，这样的解释比较方便。所以我们在对于这样一个事情进行批判时，批判并不是说它胡说八道，我们否定它、拒绝它，而是探究它的前提条件是什么，它的限度在哪里？我认为我们在对外学习的过程中，非常重要的就是掌握批判的方法。在西方的理论、学说和观点思想被我们拿过来时，我们要知道它的前提条件是什么，这个前提条件和中国社会的前提条件有什么差别，它的限度在哪里。如此一来，我们学来的内容就成为能思考的和批判的对象，批判是在这个意义上说的，即知道所学内容的前提并且知道它的限度，这便是逻辑上的批判。

我再举第二个例子，由黑格尔和马克思特别发展起来的历史的批判。我们知道马克思有一种理论叫"政治经济学批判"，而事实上，我们说马克思有"政治经济学"的说法不太妥当，应该说"政治经济学批判"，因为马克思写过《政治经济学批判导言》《政治经济学批判序言》等许多"政治经济学批判"的手稿，还写过《资本论》。而《资本论》的副标题为"政治经济学批判"，那么这个批判是批判什么呢？马克思批判政治经济学，那政治经济学是什么呢？是现代经济生活的理论表现。所以马克思批判政治经济学也是批判现代经济生活，或者说批判资本主义社会，但是马克思批判资本主义社会并不是说马克思拒绝、否定资本主义社会，而是说资本主义社会它的历史的前提条件是什么，它的历史的限度在哪里。因此，阿伦特说，马克思是在所有资本主义批判家当中对资本主义肯定最多的人。为什么呢？因为他对资本主义作出了历史的肯定，也对资本主义作出了历史的否定。我们可以看到《共产党宣言》中，马克思说资本来到世间不到 100 年的时间，但它创造出来的文明成果超过了以往全部时代的总和。其中赞美的东西很多，当然也有否定的东西。

而政治经济学的理论发展到斯密和李嘉图，我们（说它）发展成熟了、完成了，一种理论只有当它发展成熟并完成以后，我们才能编教科书。因为一种理论没有达到真正的完成的时候，它里面还有许多重大问题没解决，还有许多意见分歧，还会碰到各种各样的障碍。那么一种理论发展到成熟阶段，也就是说到达建立起体系的阶段，它最大的难题都解决了，它基本上能够以一种体系的方式来构造整个理论。所以，比如力学，在牛顿之前还编不出一个系统的力学的教科书，但在牛顿的古典力学完成了以后我们就可以编教科书。政治经济学也是这样，到斯密和李嘉图时整个理论变成一个体系，重大的障碍都已经解决，重大的分歧都已经平息，这个时候我们就能编教科书了。

果然，在斯密和李嘉图的时代，特别是在他们以后出现了很多经济学的教科书。这时的经济学教科书很有意思，它都从"两个人"开始讲政治经济学故事，为什么要从两个人来讲政治经济学呢？因为政治经济学中最重要的范畴叫交换，一个人没法交换，一定要有两个人才能交换，而三个以上的人的交换，可以被看作是两个人的交换发展为某种更加复杂的形式，所以经济学的原理是从"两个人"开始的。而这两个人往往一个叫猎人，一个叫渔夫，为什么一个叫猎人，一个叫渔夫呢？因为首先这两个人必须生产不同的产品，如果他们生产同一种产品就没有必要交换，所以为了方便起见，一个叫猎人，一个叫渔夫。那么另外一层意思是什么呢？这两个人都（是）在自然状态、原始状态当中的人。我们之所以叫他们猎人和渔夫，不叫他们甲和乙，是因为他们都是在自然状态、原始状态当中的人，经济学便是要从自然状态和原始状态来引申整个经济学的原理。我们中国的道家崇尚自然，那道家最崇拜的人是谁呢？就是生活在砍柴的和抓鱼的自然状态中的人。政治经济学教科书往往开始于一个猎人和一个渔夫，所以经济学都是从两个人开始的，而且因为他们生产不同的产品，所以有必要交换，而这种交换是在自然状态、原始状态当中发生的。

我们这样来看政治经济学故事：有一个猎人，他天天打猎，有时候他打野兔子；有一位渔夫，他天天捕鱼。根据自然权利的法则，那个猎人打来的兔子属于猎人，那个渔夫抓来的鱼属于这个渔夫。因此，猎人天天打野兔子，他也天天吃野兔子；这个渔夫他天天捕鱼，他也天天吃鱼。但是人的天性有一种毛病，再好的东西也不能天天吃，天天吃就会厌烦。

举个例子，我们系有个青年老师，他的女儿从托儿所一回来就要吃肯德基，他觉得肯德基吃太多不好便加以限制。我们系另外一个老师给他一个建议，对他说星期五晚上你接女儿回来就让她吃肯德基，星期六早饭肯德基，午饭肯德基，晚饭肯德基，星期天继续。后来那个老师来跟我说，那个办法真管用，吃到第三顿的时候，他的女儿对肯德基已经采取自由态度。什么叫自由态度？就是吃也可以，不吃也可以，这是一种无所谓的态度。

那么我们现在再回到猎人和渔夫的故事中，猎人天天打野兔子，天天吃野兔子，而那个渔夫天天捕鱼，他也天天吃鱼，他们老吃一样东西，就开始厌烦了。按照中国古典小说的写法叫作"忽一日"，突然有一天那个猎人想吃鱼了，那个渔夫想吃野兔子了，他们就开始进行交换。而经济学家发现，他们不是任意进行交换的，他们是按照一定的比例关系交换的，比如说1只野兔换3条鱼，因此2只野兔换6条鱼，3只野兔换9条鱼。经济学家问为何如此？经过研究，他们发现在3只野兔和9条鱼中包含着某种共同的、可以通约的东西，这种东西叫等量的抽象劳动。什么意思呢？就是说抓1只野兔子所消耗的抽象劳动等于抓 3 条鱼所消耗的抽象劳动，因此猎人和渔夫进行交换，而他们只是按照等量的抽象劳动来进行交换，不是任意交换，经济学家把这一个发现概括为一条规律，这条规律名为等价交换。

古典经济学和古典力学一样，其发展到成熟状态时它所讲的道理确实清楚明白、理所当然。现在马克思对它进行批判，我们用马克思的原话来说：经济学家先生们，你们搞错了，那两个人不是猎人和渔夫，那是两个现代资本家。马克思说得完全正确，而他这个工作叫什么？即澄清前提，当然这是历史的前提。马克思说，那两个人不是猎人和渔夫，也就是说，不是自然状态和原始状态当中的人，而是两个现代人，因为等价交换只有在商品经济发展起来，而且商品经济发展到特定高度的时候，才有比较严格的等价交换，否则不会有等价交换这件事。

假设我们现在正处于自然状态和原始状态，猎人跑去找渔夫说，渔夫，我想吃鱼了。渔夫说，这么多，随便拿。这叫馈赠。反过来也一样，那个渔夫想吃野兔子了，他就去找猎人说，猎人，我想吃野兔子了。猎人说，随便拿。但我们不要把自然状态想象得那么浪漫、那么美好，比如说有 10 个猎人和 10 个渔夫，他们都饿了一个星期，结果他们碰到了一只死鹿，怎么办？他们会进行战争，他们用丛林法则解决这只死鹿的归属问题。在自然状态、原始状态中的人，他们或者互相馈赠，或者彼此战争，但他们绝不等价交换。因为等价交换一定要在商品生产发展起来，而且商品生产发展到特定高度的时候才会出现。所以马克思是从商品开始写的，他指出构成资本主义生产方式历史前提的东西是发达的商品生产，而不是自然状态、原始状态。

举一个中国的例子，我们想象 30 年前，即改革开放已经过了大概 10 年，在上海和东北两地给人以完全不同的感受。在 30 年前，如果我在上海，我到自由市场去买葱，我和菜贩子说买一毛钱葱，菜贩子抓一把葱，放在电子秤上一称，一毛二，便让我一毛拿去。而如果我在东北，看到菜贩子在那里摆摊，番茄、土豆、茄子一堆堆放着，他们是这么叫卖的："大爷、大娘，大哥、大嫂，3块钱一堆，5块钱两堆，买两堆送一棵葱。"上海和东北完全不一样，那个时候全国人民不喜欢上海人，为什么不喜欢上海人？因为上海人斤斤计较，那么大家仔细想想什么叫斤斤计较？斤斤计较就是严格地按照等价交换的规律打交道。但是东北人不这样，他称呼你为大爷、大娘，大哥、大嫂的，你们跟我是有伦理关系的，所以不需要斤斤计较。这都是历史地发展起来的，所以当时全国人民不喜欢上海人。只要进行体育比赛，全国人民都支持非上海队的那一队，因此这种不喜欢是后来发展起来的，是历史地发展起来的。所以马克思批判资本主义不是说资本主义扯淡，我要一脚把资本主义踢掉，而是探究资本主义生产方式它的前提条件是什么。而且既然资本主义生产方式是有历史前提的，那它就是有历史限度的，只有自然的事物才是永恒的，历史的事物只要有前提条件，它就是历史的事物。而只要是历史的事物，它就都有它的出生和成长，有它的鼎盛时代，有它的衰老和死亡。所以马克思的批判同时就为资本主义划定了历史的界限，在这界限之内的叫资本主义生产方式，在这界限之外的叫社会主义、共产主义，或者为其他名称。总而言之，现代经济生活、资本主义生产是有一定的历史前提的，因此也有一定的历史限度，而马克思对资本主义既有历史的肯定，也有历史的否定，这就是批判。

六　结语

所以我们理解批判时，并不是把它理解为单纯的拒绝或者否定，批判原初的和基本的含义就是澄清前提，划定界限。当然在这个地方有许多更进一步的内容来讨论，但是我想通过以上例子来提示大家，要澄清前提和划定界限，要用批判的思想纠正我们长期以来在学徒状态当中养成的外在反思的习惯。当然我的意思绝不是说，我们今天没有对外学习的任务，恰恰相反，对外学习的任务依然是繁重的，但是思想的任务变得更加重要，以便使我们学来的东西能经过思考并且被批判地把握，这一点对于我们来讲意义非常深远。

我想在座的年轻学子，你们在师大读书，面临两个一百年的目标。第一个百年的目标明年就要实现了，在这期间你们是在校园里度过的，而你们工作和学习将会延续到2050年，那个时候你们大概50岁，处在鼎盛时代，所以你们会承担很重要的任务，那个任务是时代提供的。

按我的理解中华民族的伟大复兴不仅在于它将成为一个现代化的强国，而且在于当它完成现代化任务的同时，能够占有现代文明成果，开启一种新的文明类型。所以大家读十九大报告时，它提及中国特色社会主义进入新时代有三个"意味着"：意味着近代以来久经磨难的中华民族迎来了从站起来、富起来到强起来的伟大飞跃，意味着中国共产党在21世纪高高举起中国特色社会主义旗帜，为科学社会主义注入强大的生机和活力。这不是关于中华民族的叙事，这是关于世界社会主义的叙事。因为如果我们回想30年前，20世纪的最后10多年，我们在那个时候对社会主义的理解和今天的理解完全不一样，那个时候是一次又一次的颜色革命，世界社会主义可以说遭受到了前所未有的、灾难性的创伤。但是今天不一样了，中国的整个发展不仅对中华民族有益，而且对社会主义有益。最后第三个"意味着"，即意味着中国特色社会主义的发展将为解决人类问题贡献中国智慧和中国方案，这不仅对中华民族有益，对社会主义有益，而且对世界历史也有益。因此我想，你们承担的任务将会非常的重大。

随着这样一个历史性实践过程的展开，中国特色的哲学社会科学将要承担起它的任务，我相信时代将奇迹般地、魔术师般地把需要的人物唤起，让他们来完成自己的任务。大家可以想想拿破仑手下的那批人，其原来出身多么差；再可以想象刘邦手下那批人，几乎都是地痞流氓。但是时代需要他们，就把这些人唤起了，让他们来完成他们的任务。

　　因此，正如我前面所提及的那般我认为中华民族的伟大复兴不仅是使中国成为一个现代化强国，而且它将开启一种新的文明类型。我在最近的一些研究当中都谈到了这样一个观点，之所以它能开启一种新的文明类型，一方面是由于我们现代化的、社会主义的定向，另一方面是在现代化过程当中对于目前传统的复活重建。就像海德格尔说的，一切本质的和伟大的东西都从人有个家，并且在传统中生了根这一点产生出来。所以我认为我们在历史性实践的发展过程当中将会有非常重要的历史任务，这个历史任务当中非常重要的一部分是哲学社会科学的任务，而时代将会把这样的任务托付给我们的年轻人。

　　（本文为吴晓明教授在陕西师范大学哲学书院思想星空大讲堂所做报告的文字整理稿）

论真诚先于真理

沈湘平[*]

亚里士多德有句广为人知的名言：吾爱吾师，吾更爱真理。但就我的理解而言，亚里士多德的名言或许可以改为：吾爱吾师，吾更爱真理，但首爱真诚——因为真诚先于真理。而"真诚先于真理"的现实意义就在于回答这样一个普遍的问题：当真理晦暗不明甚或久不到来，甚至人们对它的信仰也岌岌可危的时候，我们应该如何自处？我们如何从根本处入手，为其作出有根基的说明？本文将从传统的认识客体、认识主体角度出发，对认识真理的问题作一个简单且整体的理解与说明。

一 认识的客体

长期以来，人们总是以一种实体的思维来理解我们所认识的对象，认为它们是某个"物"的东西，这个"物"的东西甚至可以被切割为微小的粒子。然而，在现代物理学的相对论看来，我们能观察到的实体不是"物"而是"事件"，而"事件"就是在四维时空连续体中发生的最小单位的事实。"事件"总是意味着发生与过程，

---

[*] 沈湘平，男，1971年生，北京师范大学哲学学院教授、博士生导师，北京师范大学北京文化发展研究院执行院长。

它指向某个特定的时空坐标。马克思、怀特海也都表述过实在与过程同一的思想。正是受这种思想的影响，分析哲学大师维特根斯坦直截了当地认为"世界是事实的总和，而不是物的总和"，而其中"最小单位的事实就是原子事实"。这些哲学家对事件、事实进行本体性的强调表明，"物"只有处于与其他物的联系中或其所呈现出来的状态中才是有意义的。

所谓意义，无论是语词的意义，还是价值论上的意义，归根到底都是对人而言的意义。事实上，当我们在谈论认识或求知时，已确认了主体与客体、人与世界的关系的存在。就人与世界的关系而言，正如海德格尔所说的"人是在世界中存在的"，而"存在是先于认识的"，认识世界或许本来就是我们存在的一种方式。而人与万事万物的存在方式是不一样的，它是一种自由自觉的存在，也是"唯我"的存在，用马克思的说法就是"凡是有某种关系的地方，这种关系就是唯我的存在"。因而，我们所讨论的世界其实是对人而言的世界，人就是人的世界。而与人无关的世界当然是存在的，但是正如马克思所说"它存在，但对人来说是个'无'"。

人与世界之间有各种各样的关系，但对于人而言有一种主动的关系。这种主动主要表现在两个方面：一个是"把握"，一个是"改变"。此处用的不是"认识"，而是"把握"，因为"把握"具有掌握、领悟、应对和驾驭的含义。我们一般讲的"认识"只是这种"把握"中的一种，罗蒂把一般讲的"认识"称为"镜喻认识论"，这也是长期以来人们对"认识"的理解。我们往往把面对的客体对象称之为客观事物，而所谓"客观"就是不以人的意志为转移。但事实上并不是这样，因为一旦被确认为人们所"把握"或者"改变"的对象，它们首先是人们"凝视"状态下的对象。而这种"凝视"不是简单的看到，总是意味着权力性的探查、控制，正如我们现在的监控，从监控视角下出发的你已经不再是本真状态的你了。因此，人们所"把握"或者"改变"的对象并不是客观实在或者本然性存在的事物，而是需要在特定的场域或者系统中予以追问和说明的事物。而"把握"或"改变"这样一种事物，必然有一些工具性的操作，而这种工具性操作有些是技术性的，有些是组织性的。正如人们发明一个工具或者组织一群人，人们对于事物的"把握"和"改变"的焦点会渐渐发生转变，即从对象本身转变到了关于这个对象的"事"上，而一切与之相关的自然的、社会的、人的因素也会因此凸显出来。因此，或许我们可以激进地认为，包括人们一般所理解的"认识"在内，没有一种方式可以完全"把握"事物，从来不存在像照镜子一样"把握"世界。而"把握"总是意味着有"改变"，没有未对世界进行"改变"的对世界的"认识"，而这个改变的结果也就是解释学所讲的效果历史。

而许多哲学家也表达过相关的观点。康德改变了巴门尼德的观点，认为我们并不能把握到现象背后的自在之物，只能把握到现象，而现象是先天的形式和后天的经验结合的东西。胡塞尔直接揭示了所谓意识的意向原则，自我意识总是关于某物的意识，而某物也只有在意识中才能获得意义，同时意识具有构造种种对象的能力，众多的自我意识的意向性活动就构成了我们所在的世界，因此所谓客观世界在本质上是主体际的世界，即生活世界。海德格尔把人的周遭世界中最亲近之物称为"用具"，而"用具"本质上是一种"为了作……的东西"。而马克思也是这种观点，马克思认为在他的眼里研究的对象都是历史的，所有的事物都是一个历史性的存在。在中国的哲学工作者中，谈到过这个思想的人就是杨国荣，他指出与"事"无关的"物"，只具有抽象本体论的先在性，但现实世界中的"事"具有更为本然的意义。人通过"事"与"物"打交道，人与"物"的关系乃是以人与"事"的关系为中介的，"物"只有融入"事"中才有意义。世界是基于"事"而非"物"的世界。人们面对的世界由"事实"构成，而无论是在本体的意义上抑或是在认识的意义上，世界都是关乎"理"的，但有"物理"和"事理"之分。"物理"内在于事物,又因"事"而显,离开了"事","物理"是不可能被我们所把握到的。因此,对于人而言,不存在离开"事"的"物"。

而我们所说的"事"从本质上而言是"事情",如何对"事情"进行理解,于中国哲学中或许最易体会,因为它从来就没有面对纯粹客观物质世界的"镜喻式"认识思维,而是认为人天生就有"情"或是接物便生"情"。不管是《左传》所谓"天生有情",韩愈所说"接物而生情",还是中国人把握世界时对"判天地之美"以及"类万物之情"的追求,都表现出了中国人对"情"的重视。因此,在中国人看来的"事"或"物",其实都是"事情",而我们亦不是在做"事",而是在做"事情"。中国人做事既要"合理"也要"合情",而做事首在"合情",即所谓"合情合理"。而西方人也一样,但西方人做事"合理"在第一位,"合情"在第二位。而梁漱溟亦从另外一个角度说明了"事情",他把"理"区分为"情理"和"物理"。所谓"情理"是中国人所讲的人文之理,所谓"物理"是西方讲的科学之理,它们的差别在于是不是有一定的指向人的方向。在中国传统上,既不认为"事"是纯粹客观的,也不认为"情"是纯粹主观的。从根本而言,"情"和"事"是相通的,是可以相互解释的,事本体和情本体就是事情本体。

库恩、拉卡托斯、费耶阿本德等现代西方哲学家提出了范式理论,范式一开始指一个科学共同体,但后来成为一种理论的体系。范式理论认识到,那些所谓科学认识的"硬核"不过是一种传统、心理、价值和信仰而已。而哲学解释学也揭示了人对世界的把握是一种基于生命体验的理解,理解本身成为一种基础性的实践。如此,无论是"把握"世界还是"改变"世界,其实人们都是在忙一些事情,都是在忙一些与人有关的东西。海德格尔在揭示人生在世的基本结构时,认为其表现为一种本体性的情绪状态"烦"。既有和事打交道的麻烦,也有和人打交道的烦神。而这些操劳于事、操心于人的本体性"烦"都是"事情"。实际上，无论是哲学家指出要面向世界本身，还是政治家强调要以我们现在做的"事情"为中心，"事情"才是我们最直接的、最真正的现实，而这种现实绝不是黑格尔所说的那种仅仅具有理性必然性的东西，而是由各种关系构成的、亦情亦理的一种系统质。

以上便是我从认识客体的角度对认识真理问题进行的说明。

二　认识的主体

认识主体从古希腊巴门尼德开始就是"思"之主体，"思"就被认为是通达真理的唯一方式，因而关于认识的问题也常被称为关于思维与存在的同一性问题。在亚里士多德的学说中，"思"是人的最高的幸福状态。然而，无论是苏格拉底、柏拉图的"练习死亡"，即用灵魂去"看"（idein）的西方理性传统，还是庄子"堕肢体、黜聪明"，"坐忘""心斋"以"通"的东方直觉传统，肉体都被看成是通往真理大道的敌人。因此，这种"思"长期以来都是没有肉体的、无人身的"思"，"思"与肉身是反对的关系，进入"思"就意味着要遗忘肉身。

当笛卡儿以"我思故我在"凸显思维的主体性的时候，实质上他的"思"是心理意识的一种代指。而康德将所有的问题归结为"人是什么"的问题，其实他是自觉地从主体的角度去定义世界。康德对形而上学的证明蕴含着要奠基"人的存在"的企图，他通过"人为自然立法""人为自己立法"真正确立了人的主体地位，实现了哲学的哥白尼式革命。不过，自觉探讨主体条件的康德依然留下了先验主体的观念，而费希特在康德基础上继续追问一切知识成立的先决条件，明确指出一切知识学的出发点只能是"自我"，这个"自我"不以存在为根据，而是存在的生产者，"自我"是使自身得以存在的自我设定的行动，即本原行动。尽管费希特思想依然被归为德国古典哲学的理性主义传统，但事实上已经使得作为主体的"自我"进入了生命存在的世界。

但是在胡塞尔看来，笛卡儿—康德系列的主体都不够哲学，他自觉延伸费希特的进路，通过现象学还原的方法，得出先验的、清洗掉一切经验因素的、非心灵的"纯粹意识"才真正奠定认识世界的元主体的结论。这个元主体就是"永不可欠缺"的纯粹自我、先验自我，它是构成实在世界的最终根基、认识的最终根据，也是意义的最后保障，这和佛教所说的"一念三千"有共同之处。而海德格尔同意胡塞尔的观点，但他不认为意向性的主体就是先验自我，他认为这样一种主体应该是要具有实践价值指向的，因而它应是始终在世界当中展开的"此在"。这个"此在"的本质在于生存、依寓、融身于世界，从来都是"世界性"的存在，这样主体便从"思"变成了"此在"。而梅洛－庞蒂明确地说出："我不是在我的身体前面，我在我的身体中，更确切地说，我是我的身体。"他明确地指出作为主体的"我"应该是肉身的"我"。如此而来，哲学终于发展到了对柏拉图以来的哲学家们不重视肉体的思想进行颠覆的时候，意识到了人的生存实践活动其实比人的认识活动更为根本、更为原始。

现代哲学在逐渐告别了纯粹心理意识之后，其实也逐渐落实到了马克思的一个观点，叫"现实的人"。马克思所有的学说都有着假设的前提，这种假设的前提就是在《德意志意识形态》中讲的"全部人类历史的第一个前提无疑是有生命的个人存在"。如果看德文的话，"个人"用的是复数"Individuum"，准确的翻译应该是"全部人类历史的第一个前提无疑是有生命的诸个体的存在"。"现实的人"首先是有生命、有肉身的，而这一点与梅洛－庞蒂的观点是契合和连接的，第一个需要确定的事情就是人的自然属性，首先强调的是人肉体的存在，这是有七情六欲的存在。而马克思在他的早期文献中，特别是《1844年经济学哲学手稿》中也多处强调人是激情的存在物，要关注人的肉身，要注意人的激情、情感方面。这样，人们对主体的理解逐渐从先验到达经验，从天国降落尘世。

"现实的人"也是人类学状态的人，即区分为不同族群、阶层甚至阶级的人。我们现在所说的"以人民为中心"或"为人民服务"，这里的"人民"不是一个抽象的集合，而是拥有不同的信仰、世界观、价值观甚至文明传统、生存样式的人。"现实的人"一定是多元化存在的人，人们对世界的"把握"和"改变"从来不是孤立的，而是以群体（我们）的方式存在的，同时也始终存在着与他者的区别、凝视、承认、合作，抑或是压制、冲突。因此，无论是在"我们"内部还是在与他者之间，在以主体的身份共同在场、彼此照面之时，总会有一个"你与我"的关系问题，这里也交织着复杂的生命情感。

以当今中国为例，在复杂的社会历史背景和现实关系之中，"现实的人"与以往相比具有很多新的特点。比如，分众化的趣味和利益。当今人们的趣味和利益都是不同的、小众的，所以他们的思想观念也必然不同，就如与小学、初中、高中的同学建立了一个群，刚开始大家兴趣高涨，可之后我们就觉得寡淡无味，因为大家兴趣各有差异，呈现一种分众化的状态，因而最后大家处于"相见不如怀念"的状态之中。又如，圈子化的关系互动。尽管我们非常反对圈子化的互动关系，但事实上人都是有圈子的，如朋友圈、微信群等。再如，连通化的全球交往。在我们这个时代，所有东西都是与世界关联在一起的。还如，垂直化的认知差异。人与人之间的认知差异是超乎我们想象的，落差有如垂直。因此，我们说每个人都生活在同一个世界上，这个世界就是我们地球的生物圈，但事实上我们又生活在不同的世界之中，这里的世界其实是"视界"，我们的视域是不一样的。另外，还有一方面值得我们注意，尽管多元化存在的"现实的人"之间的视域是不一样的，但"我们"的互相理解本身也是人们"把握"和"改变"世界的重要方面。

因此，世界上最难理解的就是人，他是多元的、情感化的。人们共在于世，这不是个"物"，也不是个简单的"事"，而是地地道道的"事情"，其核心之处就在于它们都与"现实的人"相关，因而我们对于认知主体的讨论必须要关乎此方面内容。

三　存在的问题

在讨论完认识主客体两方面的内容后，必然会带来一个问题，即主体已经走向了一种"现实的人"，客体走向了"事情"，用复杂的"现实的人"去理解、把握、改变"事情"，必然带来相对的东西。在多元的、差异性的现实中，人和人之间有千丝万缕的联系，却逐渐形成了一种在核心之中难以攻破的壁垒，从而人们也生活在不同的世界当中。庄子言："是故内圣外王之道，暗而不明，郁而不发，天下之人，各为其所欲焉，以自为方。"即每个人都只是在自己的特定角度，在自己的特定"世界"当中去看这个世界，去理解这个世界，去把握这个世界，去改变这个世界，结果就导致了这个世界的真相是什么，这个世界的真理是什么，我们难以清楚。

尽管自古以来就有怀疑论和相对主义对真理进行质疑，但他们更多的是一种警醒作用，让我们从某种武断的结论中警醒过来，反对独断论，这也是他们的主要价值体现。但是在今天，似乎不仅仅于此。只有在现代人类的思想文化当中，这种相对论的怀疑主义才成为一种显著的思潮。这就是威廉斯的《真理与真诚》所说的，对是否存在有待发现的真理这件事情的怀疑，成为当代显著的思潮。

为什么相对主义如此盛行？这与后现代潮流有关。所谓后现代反本质、反中心的差异性崇拜使得费耶阿本德意义上的"怎么都行"的相对主义诉求更甚。作为后现代思想的奠基人，利奥塔认为知识的合法性取决于叙事方式。你的知识能否被人接受取决于你怎么讲，而不是真假。在我们这个时代，讲故事的方式比故事本身更重要。

在福柯看来，一切知识、真理只不过是权力的创造、体制的产物，有权力的人就有知识，而要想有权力，就得有知识。罗蒂的协同性"小写真理"已经使得必然、客观的真理显得窘迫，真理变成了勉为其难的表述，只剩下一种主观又多元的信仰，真理和意见的差异已经消亡。巴门尼德区分真理与意见，我们的感官把握到的现象只能让我们获得一种意见，只有从我们的思维出发去把握存在，才能让我们获得真理，但要是每个人的真理都不一样，那和意见有什么差异呢？这便是后现代带来的这样一种问题。

相对主义盛行也与我们这个时代的大众传媒有关。在现代认识论当中，大众传媒的决定作用使得真理离人越来越远。写《娱乐至死》的波兹曼提出，大众传媒时代，媒介即认识论。简单地说，你用什么媒介，你就得到什么样的认识，具体体现为一切事物都是以新闻的形式出现的，我们现在的生活可以称为立体多媒体生活，一刻也离不开媒介。我们首先了解到的不是事物本身，而是通过新闻表达出来的事情。而人们把握事情的方式，首先是阅读新闻。作为把握世界和改变世界的主体的人也首先表现为一个读者，一个资讯消费者。马克思当年畅想的劳动作为第一需要还没实现，但是阅读新闻已经成为第一需要，而这背后的资本逻辑、消费逻辑都在起着作用。

然而，资本逻辑、消费逻辑的共振作用放大了新闻迅捷、感性、读者本位和可持续开掘的特点，使得我们日益获得的只是关于某个事情的信息，而不是某个事情本身，更遑论事实本身。如果说新闻是现实的仿像的话，正如鲍德里亚理解的，仿像日益不再是模仿现实，而是取代现实，人们评论的远距离事件并不是事件本身，而是这个事件的仿像。同时，以新闻呈现的信息总是说着许多各不相同话语的复调性文本，淹没和解构着所谓主流观点。层层叠叠的事情及其信息的前后覆盖、交错、相互作用使得为人所见的往往只是事情迷乱的晕眩。

同样，在消费的世界中，人们生产和消费的只是符号，而不是具体事物。符号并不指向任何现实而是一种仿像，这种仿像本身就有它自身的资本和政治权力在背后起作用，让消费者看到某种仿像，故意让我们产生某种错觉和幻觉。民族就是个想象的共同体。而在这个意义上，想象、幻觉、错觉不是贬义词而是中性词，既然能指和所指都是不确定性的，最后就变成了一种悖论性的符号的游戏。

另外，每每出现这种新闻的仿像，都能激起人们的一种关注，而这种"关注"却越来越不关注事情本身是什么，而是在于通过此种"关注"来激起人们不同的情绪、态度。在集体无意识的合谋下，人们把真相埋葬了、弄丢了，或者说是遗忘了，又或者说真相远不及自己的情感信念重要。2016年英语中出现了一个新的单词"后真相"（post–truth），这并不是说人们不再关心真相，而是说比起真相人们更关心的是他们的价值观、情感、态度、信念。

当然，依然有人执着于真理，但它总是在将来却又令人绝望的未来中。也有不少人将"后真相"推向极端，例如以色列作家赫拉利就认为，其实人类本来就是一种"后真相"的存在物，人类从一开始就在讲着想象的故事，而且人类之所以能成为万物灵长，"最重要的因素就在于创造并传播虚构故事的独特能力"，"在所有的虚构故事中，名列前茅的一个就是否认世界有多复杂，一切只以绝对的纯洁和极端的邪恶来思考"。今天的"后真相时代"不过是把这一问题更加凸显出来罢了，这是我们这个时代对于真理真相的一种状态。

事实上，从最一般的意义上来说，作为新闻的文本，总是在一定的社会文化环境中消费的，而人们认识的方式使得文本不断地改变、接受新的文化含义，这正是我们的哲学解释学所说的内容，也是历史哲学中批判历史哲学所说的内容。在哲学解释学中讲到对文本的理解，如利科认为文本是独立于读者与作者的一个可能世界。一千个观众有一千个哈姆雷特，每个人都会从自己的生命体验的角度去理解文本，而不仅仅从作者的角度出发进行理解。鲁迅先生也说："同样一本红楼梦，经学家看见《易》，道学家看见淫，才子看见缠绵，革命家看见排满，流言家看见宫闱秘事。"克罗齐曾说过"一切历史都是当代史"。每一代人读历史时，都会从当代的情境、当代的任务、当代的体验、当代的诉求出发重新去理解历史，因而各国都会去修改历史教科书。事实上，正如海德格尔所揭示的，处于沉沦状态的常人们都以闲聊、好奇、模棱两可作为自己的存在样式，文本自然成为他们趣味的对象，其真实与否并不重要，或者至少是退居其次的。而中国人尤其如此，科学技术在中国也只是潜在的第一生产力，其主要是用来休闲的，各种社交软件的发达是中国互联网弯道超车的前提。再如人们的好奇、猎奇，也就是爱看热闹。而我们这个时代的文本恰恰呈现的就是这样一个特色，这种文本是趣味的对象，其真实与否并不重要，或者说它退居其次。

面对多元主义、相对主义的兴起与泛滥，不少思想家忧心忡忡，认为其将人类带入危险地带。例如施特劳斯就明确指出，近代以来基于自然法、自然权利的世界观已逐渐为历史主义所替代。德国的历史主义，尤其是以马克思的历史主义为代表，马克思的唯物史观就是要明确地解构形而上的自然法则，用历史来净化它、消解它。

而历史主义的极致发展导致虚无主义的严重问题，这便是当前人类面临的最重大、最深刻的精神危机。基于对虚无主义的警惕，人们很快认识到相对主义绝不是天然合理的，那么随之产生的问题就是，我们容许真理主观、真相逊位的限度究竟是什么？这不是一个简单的知识论问题，而是一个社会学、政治学的问题，更是一个存在论的问题。

四 解决的方案

我们认识这个世界是为了好好地活着。尽管人们曾经相信的不少真理已经经不起理性的严密分析与科学的精细考察，但是就像威廉斯所说的"在日常的层面,总有一些真理是显而易见的"。其他的真理可以不论,但有一个基本的真理是要承认的,即从存在的前提、底线出发,共在(co-existence)是这个世界必须以经验证明、生命澄明并加以确认的基本真理,也是唯一不可以"后"(post)掉的真相,或者说这是首要的事情。换而言之,假定每个人、群体都具有其理性,但为什么彼此之间还要诉求公共理性?因为这里预设了非公共理性的缺陷和公共理性的优点。非公共理性的缺陷就是"私意",或作为"私意"之和的"众意"并非天然达到真正的"公意"。公共理性的优点恰恰在于能无限逼近"公共利益","公意"乃是对公共利益的表达。与卢梭强调的心灵默契不同,从康德开始到哈贝马斯都强调要公开地运用理性。而人们最原初、最基本的公共利益是什么?共同存在。那么更好的、理想的公共利益是什么呢?共同的美好生活,归根结底是我们持续的、更好的共在。因此,公共理性之必要性就在于唯有它才能真正满足人们的存在。

在承认共在作为最起码的真理、最后的真相、首要的事情的基础、标准和底线之上,基于共在的反思则是一种启蒙性的绝对命令。正是基于共在的反思,各种主观真理才可能使自己相对化,认识到自己真理的特殊性、局限性,然后努力去超越从根本上难以超越的培根所说的种族假相、洞穴假相,并对不同世界观、价值观之间的交往持有一种开放的态度。换言之,我们不是放逐了真理,而是改变了对真理的看法。除了共在之外,真理并不是先验地存在的,而是在公共性批判中才可能得以澄明的。笛卡儿说,我在一生当中要对所有的东西进行怀疑,所有的东西都要在理性的天平上进行校正。这里的理性只是自我意识,而我们所讲的理性是一种公共理性。知识的客观性被还原为协同的主体间性,走向公共性批判,追求和遵循公共理性,才能真正解答施特劳斯所谓"历史主义的顶峰就是虚无主义"的问题。

主体间的公共理性追求需要借助语言进行公共阐释、公开辩驳,这不仅凸显了语言的逻辑、技巧问题，而且使语言交往、商谈的伦理问题被凸显出来。在公共性批判的商谈交往中，哈贝马斯给出了著名的理想沟通情境的有效交往三原则：真实性、正确性和真诚性，分别指向事实陈述、话语规范和言说意向。特别是真诚性要求"言语者所表现出来的意向必须言出心声"。确实，因为意识形态、资本逻辑、大众文化等方面的影响，当今公共领域的许多公共阐释、辩驳具有太多表演性质。用哈贝马斯的话来说就是，很多行为是一种戏剧行为而不是一种交往行为。而真正的交往行为一定是有它的德性前提的。上文讲到的威廉斯，他就从一种自然状态之下的假设出发，认为人们培养出两种倾向，即获得准确信息的倾向和诚实言说的倾向。这便是他所谓真理的两种美德。而真实性的诉求是人们开始真理追求的最初目的。

其实我认为以上观点在中国古人中表达得更出色。我们熟悉孔子的一个观点叫"和而不同"，甚至认为这是中国文化的一大特点。孔子说明得非常清楚，"君子和而不同"，只有君子才能做到"和而不同"，而这一方面不是所有人都能做到。君子与小人相对，它既是一个阶级、阶层的表达，更是一个德性、道德的表达。你有你的观点，我有我的观点，但我们能够在一起有一个公共性的讨论，这个讨论的前提是讨论者为有德性的君子，能够做到"和而不同"。

我们的儒家特别强调"尊德性而道问学"。关于这句话有不同的理解，朱熹认为我们的德性要从问学当中来，而陆王的理解就不一样，他们倾向于认为德性和问学都很重要，但德性更为前提，先有德性而后才有问学，即是在未有真理之前或达至真理之时都必须有一种德性。其实，早在思孟学派那里，就明确地认为："诚者，天之道也；诚之者，人之道也。"他们认为"诚"是整个宇宙的本体，按照天、地的"诚"的本质去做，这是人之道。而且"诚者，物之始终，不诚无物，是故君子诚之为贵"，即君子一定要注意学习"诚"，借鉴"诚"，这是他最宝贵的一个品质。特别是中国儒家认为"诚则明矣，明则诚矣"，即诚是一种道德性的内容，从道德性的东西出发，最后能够达到一种真理性的领悟，这叫"诚则明矣"；你明白道理，明白真理，最后也能够达到"诚"，两者是相通的。王阳明也有一个明确的观点，即"诚是心之本体"。可见，在中国古人看来，真诚乃由心发的，是心灵的开放，它是人通往真理的澄明之道。王阳明原先理解"格物"的"格"，就像照镜子似的看，结果"格"出了一身病，最后他就发现"心外无物""心即理"，只要至诚，就可以获得。

我们可以看到，这样一种观念跟西方苏格拉底的"美德即知识"不同，苏格拉底此话的意思是在强调"明则诚矣"，中国文化则认为"诚则明矣，明则诚矣"，两者是合一的，而且诚是第一位的，这是非常大的一个差异。儒家还认为"至诚如神"，即一个人能够把"诚"发挥到极致，他就会有如神助。

在中国的民间文化中，是有神的位置的，但在宇宙论上没有神的位置。西方的宇宙观是天、地、神、人，中国则是《周易》所讲的天、地、人三才。中国人认为的神是什么呢？最著名的有两个，一个是"阴阳莫测之谓神"，第二个是"至诚如神"，即达到极致的"诚"就像神一样，如李广射箭，把石头当老虎，专心致志，把石头射开了，结果当知道不是老虎而是石头时，便再也没有这种神力了，这就是"至诚如神"。

另外，中国文化还认为"唯天下至诚，为能尽其性。能尽其性，则能尽人之性；能尽人之性，则能尽物之性；能尽物之性，则可以赞天地之化育；可以赞天地之化育，则可以与天地参矣"，中国人认为人与世界的关系不是简单地改变它，而是赞助它、帮助它、襄助它、顺着它，是一种位育观念，即"天地位焉，万物育焉"。在宇宙当中找到恰当的位置，可以化育一切，然后"赞天地之化育，可以与天地参"。庄子有一句话叫作"内直者与天为徒"，即你自身内在真诚，最后便可与天地一起，进而直接体悟到天地万物的内容。

而海德格尔通过一种辞源考察发现，真理不是我们所认为的主客观相符合的内容，也不是一种名词，它从来不意味着认识的某种性质、状态，而是与人的存在相关的，即"真理的本质揭示自身为自由，自由乃是绽放的、解蔽着的让存在者存在"。正因为真诚是由心而发的，即是操之在我的，而不像真理和真相，它不是取决于我的。

在我们这样一种信息大超载、知识大爆发的时代，事情本身的真相和真理在很长的时间之内，我们是弄不清楚的，因为它不取决于个体的我们，但有一件事情却是完全操之在我，就是你是不是真诚的。所以，我认为从理论上说，真诚是每个人在任何时候都有可能做到的，尽管要做到也很难的。

我国改革开放四十多年取得这么大的成就，其根本原因在哪？我认为可能有很多原因，但其中一个原因就是思想解放。改革开放四十多年取得的成就中，其中一个重大的成就即是思想的解放。中央电视台曾经有个栏目叫"同一首歌"，现在再也做不下去了，为什么？这是这个时代的隐喻，我们现在再也不是唱"同一首歌"的时代了，而是处于各唱各的歌、各哼各的调的时代。我们开一个大会，开会之前的十几分钟应该怎样度过？我们现在是玩手机，而倒退一二十年，那个时候是在拉歌。这边朋友来一首，那边的朋友来一首。现在我们让拉歌，或许十五分钟都讨论不出一首大家都会唱的歌曲。大家的观点是如此之不同，立场是如此之不同，他们都在说自己有理，就像我们所说的培养的幻象、错觉。我看到和我观点完全不同的人亦会感到很厌烦，但是我会告诫自己，如果对方是真诚的，就应该尊重他，因为你说的与我说的究竟谁是真理，在很长的时间内是难以辨析的，特别是人文科学类的内容，我们难以在短时间内验证。伏尔泰有句名言："我虽然不同意你的观点，但我誓死捍卫你说话的权利。"如果你是真诚的，那我就捍卫你说话的权利。因此，我可以有自己的观点，你也可以有不同的观点，但问题在于你是不是真诚地提出和坚持这种观点。

孟子说:"反身而诚,乐莫大焉!"生活中很多人之所以痛苦,特别是研究学问的人之所以痛苦,是因为他写出的东西不是"反身而诚"的,他自己都不相信,所以他就很痛苦。因此,不管真相、真理是否到来,我们首先要做到的就是真诚——即真诚先于真理。你认为你是真理,我认为我是真理,只要我们是真诚的,我们就可能暂时地处于和而不同的状态中。如果真的有真理的话,只要我们是真诚的,我们平等地进行公共性的辩驳与批判,那么真理就不会永远不到来,而是迟早会到来。

(本文为沈湘平教授在陕西师范大学哲学书院思想星空大讲堂所做报告的文字整理稿)

经典智慧与人生

吴进安[*]

对于我们如今的学习而言,究竟应该从一个什么样的角度来解读经典呢?《论语》《孟子》《大学》《中庸》是经典,墨子的著作、老庄的思想都是一种经典。根据我的理解而言,经典是托乎思维、展开思考的历程。

一 人生的三个"世界"

如果我是一个圆的中心,在我之外再画三个圆圈,这三个圆圈就代表着我智慧发散以及反馈的历程。由外而内,我把第一个圈称为我们的生活世界,这一个世界包括我们每天的吃穿住行、人际往来的经历,也包括我们喜怒哀乐、爱恨情仇的情感,我们把它们称之为现象。这是我们从所谓自然生命进入人文生命的一个过程,这便是我们的"life world",我们的生活世界。但是人如果只存在于生活世界之中,那么人也不过是一个动物,一个"animal",因为饿了就吃及饱了就睡,不过是一种动物本能。如此一来,人和动物差异的"几希"究竟在何处?

---

[*] 吴进安,男,台湾云林科技大学汉学应用研究所教授、博士生导师,原所长。

于是我发现我们有第二个世界即第二个圈，这个世界就是知识的世界。在这里我们要去探讨为何如此，即去探讨生活世界中为什么会有喜怒哀乐、爱恨情仇，去探讨人为何有如此的行为表现等。而当我们去问"为什么"的时候，我们就已经进入哲学的领域了。希腊哲学的起源是 Wonder 不是 Surprise，Surprise 是惊讶，Wonder 是一种怀疑，是一种对真理和真相的探求。所以 Wonder 会带动我们的知识世界。而在知识世界中有三个对象，第一个是自然，即我们为什么会生活在这个地方？如西安为什么会在此地成为十三朝古都？而我们在台湾要面对的最大挑战就是台风和地震，我们还能依靠台风上岸路径的预测稍微避险，然而地震却不行。由此，人们便在对自然的探求之中发展出了自然科学。第二个是他人，我们不是像《鲁滨孙漂流记》那样漂流荒岛独自一人生活，我们是互为主体的社会，所以我们第二个要探索的对象便是他人。中国儒家告诉我们这叫五伦，五种人与人的关系（父子、君臣、夫妇、兄弟、朋友）。而我们第三个探索对象是自我，我生活在这个地方，我对自己的了解是什么？苏格拉底说"know yourself"，认识你自己。从生活世界反推到我们去了解为何如此的时候，就形成了一个知识的世界。

第三个圈是一个价值的世界。在形成知识的世界后，出现了一个最核心的问题，即我活在这个世上的意义和目的是什么？人对自己的解释和认识标志着智慧的开发，由此也让我们进入第三个圈的世界中，我们把它称为价值的世界。这时候我们侧重的是价值，即我们追求的是什么？人生追求的目标在哪里？而与此同时，如何去看待别人和自己，用什么样的观点去面对别人和自己，这就是价值观。

这便是我从自身出发去解读经典时，经典里面所包含着的生活世界、知识世界以及价值世界。透过其中知识的概念，或者宗教所说的启示，抑或一些教育素养，汇集而塑造了一个"我"。如果没有这些内容，我本身也不会去思考以上问题的答案，从而我会发现自身的虚无。而"我思故我在"的"我"究竟在哪里?"我"在这三个世界里,在这里我被价值世界的观念引导着走在一条知识开发之路上,然后借由知识的开发慢慢改变自己的生活世界。

二 经典的内涵

从我们的生活世界到知识世界再到价值世界出发去阅读经典,经典的第一个内涵是每个人自己,即每个人都是自己的瑰宝,每个人都可以成为经典,有一些经典可以复制,有一些经典无法复制。苏联首先发展太空科技,美国奋起直追才有了一系列的阿波罗计划。而阿波罗计划几经失败终于成功,最终登陆月球,实现了美国人的理想。美国的登月计划实际上来自于当时的国防部长。从他的经营理念来看,他认为发射火箭只是一次性的,这颇为浪费,是否能发明一个载人器具,可以在太空和地球之间来回,从而重复使用,减少浪费。这个英文单词就是"recycle"。我们发现这个概念已经影响到我们现在的生活,但是在当时这只是一个观念和一个理想而已,最后却真的实现了。因此,我们每一个人都不要忘记怀抱理想,这个理想可大可小,但不可没有,并且我们要尽可能地将其付诸行动。

经典的第二个内涵是有伟大发现的著作。在哲学领域上说,卡尔·雅斯贝尔斯在1949年发表的《历史的起源与目标》就是一本有伟大发现的历史哲学著作。他在书中提到了一个非常重要的概念——轴心时代。在公元前800年到公元200年中,尤其是在公元前500年左右,人类在三个地方产生了特殊的文明,一个是所谓雅典城邦文明,一个是古印度人对自身反省的文明,一个是中国儒家和道家构建起来的华夏文明,它们正好都在北纬30度附近。这三个地方的文明改变了人类社会,改变了人类生活。在他的著作里,我们看到了"轴心时代"的概念,后来美国学界将此概念引入美国的社会学界,社会学界的芝加哥学派也因此提出了"文明的再进化"

理论。这就是有伟大发现的著作。

经典的第三个内涵是令人敬佩的事迹。如诺贝尔在晚年的时候夜不能寐,因为很多人被他的发明夺去了生命。他发明炸药的时候,以为炸药会以和平的方式被运用,但是最后却沦为杀人的工具。而这促进了他的自我反思:我发明这样的东西对人类有何意义?所以他将他所有的财产捐赠出来,成立了诺贝尔的奖项,以此来鼓励人类理性的发展,并希望人类理性的成就能有助于人类文明的发展。诺贝尔在小学的时候也有一个著名的事迹,那时他十分会读书,但是无论怎样努力,永远都是班上的第二名。有一次班里第一名的学生生病了,不能来上课了,所有人都告诉诺贝尔说,这一学期你一定是第一名。而诺贝尔整理了所有上课的笔记,并送给了那位第一名的同学。最后,那位同学痊愈后回到学校仍然是第一名,诺贝尔还是第二名,但是今天还有谁记得那个第一名叫什么名字吗?没有人记得。唯一留下来的只有诺贝尔。在中国传统的经典当中,也有很多这样的事迹。唐代中叶,海通法师乘船路过此处,这里是岷江、大渡河和青衣江三江汇合之处,水波汹涌。法师感念那些不幸丧生于此的船民,立下志向要在此地开山造佛,以安抚亡灵。在他修建的过程中,为了应对那些来勒索的贪官污吏,他以自己双眼的牺牲,来警告"有眼无珠"的贪官污吏,令天地为之动容。此后几十年,这位盲僧到处化缘,最终修建了闻名世界的乐山大佛。这个佛家的故事告诉我们,人正常的时候,眼睛是黑的,心是红的;不正常的时候,眼睛一红,心就黑了,很多时候人都是有眼无珠的。

经典的第四个内涵是可以作为典范的成就。以上我所举例的名人,都有着可以作为典范的成就,他们都是小人物,都是从穷乡僻壤的地方发展起来的,但是他们奋发历程中的每一面都可以成为经典。

因为经典会慢慢地从生活世界走入知识世界,甚至走进价值世界,而我便从以上的逻辑和概念出发,展开我对经典与人生关系的解读。

三　经典走入我们的生活世界

相信大家都认识邓丽君小姐，而她和我的生活世界有何关系？我高中的时候数学成绩不好，心情十分的难过，虽然听了她的歌之后，数学成绩并没有什么改善，但是心情不一样了。至少在那个当下，我的心情非常舒缓，并认为自己仍可以再去求索数学一番。第二位是李小龙先生，他将中国功夫发扬到世界各地，打遍天下无敌手，进而振奋了我们的精神。第三位是周杰伦先生，他在知识世界的成就并不高，但是他有很强的音乐才能，歌曲完全由他自己编撰，而他于我们生活世界的进入，便在于他的音乐作品为我们看待音乐提供了不一样的视角。以上便是经典走入我们的生活世界。

四　经典走入我们的知识世界

文学、史学以及哲学汇集成经典，进而走入我们的知识世界。人生的第一个境界是文学的境界，它告诉我们感性与浪漫。人生活在实际与虚拟的两重世界中，人生就是虚虚实实，实实虚虚，我们要把虚做实，而不能把实做虚。人生的第二个境界是历史的境界。理性与真诚，理解过去与现在，这是历史的概念。历史告诉我们前车之鉴，让我们避免犯下重复的错误。人生的第三个境界是哲学的境界，它代表着悟性与睿智，为我们寻找生命的出口。悟性与睿智已经比一般知识高一层了，哲学本就是以知识为基础，进而去发展出睿智与悟性。我们听过佛教禅宗神秀与慧能的故事。神秀说："身是菩提树，心如明镜台。时时勤拂拭，勿使惹尘埃。"但是慧能却说："菩提本无树，明镜亦非台。本来无一物，何处惹尘埃。"从而较神秀更胜一筹。如果没有神秀在前的铺垫，又如何能有慧能在后面的发挥。所以，知识是哲学悟性的基础，它为我们寻找生命的出口提供了条件。

就具体的哲学经典而言，儒家告诉我们"知其不可而为之"，以及"天行健，君子以自强不息"。这两句话刚好是儒家的个性，代表着人的责任与承担。孔子还说："士志于道，据于德，依于仁，游于艺。"这是一种生命的气象。设立志向是读书人首要做的事情，"道"就是目标、方向和道路，"德"是观察天地自然演变之后，我心中所得。

人生中很多事情不是一帆风顺的，而在我们面对挫折的时候，道家告诉我们"反者道之动"。事物基本上是二元的存在，是相对存在的，有长必有短，有优必有劣，有美必有丑，有大必有小，所以人生是不完美的，而且这是一个自然而然的事情。因此，道家告诉我们"人法地，地法天，天法道，道法自然"，自然而然的生活，人就会生活得愉快；如果你不自然的生活，那么人就过得不愉快。

老庄的哲学在知识的世界里还给了我们几个重要的启示，而这几点启示也为经典进入我们的价值世界，从而具体地指导我们的生活世界做了铺垫。第一，功成弗居。在生活世界中，每个人都争抢功名，唯恐落人之后。老子看到了这个致命的人性弱点，因而说"飞鸟尽，良弓藏，狡兔死，走狗烹"。韩信没能做到功成弗居，因而吕后当政以后处理的第一个人就是他。人的功劳不会比天还大，而天都不曾居功，人凭何去居功。第二，戒争，"圣人之道，为而不争"。"为"是人要尽心尽力，但不要去争名夺利。而他们认为"争"是人生的大患，是世间祸乱的根源，因此喜以不争教人。这是一种反向的思维。第三，盈不可久。"盈"可以指人生的种种满足，人生无不以追求满足为主。而老子很深刻地指出，"故飘风不终朝，骤雨不终日，孰为此者？天地。天地尚不能久，而况于人乎"，一切满足人的事物，都是"不可长保"的。第四，以柔克刚。"上善若水"，水没有任何形状和高低之分，高低是人为的因素，无论人怎样设定，水都还是处在自然的状态之中，因此"天下莫柔弱于水，而攻坚强者莫之能胜，以其无以易之"。

由此，经典走进了我们的知识世界。我们发现自己不能没有知识，没有知识叫作野蛮。而人有了知识之后，还需要知识的积淀和积累，从而将知识活化，并形成素养。在我们有了素养之后，慢慢形成潮流，便可实现素养的进化，进而形成文明。

五 经典走入我们的价值世界

一个人的定位或价值的分判就在当下，而这就是我们所说的价值的世界。那么，经典是如何走入我们的价值世界的。

（一）汲取经典价值，引导生活世界

经典作品为我们塑造的价值世界，必须要落实到我们的生活世界之中才有意义。这里我要推崇胡适之先生，他推动了中国的文学革命，在哲学上也有所建树。他曾经担任过中国驻美大使。他刚到任时，正是美国的国庆节，那时美国还没有介入两边的战争，而是在两边战争中贩卖军火、趾高气扬。在国庆酒会中，国务卿带有几分醉意地向胡适之先生"请教"了一个问题，即为什么中国人的身高这么矮。他也不等胡先生回答就说，就是因为你们太矮了，才会被日本人欺负。胡先生面对国务卿的羞辱，不慌不忙地上台，在感谢完国务卿对其酒会的邀请后，回答道，中国人出现在地球上已经有数千多年的历史，根据牛顿的万有引力定律，中国人已被地心引力拉了4000多年，而美国只被地心引力拉了不到200年，因而受地心引力的影响较小。讲完这一段话之后，他补充道，判断一个人的身高高矮要看判断的标准，如果从地板算起，美国人身高很高，中国人身高很矮；如果从天花板算起，中国人的身高是比美国人高的。而这在哲学上就叫作"反者道之动"，胡先生把道家的观念巧妙地应

用在外交的场合之上,这使他的事迹流传久远。

儒释道经典的交集存在于我们的文化基因当中,培育了我们的生命态度和人品格调,而这种生命态度就是一个人在当下面对各种情境时的一种处事方式。而以我自己的事情举例,1976年10月6日这一天对我的意义十分重大,那是我上大学的第1天。我按照课表早早地来到教室,却发现教室里一团糟。人面对特殊情境的反应是以直觉的方式表现出来的,既然这个教室这么脏乱,我就要找工具把教室打扫干净,这是我很单纯的想法。当我在打扫卫生的时候,有一名中年男子推门进来,先生的长相和穿着应该不是一位老师,可能是学校的行政人员或者是工友。他看着我微微一笑,我当时心里十分纳闷,但是并没有表现出什么不悦,也以微笑回报他。他问我是否是哲学系的学生,并让我扫完地之后去他的办公室一趟。当我找到他的办公室的时候,才发现这位先生就是我们的哲学系张振东主任。张先生和蔼地问了一些我的情况,让我填写了一张奖学金申请表,并且鼓励我要好好努力读哲学。这笔奖学金数目对我而言,是一个无法想象的数字,它帮助了我大学四年的生活。直到现在,我还是很感念这位照顾与提拔我的张振东先生。

(二) 重新审视经典,充实知识世界

早年,我们的长辈告诉我们:一命、二运、三风水、四积德、五读书,这是一套所谓经典。但是,我觉得它已经是过去式了,因为它不再经得起知识和事实的挑战与检验。一个文明,一个文人,一个知识分子,建构他自己的价值世界是非常重要的。如今,我们试着翻转传统,重新审视经典,把第五转变成为第一。由此,第一是读书,第二是积德,第三是风水,第四是运,第五才是命。而从后往前读,我们便会发现人类的能量。第一是读书,所谓"十年寒窗无人问,一朝成名天下知",读书就是读经典,如果我们不读书,我们便不知如何去改变自己。第二是积德,不是看一个人捐款多少,

而是指其与人为善时，所存有的那一份善心。第三是风水，风水不是一般人所说的阴宅或阳宅，而是一种磁场，一种品牌。而这时我们再去理解所谓一命、二运、三风水、四积德、五读书，我们可以看到一个道家哲学的"反者道之动"。在我们对这一经典的重新审视下，我们发现如果没有读书，没有经典，前面的四条就全部成为宿命；因为有了读书，前面的一命、二运、三风水、四积德就转变为了立命。宿命和立命在这里就区分出来了。宿命是甘于接受现状的安排，实际上仍然停留在原先的生活世界里，而立命是用我的价值来改变我的生活世界。所以我们要做的，就是运转自己的命，找寻成功的磁场，与人为善，不断求知，改变自己的身份和视野。

由此，我们便依托于生活世界中的事实，用更完善的价值标准对经典进行了重新审视，从而充实了我们的知识世界，并让经典更好地指导我们的生活世界。

六　总结

经典智慧的本质意义便在于培养生命的豪气，而中国学术经典给我们的生命带来的就是豪气。你是儒家，就要表现出儒家的气节；你是道家，就应该有道家的潇洒，有对人事问题的洒脱和对事物理解的透彻；你是佛家，就不应太执着。而究竟什么是豪气？豪气就是做一个人像一个人。第一，有积极的思想和态度。认识人生，自强不息，如此而已。第二，求知。我们要以学习的方式改变命运，而不再去相信一命、二运、三风水、四积德、五读书，应相信反过来的逻辑。第三，丰富的爱心。与人为善，受人恩泽，涌泉以报，给人温暖。第四，对自己的诚实。学会孤独，拒绝诱惑。第五，明白苦的意义，不气不馁。由此，我们培养出自己生命的豪气，让自己"心中有个大目标，千斤重担我敢挑；心中没有大目标，一根稻草折弯腰"。

在我们的人生历程中经常会有这样一句话,"夕阳无限好,明天会更好"。实际的生活世界却不一样,它是"夕阳无限好,明天会更老"。因此,我们要体会到生命的无常,珍惜当下的每个因缘机会,因为这就是人生。

丁为祥教授评述:

生活的世界、知识的世界和价值的世界,这几个层面构成了一个"我"。吴老师的每一个案例都有着具体而微的智慧,可以从多个角度进行理解。在吴老师讲解他的三个圈层的时候,我在思考可以从哪些角度进行理解,从马斯洛的需求层次理论、冯友兰先生的人生四重境界、杜维明先生的身心灵神等角度,都可以让我们对吴老师的三个圈层实现理解。

吴老师说了他人生中最重要的一天,即1976年10月6日吴老师跨进辅仁大学的日子。而这是一个特殊的日子,1976年的10月6日也是中国大陆"文革"结束的日子,正是当天晚上的8点至8点20分,抓获了"四人帮"。

在吴老师讲到自己遇到的先生时,我就在思考这是哪位先生,心里有几个答案不停轮换。后来吴老师说到这位先生打扮质朴,我知道一定是张振东先生。而这样的案例在大陆也发生过。在1970年到1980年期间,北大一位刚刚报到的学生,因为事务繁杂,临时叫住了一位老先生帮他看行李。当他办完事情回来后,老先生仍在原地。而在几天后的新生典礼上,他发现那位老先生就是主席台上的季羡林先生。所以,在文化的根脉上,两岸的老人有着表现非常一致的地方。

另外,吴老师将儒家、道家、墨家、法家、老子、庄子等历史上的人物智能地融合到了一起,时而从这个角度说明,时而从那个角度论述,我一时内都感到应接不暇。但是我们可以抓住一个角度来进行思考和响应。生活的世界、知识的世界、价值的世界三个圈层代表了人生的几个层次。如果把这几个圈层仅理解为平面的圆，我们就解读错了，但是如果能把这几个圈层解读成一种立体的关系，它们之间既可以拾阶而上，又可以关照统摄，以价值观的圈层主宰其他的圈层，我们的人生或许可以更好地保持在清醒的状态之中。

（本文为吴进安教授在陕西师范大学哲学书院思想星空大讲堂所做报告的文字整理稿）

哲学作为一项认知事业

陈 波[*]

话题的背景

我们需要认识到两个重要的区分。一是学问和智慧的区分。哲学是学问,但不仅仅是学问,更多的是智慧,哲学就是爱智慧。很有学问的人不一定很有智慧,但是要有智慧必须先有一些学问。二是"学哲学"和"做哲学"的区分。学哲学是通过阅读、上课、听讲座等方式,学习前人和他人所创造的各种哲学理论,并通过自己的消化理解,获得哲学知识。我们学哲学,目的是获得智慧,获得启迪。而学哲学的人中应该要有一部分人自己去做哲学,去研究哲学问题,进行独立的哲学思考,提出和论证自己的哲学观点和理论,甚至建构自己的哲学体系。由此一来,他们在哲学共同体中就不仅是一个学习者、跟随者、诠释者和传播者,同样也是独立的研究者、对话的参与者、思想的贡献者。

而从整体而言,中国哲学界在上述的这方面还有很大的努力空间。在当代中国,绝大多数学者的研究都是在做哲学史:马克思主义哲学史、中国哲学史、西方哲学史……即使有学者研究当代西方

---

[*] 陈波,男,1957年生,中国人民大学哲学博士,国际哲学学院院士。

哲学，也是把它作为介绍、诠释、理解的对象，这是落入了历史性范畴而不是研究性范畴。国内比较盛行的是人物研究、文本研究、趋势研究，以及对经典阅读和经典诠释的强调，等等。这种现象在某种程度上是必要的，但不能所有做哲学的人都如此。

2007—2008 年，我在牛津大学哲学系做访问学者，联系人就是那里的逻辑学教授，蒂莫西·威廉姆森（Timothy Williamson），他是当今英美哲学界制造话题、引领风向、左右舆论的顶尖哲学家之一。当时他写了一本书叫《哲学的哲学》，那时还没有出版，但他把电子版发给了我，我读了三遍；后来他又写了一本普及性读物《哲学是怎样炼成的：从普通常识到逻辑推理》，而这两本书都很有影响力。在当代英语哲学中，元哲学和哲学方法论研究已成为热门话题，有这样一些关键词：abduction（溯因），conceivability（可设想性），disagreement（分歧），experimental philosophy（实验哲学），imagination（想象），intuition（直觉），modelling（模型建构），philosophical progress（哲学进步），reflective equilibrium（反思的均衡），thought experiment（思想实验），transcendental argument（先验论证），等等。其先后也出版了《剑桥哲学方法论指南》（2017 年）和《牛津哲学方法论手册》（2016 年）等书，而只有这些问题有相当大的热度和有相当多的研究者，才会编辑出版"指南""手册"等大型工具书。

而我一直对哲学方法论感兴趣，先前发表过如下文章：《分析哲学的价值》（1997 年），《论证是哲学活动的本性》（1999 年），《面向问题，参与哲学的当代建构》（2010 年），《哲学研究的两条路径：诠释与创新》（2017 年）等。我的观点是这样的：对哲学史的研究是绝对必要的，但不能整个中国哲学界都在做哲学史的研究，还是得有一些人去研究哲学问题，参与哲学的当代建构。而基于这样的考虑，我又写了《哲学作为一项认知事业》（2020 年）这篇文章。在中国哲学史界，有这样一种观点：以前的中国哲学史研究，例如冯友兰等学者所做的中国哲学史，是用西方哲学的框架去装中国哲学的材料，这样会扭曲甚至完全歪曲了中国哲学。我们自古没有"中国哲学"一词，我们只有经学、理学。因此，我们要退回去，以中释中，看那些古代的思想家是怎么想和怎么论证的，按其本来面貌去还原他们的思想。由此，我觉得有必要开一个学术会议来讨论哲学观和哲学方法论。于是，去年11月，我在北京大学组织举办了"如何做哲学——元哲学与哲学方法论"国际研讨会，国内外参会者70多人。当时《哲学分析》的主编让我把这篇文章给该刊，他们以最快的速度发表，同时发表的还有安徽大学张能为教授、中国政法大学费多益教授的文章。

导　言

美国哲学家蒯因说："科学与常识是连续的，哲学与科学也是连续的。正如科学是自觉的常识一样，哲学力求将事物阐释得更加清楚明白，就其目的和方法的要点而言，应无异于科学。"蒯因开启了当代哲学中的"自然主义"思潮和趋势。

牛津哲学家威廉姆森继承和发展了蒯因的上述思想，他从两个方面严厉批评了如下的"哲学例外论"：哲学研究只是由哲学家在扶手椅里完成的，其方法论和评价标准与其他各门科学有实质性区别。首先，他论证说，哲学与科学在研究对象上是连续的。20世纪西方哲学中发生的所谓"语言转向"和"思想转向"是错误的。这里我们需要补充一些历史背景，西方哲学的第一个阶段着重研究本体论：世界的本原和始基是什么，如何由它们发展演化成大千世界。到了近代，从笛卡儿开始，英国经验论者和欧洲大陆的理性论者以及后来的康德等人，着重考察了我们的认知过程、认知能力、认知手段以及认知成果——知识，这是认识论转向。20世纪哲学发生了"语言转向"，语言不仅是认知的工具，它还塑造我们的认知，语言是存在的家园，当你学会了一门语言的时候，你就学会了对这个世界进行分类组合的一套方式。有些哲学问题是受制于语言的,甚至是被语言所误导和扭曲的。因此,在思考哲学问题之前,我们要先对语言有认知。哲学家要研究语言问题,但要拒斥关于世界的问题,例如拒斥形而上学的问题。而威廉姆森认为,20世纪西方哲学的"语言转向"是错误的,已经过时了。哲学家并不只是对语言感兴趣,而是对这个世界感兴趣。当形而上学家研究"时间"和"空间"时,他们并不是在研究这两个词,而是研究这个世界中真实的时间和空间的性质及其结构;认识论家在探究如下至关重要的实质性问题:究竟是什么知识?如何获得知识?如何证成知识?知识受到哪些社会性因素的影响?知识如何在社会共同体中发挥作用?他们并不是在研究这个词。其次,他论证说,哲学和科学在方法论上也是连续的,只不过有自身的特点。哲学更像数学,两者都是在扶手椅中完成的,其方法首先不是实验,而是溯因和演绎推理,但这并不妨碍它们都是科学。哲学也要利用自然科学的成果,并且像在自然科学中一样,哲学进展主要在于构造更好的模型,提供更好的理解,而不是发现新的规律。我们不应该过多地考虑哲学究竟是先验的还是后验的,因为这个区分在认识论上是表面的和肤浅的。

我同意蒯因和威廉姆森等人的总体哲学倾向和立场,也同意他们对"哲学例外论"的批评。在他们工作的基础上,我进而提出一个命题:哲学是一项认知事业,并进而阐述哲学与其他各门科学(包括自然科学、社会科学和人文科学)都是连续的。我从以下几个方面来论证其连续性。

第一,就其研究对象而言,像其他各门科学一样,哲学也是探究我们生活于其中的这个世界,它是人类认知这个世界的总体努力的一部分。哲学的使命是帮助人们更好地认知这个世界。具体地说,帮助人们更好地认知自然界,更好地认知人本身,更好地认知个人所组成的社会,更好地认知我们对这个世界的认知。

第二,就其研究方法而言,哲学与常识和科学之间没有实质性区别，哲学也要求助于对这个世界的观察和实验（特别是思想实验）、直觉和常识、数据和证据、思考和反思、想象和思想实验、溯因—最佳解释推理、模型建构、猜测性假说、逻辑推理、证成与反驳、证实与证伪等方式。正像科学方法是常识方法的精致化一样，哲学方法也是对常识方法和科学方法的提炼和总结。而除此之外，没有独一无二的哲学方法。

第三，就其效用而言，像常识和科学一样，哲学也是为了帮助人们更好地生活在这个世界上，过一种体面而有尊严的生活，特别是过一种有意义和有价值的生活。苏格拉底说过，未经反省的人生不值得过。经过反省，不断调整，活得好与坏，那都是你的判断和选择的结果。如何选择，那就需要比较，需要思考，需要知道别人的生活是什么样的等内容，而哲学就是教你如何去思考。

第四，虽然哲学与哲学史有特殊关联，研究哲学史就是在研究哲学。但是，哲学并不只是哲学史，哲学研究不等于哲学史研究。通过哲学史来学习哲学和进入哲学，通过批判地反思先前的哲学理论来发展哲学，通过先前的哲学遗产，开拓新的领域、运用新的方法、提出新的理论来推进哲学，这才是我们看待哲学与哲学史之间关系的正确态度和做法。

第五，关于哲学与科学的如下两个说法只是想当然，似是而非，即科学依赖观察和实验，哲学诉诸诠释和理解；以及科学重点关注"实然"（事情实际上怎么样），哲学重点关注"应然"（事情应该怎么样）。

以上是我的主要观点，下面我将对细节进行说明。

一　哲学的使命

美国实用主义哲学的最大贡献，就是倡导"从人或人类的视角去看世界"，人类的利益和需求是人类认知的出发点。我们生存的这个世界,纵无际涯,横无边界,在时空里都是无限的。庄子说:"吾生也有涯,而知也无涯。以有涯随无涯,殆已!"我们不可能完全认知这个世界,我们无法对这个世界做镜像式的全面透彻的认知,我们认知我们所需要认知的,我们认知我们所能够认知的。我们的欲望、需求、利益、关切决定了我们要去认知这个世界中的什么;我们所具有的认知和行动能力以及认知资源,决定了我们将如何认知。这两者的结合划定了我们的认知边界,即把这个世界划分为截然不同的两部分:"人化的实在",即人类认知和行动能够达到和影响的现实世界中的那一部分;"原生的实在",即当下的人类认知和行动尚不能达到的现实世界的那一部分,相当于康德哲学中的"自在之物"。

我这里要强调指出,设定一个"自在之物"的世界是充分合理的,也是绝对必要的,因为这是人类先前世代的认知经验的归纳总结和合理外推。我们的祖先所认知到的这个世界很小,只包括他们生活于其中的那一小片地方,周围的山川河流、动植物和头顶的天空,等等。随着生活实践能力的提高,后人又认知到许多前人或他们自己先前不知道的东西,比如这个世界实际上很大,山外有山,天外有天,纷繁复杂,千奇百怪。他们知道,不是他们的认知创造了这些东西,而是它们本来就在那里,只是他们先前不知道而已。显然,我们的后人也会推展我们的认知边界。根据这些认知经验,人类可以归纳总结出:有一个本来就在那里的、不依赖于我们的认知、可却是我们的认知对象的外部世界。同时,承认这样一个外部世界的存在,又为我们后人的认知扩展留下了足够大的空间。

当然,哲学与各门科学之间也有区别。我们关于外界世界的所有认知是一个连续体,这些知识都是 science,各门具体科学通常以这个世界的某个局部、侧面、维度为认知重点,探究其中的结构、秩序和规律。哲学则要在各门科学成果的基础上,绘制这个世界的整体画面,探究这个世界的一般性的结构、秩序和规律,因此哲学在抽象程度和普遍程度上远高于各门具体科学。

哲学还要质疑或证成各门科学的基本假设，质疑或证成各门科学的价值维度，撞击或推展现有的认知边界。但哲学是科学的一种，仍然要在常识和科学理论的框架内活动，即哲学可以怀疑或挑战常识和科学，但要利用科学的发现，使用科学的方法，去挖掘和质疑科学理论背后所隐藏的根本性假设，去设想做别种选择的可能性。不能据此就断定哲学与常识或科学是断裂的，就如同不能说古代科学与近代科学、现代科学是完全断裂的一样。尽管前者否定和抛弃了后者的许多理论断言，但仍有一些关键性要素贯穿其中，即它们都以追求真理为目标，诉诸科学证据，使用科学方法，进行科学验证，最后还要得到科学共同体的认可。

二　哲学的研究对象

哲学的目标是认知世界，追求真理是我们的使命，这是因为真理是我们生存于世的基本凭借。如果一个个体或种群对这个世界及其周围环境常做出不真实的认知，经常做出错误的决策和应对，那么大自然会通过自然选择的机制来做出惩罚，让他们的基因从自然基因库中消失，逐渐把他们这个种群从这个世界上淘汰掉。而要对这个世界做出正确的认知，就必须先弄清楚，这个世界中究竟有什么，即 What is there？这就是本体论和形而上学研究。

首先，这个世界上有物理个体、性质、关系、自然种类、时空、层次、结构、规律、集合和数，等等，它们的存在采取了不同的形式，相互之间还有不同的依赖关系，有些是基础性的，有些则是派生的。其次，有人造物品。它们与自然物的相同之处在于，它们都有物质形态、存在于时空之中以及能够被我们所感知。而它们的不同之处在于人造物品里面灌注了人的思想、观念、设计、制作，甚至情感，因而没有人的设计和制作，它们就不可能存在，也不可能发挥其作用。最后，有很多"社会实在"，亦称"制度性事实"，例如，国家、政府、军队、警察、货币、银行、大学、学术研讨会、婚姻等。还有很多文化构造物，例如神话、民间传说、文学作品、电影、戏剧、动漫游戏等之中的角色，如"女娲""龙""孙悟空""林黛玉""哈姆雷特"，以及由人所创制的概念、命题、理论、学说，如"区块链""人是万物的尺度""实用主义""毛泽东思想"，等等。更重要的是，这个世界上还有很多很多的人，以及由人所组成的各种群体、组织、社会、民族、国家等，他们各有不同的甚至相互冲突的利益、需求、愿望、观念和行为模式，这就是我们所要面对的世界。

上次有个同学问我："老师，你把世界的存在物分为这么多，大概有七八类，这些类型之间有什么区别？它们之间相互重叠吗？"这是一个非常好的问题，它非常具有挑战性。我的回答是，这些存在物之间不是类型的区别，而是存在程度的区别。最底层为物理存在，其之上的存在都是以物理存在为基础，同时以底层为依托的。上面的这些观念构造物、文化构造物都是由现实社会中的人用现实社会中的物品，例如笔墨、纸张、电脑，把他们脑子中的东西外化出来，然后体现或存储在某种物质形态上。比如毛泽东思想，它首先是毛泽东个人创造的，也包括同时代的无产阶级革命家的创造，而这些讨论和对话，这些文化构造物却离不开物理存在。又如陕西师范大学里的建筑物、教授和学生都是物理存在，有一个人到陕西师范大学参观，看到了好多建筑物和人，但他说：我还没有看到陕西师范大学在哪里。按摩尔的说法，这个人犯有"范畴错误"，而实际上陕西师大就是由这些物理存在物（包括人）以一定方式组织、叠加起来的。

如上所列的所有这些"实在"，对于我们的个体生存和类生存来说都是极其重要的，因而都是我们的认知对象，也是哲学所要研究的对象，而这样的研究是形而上学的。如何认识这个世界，这是知识论；语言在认识世界中起什么作用、如何起作用，这是语言哲学。在思考和研究中，要注意程序、结构、方法和规则等，这是方法论和逻辑学。我们认识这个世界的时候要运用逻辑推理，即如果"实在"中包括如此歧异的元素和类别，那么究竟什么是"实在"？如何去说明、刻画、定义"实在"？对于哲学家来说，这构成了一个严重的挑战。美国哲学家皮尔士认为："实在并不必然独立于一般意义上的思想，而只是独立于你或我或任何有穷数量的人关于它可能持有的想法……"

三　哲学的效用

哲学和哲学家有助于促进或改善我们对这个世界的认知，至少可以提出两方面内容。

第一，哲学可以扩展新的认知领域，展示新的思维空间，达至先前未及的认知深度。例如，塞尔促使我们注意到"社会实在"，开辟了"社会本体论"的新领域。如大学教授是一个社会身份、社会角色，但也只有在现代社会分工体系里才有大学教授这一角色，而塞尔将此理解为一种"社会实在"。在李白、杜甫那个时代，根本没有知识分子作为独立角色的空间，他们都必须在官僚体系里谋一官半职，才得以生存，因而生存对他们来说很艰难。而我有多重身份，我是大学教授，还是作者、讲演者，这些角色都有报酬，因而我可以生活得很好，可以活得很有尊严。而这并不是因为我比李白、杜甫有本事，只是因为社会发展到这个程度，给知识分子提供了独立于官僚体系之外的、发挥作用的空间和舞台。而这些社会身份、社会角色是我们要研究的，我们要研究现实社会包括哪些"社会实在"，它们是如何运作的。传统形而上学只关注自然界中有什么，却忽视了一个重要方面的内容，即我们生活于其中的人类社会中有什么。又如，休谟分别提出了两个重要的"休谟问题"：一个关涉归纳推理和因果关系的问题；另一个关涉"是"与"应该"的问题，它与"实然和应然"有所关联，也就是事实与价值的关系问题，它在当代哲学中以"规范性之源"的形式复活。通常说，科学研究"实然"，哲学研究"应然"，陈老师是北大教授，就应该有思想、有水平，就应该怎么样……但是这里，是如何从事实性陈述推出规范性、价值性陈述的？休谟认为这里存在巨大的断裂和鸿沟。我个人认为，回答这个问题，首先要考虑社会角色，即我是北大教授，为什么我就应该有学问？那是因为北大是很好的大学，有悠久的学术传统，有严格的学术传承，国家和人民投入了很多资源，当上北大教授很不容易等。因此，北大教授就应该有两把"刷子"，就应该很厉害。其次，"应该"是相对于你的目标而言的，当下现实与你的目标有差距，而要达到你的目标，根据当下现实以及科学原理，你就应该完成怎样的事情，从而这里的"应该"也有了现实性的依据。我打算写一篇框架较大的文章，架通一座从"是"到"应该"的桥梁，主要观点是：没有纯客观的事实，事实底下隐藏着人的认知关切和认知选择；也没有纯主观的规范，规范有客观性依据，这两者之间的桥梁就是人的利益、需要和关切。

第二，哲学在本质上是批判的和革命的，它给我们的认知发展提供了永不衰竭的动力。哲学的特点就是试图寻根究底、不停追问，并从多个方面进行质疑和挑战，从而构想新的可能性，而这便导致哲学研究的批判色彩十分浓厚。其中，批判常常采取两种形式：内部批判和外部批判。内部批判是一个哲学理论派别内部的相互切磋和相互诘难，从而暴露或揭示该理论的内在冲突及其他理论困境；外部批判是持有不同理论观点的人去反驳该理论的根本假定和主要论题，揭示其理论困境。在这两种批判中，起最大作用的常常是内部批判，它会促进该理论的演变和发展。

四 哲学与科学在方法论上的连续性

我这里要强调的是,在哲学研究中可以利用的方法论资源是十分丰富的。在以前的研究中,我们更多地在进行经典阅读、经典诠释等,使得哲学研究的方法论资源十分贫乏,或许是我们自己绑住了自己的手脚。

(一) 哲学研究中可以利用的方法论资源

1. 方法论之一:溯因—最佳解释推理

其模式是:待解释的反常现象 E 是被观察到的新奇且令人惊讶的证据,与背景信念 B 不相容;但背景信念 B 加上可能假说 H_1,H_2……,H_n 中的某一个,都可以合理地解释 E;根据假说选择标准 C,H_i($1 \leq i \leq n$)是比其他可能解释更佳的解释,且是最可爱的解释;因此,有很强的理由接受假说 H_i。

我们再进行几个必要的说明:(1) E 是被观察到的新奇且令人惊讶的证据;B 是一组背景信念,主要包括具有高接受度的已有理论,或许还要加上常识信念。E 与 B 不相容,且仅从 B 出发,可以推出 E 的否定。(2) H_1,H_2……,H_n 是用来解释证据 E 的一些可能的假说。根据蒯因的整体主义论题,对 E 的解释并不单纯依据 H_1,H_2……,H_n 中的某一个,还要加上一组更新过的背景信念 B。(3) C 是选择最佳假说的一组标准,我愿意采纳蒯因所给出的标准。(a) 保守性:在同等条件下,一个假说对先前的信念摒弃越小就越合理。(b) 谦和性:除非必要,不要构成离奇的假说。(c) 简单性:在逻辑结构上越简单的假说越好。(d) 概括性:一个假说所覆盖的经验证据越多,它的适用范围越广,就越合理。(e) 可证伪性:一个合理的假说必须有某种可设想的事件将构成对该假说的反驳。(f) 精确性:主要来自逻辑和量化的手段。一个假说越精确,它被无关原因而巧合证实的概率就越小,预测成功得到的支持就越强。

在自然科学中,广泛使用了"溯因—IBE 方法",只不过先前被包裹在"假说演绎法"的名下,其中涉及的三个重要环节为:如何提出假说,如何评估和选择假说,以及如何证成假说。威廉姆森近年来大力倡导在哲学研究中使用溯因方法,他说:"哲学应该使用广义的溯因方法论。的确,在某种程度上它已经这样使用了,但它应该以一种更大胆、更系统和更有自我意识的方式使用。"

而实在论的一个版本是:存在一个不依赖我们的心灵和意识而独立存在的外部世界。前面我利用归纳推理的方法对实在论提供了辩护,它是人类世代累计的认知经验的归纳总结和合理外推。普特南说过,实在论是唯一不使自然科学迄今为止所取得的巨大成功成为奇迹(magic)的哲学理论。而根据普特南的话,我们可以构造一个辩护实在论的溯因论证,即如果实在论是真的,那么自然科学的巨大成功就不会是奇迹;如果各种反实在论或非实在论是真的,那么自然科学的巨大成功就会成为奇迹。自然科学的巨大成功不太可能是奇迹,世界不会有那么多的奇迹,因而实在论是正确的,而各种反实在论或非实在论是不合理的。

2. 方法论之二:想象和思想实验

哲学还需要用想象、思想实验与模型建构。(1)想象。科学需要想象力,哲学也同样需要想象力。中国古代哲学家常常诉诸想象做哲学论证,例如庄子就很有想象力:"北冥有鱼,其名为鲲。鲲之大,不知其几千里也。化而为鸟,其名为鹏。鹏之背,不知其几千里也;怒而飞,其翼若垂天之云。是鸟也,海运则将徙于南冥。南冥者,天池也。"(2)思想实验。科学需要实验,哲学需要思想实验,西方哲学一直求助于思想实验,中国先秦哲学也有很多思想实验。例如,庄周梦蝶是思想实验,濠梁之辩也是思想实验。思想实验是在研究者的头脑中进行的,通常包括以下步骤:确定目标,即为了挫败或证成某个哲学论断,或者为了构想一种新的可能性;展开想象，即假如怎么样，就会怎么样；设计情境，该情境含有目标哲学论断的某些要素，但没有另外一些要素；逻辑推演，从所设计的情境中，分析和推演出一系列结论；最终结论，该哲学论断成立或不成立。思想实验也被称为"心灵的实验室"。还有模型建构，即用反模型去挑战和质疑某个哲学理论，也可以用模型去证成某个哲学理论。

3. 方法论之三：认知分歧、哲学论战与反思的均衡

在哲学研究中，同行之间特别容易发生认知分歧，只能依靠对话和论战来解决。通过仔细权衡各种不同意见，达至反思的均衡，从而促进哲学理论的完善和发展。以往的认识论着重研究个体的认知行为，即一位认知主体，或者说一位理想的认知主体，凭借什么样的过程、方法、程序和规则等才能获得关于这个世界的真实认知。而这样的认识论严重忽视了认知的社会维度，即不同认知主体之间的交流、对话和论战，等等。其中，甚至包括某种权力分配结构的影响，即认知权威的意见会受到更大程度的关注和重视，处于弱势地位的认知同伴的意见则很容易被忽视或轻视，而这些内容对认知主体最后所持的认知立场会产生非常重要的影响。着重研究认知的社会维度的叫作"社会认识论"，它目前集中关注两个话题：一是信任，特别是对他人证言（testimony）的信任；二是认知同伴之间的认知分歧（epistemic disagreement）。

由此我引出哲学论战的意义：第一，哲学论战有助于揭示已有理论观点的问题和缺陷。第二，哲学论战有助于激活思维，发展新的理论观点。第三，哲学论战有助于防止哲学领域里的盲从、独断和专制。第四，哲学论战有助于凸显哲学追求智慧和真理的本性。有的学者正确地指出："如果不对假定的前提进行检验，将它们束之高阁，社会就会陷入僵化，信仰就会变成教条，想象就会变得呆滞，智慧就会陷入贫乏。社会如果躺在无人质疑的教条的温床上睡大觉，就有可能渐渐烂掉。要激励想象，运用智慧，防止精神生活陷入贫

癖。要使对真理的追求（或者对正义的追求，对自我实现的追求）持之以恒，就必须对假设质疑，向前提挑战，至少应该做到足以推动社会前进的水平。"对于近代中国屈辱的历史，我们也应该对其之前的理论或思想有一个系统的质疑和批判，将其往前推进和发展，而不是停留在"半部论语治天下"的阶段上。

我必须要强调，多种声音是现代社会的正常状态，我们需要独立思考和独立判断。但问题在于中国哲学界有严格意义上的学术论战吗？为什么没有？如何改进？如何建立真正意义上的中国哲学共同体？什么是共同体？不是见面、聊天，而是相互交换理智成果。我们是工作伙伴，相互讨论切磋，相互辩难，共享学术规则，但我们并非一定要共享学术观点。

（二）对"哲学与科学是连续的"这个论题，最有可能提出的两个异议

第一个异议：自然科学主要靠观察和实验、数据和证据，而哲学主要靠"思辨"，即坐在扶手椅里，靠理性思考来提出理论和反驳理论，很少使用证据。我认为这个说法难以成立。

在设计实验、思考数据的准确性和其证明作用、依据证据概括出理论原理等方面的内容上，各门具体科学家也要诉诸思辨。一门科学越抽象，如理论物理学、宇宙学、数学，科学家的工作方式与哲学家的工作方式就区别越少。哲学家并非不需要证据，他们的证据来自常识、直观、思想实验以及各门科学。而根据威廉姆森的"知识就是证据"这一论断，所有被确证为真的东西都可以被哲学家拿来当证据，挖掘其隐含的哲学意涵，从而去解释世界。所以哲学与科学没有根本的区别，哲学是做理论科学的科学家。

第二个异议：哲学史在哲学研究中具有特殊地位，甚至哲学就是哲学史，而历史研究在其他各门科学中的地位远不如在哲学研究中那么重要。

我的回答是：第一，哲学与哲学史确实具有连续性。哲学史关涉文化与文明的传承，即一个没有历史的民族是"无根"的民族，一个没有某种形式的哲学的民族则是"无魂"的民族。研究哲学史就是在为我们自己的民族或整个人类寻根、找魂。第二，哲学史上分为明显不同的阶段、派别、风格，存在明显的断裂，这表明后一代哲学家在研究不同的论题，使用不同的方法，有着不同的哲学立场，发展了不同的哲学学说。如果没有这些明显的断裂，就没有开创新局面的哲学家，也就没有供后世哲学教授们去研究的丰富多彩的哲学史。第三，对"哲学就是哲学史"这个论断有两种不同的解读。一是弱解读，即通过学习哲学史来学习和进入哲学，通过批判地研究先前哲学家的思想来研究和发展哲学，这明显是合理的。哲学史有思想训练和学术训练的意义和价值，因此有极大的教育学价值。二是强解读，即研究哲学就是研究哲学史，研究哲学必须研究哲学史，哲学研究等于哲学史研究。这是明显有偏颇的，甚至是错误的。威廉姆森谈到："我有时被问到在研究哪个哲学家，仿佛那是任何一个哲学家必须做的事情。我用牛津风格回答道，我研究哲学问题，不研究哲学家。"他如此反驳"哲学是哲学史"这个说法："首先，这是一个自我挫败的观念，因为它本身就是一种有争议的哲学立场，人们并不是非得接受不可。其次，它没有证据支持，因为哲学史所研究的那些哲学家，几乎都不写哲学史。他们的目标在于解释其他哲学家的理论，甚至都不是解释自己的理论，而是首先构造一些比如关于心灵及其在自然界的位置的理论。最后，将哲学等同于哲学史是一种非历史的态度，因为它没有忠实于历史本身。尽管研究哲学问题（比如自由意志）的历史也是研究这个问题的方式之一，但也有许多研究该问题的方式并不是以研究其历史的方式进行的。"

五　告诫与共勉

我强调了"学哲学"和"做哲学"的区别，以及哲学研究和哲学史研究的区别等。我还要补充强调一点:"做哲学"是一件十分艰苦而严肃的事情,它需要阅读、理解、思考、学识、能力、洞见、论证,以及与学界同人的相互合作等。它需要我们长期投身,沉浸于其中,付出极其艰苦的理智努力,它不是凭借所谓天纵之才就能够瞬间成就的事情。我与很多重要哲学家有过较长时间的个人接触,知道他们是如何工作的。比如威廉姆森,从来没有周末,永远在办公室里工作,很辛苦;苏珊·哈克没有孩子,所有精力都投入学术。因此,学术需要付出,需要献身,它不是一件轻飘飘的事情,而是一件很严肃的事情。

另外,一定要警惕,不要成为民间哲学家!中国的民间哲学家有这样几个特点:第一,他们的学术资源、思想资源非常有限,但却喜欢谈大问题,喜欢构造体系。第二,他们喜欢发感想,没有论证。

虽然我强调做哲学,但我们要注意以下内容:(1)在一个学术传统中说话;(2)在一个学术共同体中说话;(3)经过严肃的独立思考后说出一些自己的话;(4)对自己的思想给出比较严格系统的论证;(5)对他人的不同观点做出适度的回应。这样写出的文章,你若去投稿,编辑和审稿人一看就知道你是同行,该知道的大致都知道,并且还说出了一点自己的东西,同时说得还比较在理。而有些文章一看,就好像是天外来客写的。因此,我们要"做哲学",但不要做民间哲学,更不要做民间哲学家。

做哲学是一项艰苦的事业,需要付出长期艰苦的努力。哲学是一个需要智慧和洞见的事业,期望我们的年青一代不只是有越来越多的哲学学者,而是逐渐有一些具有国际影响力的哲学家。

(本文为陈波教授在陕西师范大学哲学书院思想星空大讲堂所做报告的文字整理稿)

现代神经科学的形而上学基础

——心脑关系的自然主义视角

任 维[*]

我从四个方面切入，进而完成自己对"现代神经科学的形而上学基础——心脑关系的自然主义视角"这一主题的讨论。第一部分主要探讨神经冲动的研究历史；第二部分探讨它在经典力学影响下的发展状况，以及自己对它的一些思考；第三部分是我学习心灵哲学的心得；最后是我对讨论主题的简单小结。

一 神经冲动的研究历史

形而上学有着非常重要的地位，自然哲学对于形而上学而言亦是极其的重要。有一个很有意思的现象就是，在重要的工作完成前，这些工作者实际上已经完成了形而上学观念的转变，而正是这种最根本想法的转变决定了工作的走向。

在经典力学中，这种现象非常突出。不管是哥白尼、开普勒，还是伽利略，他们并不是完全从实验经验来总结结果的。在很多情

---

[*] 任维，男，1964年生，陕西师范大学生命科学学院教授，博士生导师，陕西师范大学生命科学学院副院长，脑与行为研究所副所长。

况下，他们先是以某种信念的方式去实现观念的转变，即通过形而上学观念的转变，然后采取证明。比如牛顿说，我的这个观点不需要证明，我认为它是对的。

就脑科学而言也同样如此，我们面对的总的问题是"脑子是什么？它是怎样工作的？"心脑关系的问题是其中很重要的问题，这个问题是脑科学最基本的问题，也是最难解决的问题。当然，在脑科学的工作中，还有些相当混乱的问题。比如在草原上，长颈鹿为了吃到树冠上的树叶而长长了脖子，这话听起来有些问题，它们的脖子是为了吃叶子才长出来的吗？事实上是偶然有一些个体长出了长脖子，相比其他同类它能吃到更多的叶子，它在自然选择的过程中被选择，从而它被保存下来了。

而脑科学的科学家们虽然在做很尖端的工作，但是他们脑子里还存在着一些遗留下来的问题，这个问题就是关于心脑关系的问题。希腊人很早就提出了体液学说，其中包括血汁、黄胆汁质、黑胆汁质、黏液质等，这是把机体的某种特质和心灵的某种特质加以对应，从而为人的性格特点找对应物。中世纪也有很多有意思的讨论，而在文艺复兴之后，对此问题的讨论有了很大的进展。其中笛卡儿的二元论，他把精神现象和机体加以分离。从某种意义上讲，他对于机体的运行持有某种机械的观点，其中普遍意义上的心灵是存在的，它和大脑之间的关系通过脑子里的松果体来实现。之后加尔提出的颅相学和希腊的传统有类似的地方，他把心灵品质与颅骨两边的突出相对应，理由是颅骨两边突起的大小体现了里面脑子结构的大小，脑子结构的不同部分便对应了心灵的不同品质。这也是将心和脑加以对应的某种思路，而我们知道颅相学不是特别的科学，但是这个基本思想却保留到了现在。在当前的脑科学中，人们通过观察脑电波的各种变化，定义脑电波的名称，并由此对应心理状况。

后来，分析哲学学者卡尔·波普的三个世界的理论就更复杂一些，世界一是物理，世界二是我们的心灵，世界三是思想世界的公共场域。其中，卡尔·波普提出了一个超出个体精神层面的内容，而现在的学者也有涉及这个层面，比如说爱因斯坦说他相信斯宾诺莎的上帝。而斯宾诺莎是一个非常纯粹的人，也是一个非常纯粹的哲学家，斯宾诺莎在他的伦理学中认为永恒的、绝对的且必然的就是上帝，而爱因斯坦相信必然性的存在，相信这种必然性体系的存在。还有一个学者名为亨利·庞加莱，他持有相反的观点，他不大愿意讨论一个独立存在的真理体系，而是从热力学出发，认为很多东西都是归纳出来的，并认为有科学定律就已足够，不需要关心它会逼近什么东西，而我们不知道的东西也不需要去谈论。这两种不一样的观点其实也有相通之处，这个问题很开放。而亨奇·哈慈这个人是达尔文进化论的鼓吹者，他提出了这样的观点，即脑中分子的变化是脑中意识状态的原因，但是脑中意识状态不会引起脑中分子的变化。他追问道，如果有意识状态，那么它肯定是一个非常完整的东西，它会对脑子起作用。另外，有一些心理学家坚持某种精神性的超越之物的存在，而坚持这类观点并没有什么问题，但这独特的精神存在还需要进行进一步的探究，比如说其对行为的影响。

二　神经冲动在经典力学影响下的发展状况

接下来我们回顾一下神经冲动的研究。"冲动"这个词本身就带有某种精神含义，现在神经科学的教科书就把它作为术语来使用。来源于希腊词的神秘的"冲动"和中国古代气血运行或经络一样，是从大家具体动手做事情开始的。

在文艺复兴之后，事情发生了很大的变化。在19世纪，人们认为，如感觉等一类精神活动是一种物理现象，即震动。如：光线的粒子积起来，通过视神经的震动，就形成了视觉。而"震动"就是前面所说的神秘的输送过程，它是一种位移，不同的光线引起不同大小的震动，进而引起了人对不同色彩的感觉。他们坚信，无论是在身体外面的神经里，还是身体里面的神经里，所有的活动都是物理的，不存在超出物理范围的精神现象。

到20世纪上半叶，人们对电解质溶液或者溶液中的离子进行了很多定量的研究，把这些研究规律直接应用到神经组织上，最终他们把神经细胞膜抽象为一个电路，并发现钠离子和钾离子一先一后地跨入细胞膜。而如果细胞的内液和外液调换一下，就会测量到脉冲反向发生，这就把神经中脉冲的发生问题干净利索地解决了。这些学者揭示了神经冲动的物理本质，他们思考这个过程是怎样必然地发生的，即给定条件，它便一定发生。而这种想法和伽利略、牛顿的想法一模一样。

HH（Henderson-Hasselbalch）方程就是现在很多物理学家、神经学家工作中最基本的对象，如果一个状态到下一个状态在逻辑上有绝对的必然性，那么脉冲产生本身就可以被定量地测量了，这个过程就变成了一个清楚必然和过程。有趣的是，脉冲的发生是有规律的，在我们调整实验条件后，它可以必然地重复，而这就是非线性动力学的工作。脉冲如何连续产生，可以用HH方程来作基本描述，这个序的基本模式就是所谓真正的神经冲动。

刚才我们讲神经冲动，主要是到脑子外面，认为心灵的冲动现象完全是一种物理现象，那么外面的神经与里面的神经有什么不同呢？从结构上来看，没有不同，不同的只有密集的程度。

三 对心灵哲学的学习心得

（一）心身关系

动物有没有精神，有的人认为有，有的人认为没有。我们可以把电极插到脑子里看脑子里的活动，我们发现动物的行为和它脑子里的结构有必然的联系，甚至可以从脑子里的电流预估行为的产生。而如果它们有所谓精神的话，那么精神便是一种机械性的过程。

神经系统在物质层面的发育，表现为宏观的物质行动行为模式，这个发育的行为模式再作为心理过程发展起来，这是一个总的趋向。如：收音机是一个物理机器，它可以读书目，然后对书目进行改写，再产生输出。有什么样的状态输入，便进行什么样状态的输出，这是它的行为。而机器的结构便对应逻辑，身体对应心灵，这种观点被称为功能主义。国内也有学者在进行这个方面的研究，比较东方哲学心灵合一的观点和西方的观点。

（二）细胞就是在说话

现在来看细胞有哪些具体的变化，我们先给它一个刺激，把这个刺激重复几十遍，然后再给刺激以固定的时间，并加五十次，这样刺激就被增大五十倍，而与刺激无关的东西在经过叠加之后就消减了。比如说我们看一个字的时候，我们大脑皮层的视觉区域会运动起来，同时大脑皮层的联络区也会运动起来，而联络区就是这样一个地方，谁都和它有关系，谁都和它有双向联系。当人在思考一件事的时候，听、看、说相关区域都在动，还有一些联结它的地方也在动。而"想"是一个很大的事情，听、说、看是一个相对小的事情，这是实验的情况。

（三）"言说"先于感受

我们说自己感觉到了疼，实际上是一种"说了"或正在"说"的东西，而"感受"是"说了"之后对这个"说"的说出，其中说给别人就是说话，说给自己就是思考。我们的很多说话，一方面是在向他人解释，一方面也是在向他人说明。

在生物学研究中，感受是分层级的，当人敲打肌肉，肌肉立即收缩，并将腿踢出去，这是由有联系的内部硬件构成的，它的生理意义在于保持姿势的平衡。再比如，我们把手伸出去碰到火，我们不是说感受到了烫才缩手，因为如果我们是想清楚了之后再缩手，便一定会被烫到。皮肤表面的触觉走的是一条路径，如果人拿针扎一下皮肤，我们会感觉到痛，但快痛和慢痛走的是完全不同的路径，在它们走到大脑皮层的感觉区、联络区以及相关其他区域并使之产生共振之后，我们才会形成感受。

人在日常习惯中形成体验和感受，并说给人听，那就是脑子在不断地"说"，而肌肉收缩发生震动，便让人表达起来。还有一种状态，自己说但是没有人听。人的祖先学说话，甚至是先学会说给别人，再说给自己。

（四）自然选择的真正核心是反应

以前近视的基因少一些，但现在戴眼镜的人比不戴眼镜的人多了，这个基因就被保留下来了，因此小孩子近视不仅仅是因为习惯，还在于遗传。还有一些其他的例子，也很值得分析。有人说同性恋是人类关系的最高境界，因为它超越了生物学规律，它不以繁殖为目的，而仅仅以两人之间的关联为目的，这是不是就比一般以生孩子为目的的结合更纯粹呢？这个观点看上去好像还不太能够被反驳。

四　小结

如果要靠科学证明以上这些事情，那么很遗憾了，现在的科学好像也有点问题。以前的科学哲学以认识论为主体，但现在它却以生物学为主要的研究对象。以前的科学着眼于典型的启蒙问题，但我们现在更倾向于去思考一些心灵哲学的形而上的问题。我们所有的东西是否都能在机器上实现？现在的机器也许不能，那么未来的机器上能不能实现，这很可能是个问题。今天我需要重申一下，我们需把自己交给质疑。尼采认为现在的人类只能是人类的过渡，人类的目的和未来都是超人，而尼采说的超人就是懂哲学的人。

（本文为任维教授在陕西师范大学哲学书院思想星空大讲堂所做报告的文字整理稿）

柏拉图的媚俗

——抽象、类比和隐喻

马天俊[*]

我报告的主标题为"柏拉图的媚俗",而它的副标题叫作"抽象、类别和隐喻",因而我不是专门地在专家的意义上讨论柏拉图。而我们一般在哲学上有一个共识,对于形上学的历史而言,或对于整个西方哲学的传统而言,如何讲解柏拉图都不过分。哲学就是柏拉图,柏拉图就是哲学,这件事情大家一般都会接受。因此,柏拉图的思想具有某种典型性,它可以成为某种示范,也正是在这种意义上,我选择了柏拉图。根据我对自己所讨论问题的思考,我认为这个问题不只发生在柏拉图的思想中,还发生在许许多多的哲学思想之中,而柏拉图的思想便是我对这个问题进行探讨的入口。

一 研究背景

首先请大家来看一段材料,这段材料来自《巴门尼德篇》,我们知道这是柏拉图比较重要的作品。在柏拉图其他的许多对话里,苏

---

[*] 马天俊,男,1968年生,现为中山大学哲学系教授、博士生导师,教育部重点研究基地中山大学马克思主义哲学与中国现代化研究所专职研究人员。

格拉底都是起着引导者的作用，但在《巴门尼德篇》里他变成了受教诲的人。尽管这只是他们在整个对话的开始阶段所涉及的一个问题，但这个问题对柏拉图的整个理论都具有特别重要的意义。

这个雅典客人问，"苏格拉底呵！关于这些看起来可笑的，譬如头发，污泥，秽物，或其他最不足重视和最无价值的，你可也感觉困难"。什么意思呢？就是说："你应当肯定这些之中每一个有一分离的相——那是异于我们用手拿的任何物件——或不应当肯定它？"而苏格拉底回答："决不，那些我们所看见的，那些存在，相信有它们的某个相，恐怕太荒诞了。"这里就是指这个头发、污泥、秽物有它们自己的可分离的相，是非常荒诞的。"然而这在过去已使我不安。"是什么内容使其不安呢？"或者关于一切是同样的情形。"这里是指不管什么情形，都有它的相。"后来我刚停留在这点上，我即逃跑，恐怕坠入愚昧的深渊，毁灭了我自己。我却逃到那里，到我们刚刚讲的有相的事物里。"这是《巴门尼德篇》的一个片段，这个片段前面还有一些前文，但我就"消费我的时间研究这些"。在这个片段里面所涉及的问题，我们一般在哲学史上都知道，就是那些所谓不足道的东西，甚至是不方便说出来的东西，它们是否有相，是否有理念。

我们通常在柏拉图的作品中读到，善有善的理念，美有美的理念，牛有牛的理念，马有马的理念等，可是在《巴门尼德篇》里面就发生了这样的问题，即头发、污泥这类东西，我们如何理解它。苏格拉底认为，它们不应该有相，因为它们若有相的话，至善就立刻成为一个疑问，而柏拉图的整个学说也会受到巨大的冲击和威胁。因此，这是柏拉图哲学中的一个很要紧的也很微茫的地方。

在一般的柏拉图哲学研究里，我们知道柏拉图后来尝试去调整自己的有关学说，做了广泛的尝试。而《巴门尼德篇》是其中的一种，还有其他的一些尝试。那么，他之所以做自我批评去尝试另外的东西，就是要把他的学说做得更加圆融，在解释力上更加完善，但这些尝试多数都是无疾而终，没有得到确切的结果。

下面是另一个素材，我们来到现代，这段内容来自昆德拉的小说《不能承受的生命之轻》，我们有的时候也会把它叫作"生命中不能承受之轻"。"孩提时代，我常翻阅儿童版《旧约》。上面的插图是古斯塔夫·多雷的版画。"古斯塔夫·多雷是个著名的插图画家。"在书里，我看见上帝高居云端。那是一位长着两只眼睛、一只鼻子，还拖着长长的白胡子的老人。我常想，既然长着一张嘴，那么他也应该吃东西。既然吃东西，那么他也必然会有肠子。可我马上又被自己的想法吓坏了，因为我虽说出身于一个可以说不信仰神的家庭，但琢磨上帝是否有肠子岂不是在亵渎神明。"在这里我们又碰到了类似于柏拉图学说中的那种瓶颈，在圣书里面一般不提及上帝是否吃饭的事，而是会经常提到上帝发命令的事。但是作为小孩，就会想他有嘴，还有胡子，他就应该是吃东西的，而有进就有出，因而他就应该有胃肠。但这时他想不下去了，并认为此想法在亵渎神明。

当然"小时候没有受过任何神学的启蒙教育，但那时我已本能地懂得粪便和上帝之间不可能掺和在一起。所以，基督教人类学关于人类是按照上帝的形象创造的这一基本理论是脆弱不可信的。要是人是按照上帝的形象创造的，那么上帝就有肠子；要是上帝没有肠子，人就不像上帝。这两种说法只有一种是成立的。"这是昆德拉在小说里所说的，他小时候读《圣经》时萌生的这种想法。大家都熟悉《旧约》的创世纪，人是按照上帝的形象创造的，人是像上帝的。而《旧约》里人和神之间有着特别的关系，这里十分重要的一个方面便在于"像"。

接下来他在小说里面继续写道，"古老的诺斯替派教徒和五岁时的我都清楚地感觉到这一点。公元 2 世纪，诺斯替派大师瓦朗坦为了断这该死的问题，断言基督'吃、喝，就是不排泄'"。"粪便是比罪恶还尖锐的一个神学问题。上帝给人类以自由，因此可以断言上帝不该对人类的种种罪行负有责任。但是粪便的责任，得由人类的创造者独自来完全承担。"昆德拉说"粪便"这事十分的为难，它不是恶的，我们不能说这是恶，但是我们也不能说它是善的，它不善也不恶。但它就在那里，这是个棘手的哲学问题。

无论是柏拉图所提及的"头发、污泥、秽物"，还是昆德拉小说里举的例子，都是关于媚俗的问题。所以，这个问题在哲学史上、宗教史上、神学史上，乃至我们日常的生活当中，都频繁地发生着。这个问题或许还有其他的分析角度和考虑方式，而我现在尝试提出自己的理解方式和评估方式。

二　抽象

我的副标题是"抽象、类比和隐喻"，所以我首先谈一谈抽象的问题。原则上说，这个问题源于人们行为、思考、言说当中贯穿的一种机制。

（一）"抽象"的含义

在康德的《逻辑学讲义》中，他讨论过关于抽象的思维方式。他认为："为了由表象造成概念，必须能够比较、反思和抽象，因为知性的这三种逻辑操作是产生任何一般概念的基本和普遍的条件。例如，我看见一棵松树、一棵柳树和一棵菩提树。这时我先把这些对象互相比较，我注意到，它们在干、枝、叶等方面是互不相同的；但是我随即只注意它们所共有的东西——干、枝、叶本身，并抽去其大小、形状等等，于是我得到了树的概念。"在一个环境里，有许多的信息或者影响要素围绕在我们的感官周围，我们要把注意力调整到某一个方面，忽略掉其他方面。

康德在这个部分的内容里，专门讨论了什么叫作抽象。我们知道感性的优先性，"我看见""我注意""我只注意"，这些都是我们感官的自然活动。然后我们"抽去其大小",注意"干、枝、叶本身","于是我就得到了树的概念"。我们知道松树和树在概念的等级上是不同的,而康德于此也介绍了我们形成这些抽象性概念的心智过程。

现在,我将从自己的理解出发,说明这个从具体到抽象的过程。"具体"的英语是 concrete,con 的意思是"在一起",后面 crete 拉丁语含义是生长,所以整个词 concrete 的意思是"长在一块"。这便是我从词源上进行的理解。同样,abstract 是抽象,ab 是前缀,后面 stract 是它的词干,意为搜、拉、扯。所以 abstract 在词源学上的标准解读是 draw away,即把它拽开,把它拉开。这便是抽象,它本是一个动作。

concrete 的意思是"长在一块",那么什么是长在一起的东西呢?比如说土豆,它与外面的野草、庄稼等长在一起。在我们需要用到它的时候,首先把它和土壤分开,把它和长在一起的秧子分开,然后把它拿出来。之后,我们把土豆拿到家里,把土洗掉,再把皮去掉。所以,大家注意我的理解方式,这些变得高大上的,甚至很难理解的词汇,它们出自于我们生活当中的问题,源自于生活当中最简单的过程,后来才引申到一些很抽象或者很无形的内容上。

(二)"抽象"的意义

1. 生命活动本身

任何我们做的抽象都是当下的选择,而被我们放弃的东西也并非在任何意义上都不可用。在这个意义上,我引用了赫拉克利特的话,"对鱼来说,它(海水)是能喝的和有益的,但对人来说,它既不能喝又有害"。对一个生命来说,它是有毒的,但对另外的生命来说,它就是好东西。所以在这个意义上,不同类型的生命活动,就是在它们周遭的环境里各取所需,每天做着有选取、剥离的这种动作,而这就是抽象。因此,抽象首先并不是思维上的事,不是逻辑上的事，是生命活动本身。另外，不同的生命、不同的时机、不同的状况都会造成选取的不同，所以这里的选取并没有一个一成不变的绝对标准。

2. 因其自由而带来的行动与创造

"具体的东西不够自由，抽象的东西相当自由。因自由，乃有行动以及创造。"说具体的东西不够自由，因为它们是"长在一块"的，便不能灵活运动；抽象的东西，我们可以进行不同方式的选取，所以它就相当的自由。也正因为它是自由的，所以它带来了行动和创造。如我们创造手机，就其具体而言，它能把全世界都关联起来。但这是基于抽象活动的，因为手机里有大量的石油，它可能来自阿拉伯，还有其他复杂的原件，可能来自不同地域。而正是抽象带来的这种自由，让我们有了重构、重组的机会。

（三）"抽象"的要求

我们再一次回到康德，为了形成概念，我们必须干些什么。"我看见一棵松树、一棵柳树和一棵菩提树。这时我先把这些对象互相比较，我注意到它们在干、枝、叶等方面是互不相同的；但是我随即只注意它们所共有的东西——干、枝、叶本身，并抽去其大小、形状等等，于是我得到了树的概念。"我把"一棵松树""一棵柳树"等对象进行比较，得到树本身的概念。而在这个抽象的过程中，"一棵""对象""东西""本身"这些概念，抑或是"这些""那些""但是""并且"这样一类叫作虚词或者逻辑词的抽象概念，我们并没有进行讨论，它们只是我们得到树本身概念的过程中的支撑背景。而康德也说，我们为了由表象形成概念，并不是一个抽象概念都不能用。所以在这个意义上，没有绝对的反思，没有开天辟地的开始，我们只能进行局部的反思，进行局部的主题化。

所以，抽象不是一个绝对秩序的建构。我们偶然地把某些意向主题化，那么主题周边的东西便成了它的背景。而此时作为背景的东西,在其他特殊的学科里又成了价值判断的标准,进而成了主题。我们也可以频繁地注意一些不同的问题,它们都是来源于我们的抽象能力,因此抽象既平凡也神奇。

"抽象的东西虽然自由,但它要获得理解以及有效运用,仍然不能真正离开具体的东西,特别是典型的具体的东西。"抽象是很了不起的事情,我们有抽象,便有了自由;又因有了自由,就有了行动以及创造。但是,抽象要获得理解,其实不能离开具体的东西,并且需要不断地回头来,以某种方式去参照、参考具体的东西。

三 类比

有了抽象,我们就可以在这拿一点,在那拿一点,然后凑在一起形成主题。但是我把一些东西主题化以后,我为了解释它,就得利用其他的资源。在这里就出现了一种跨越式的使用,它是对抽象的更复杂地运用,而这种跨越式的资源使用便是进行类比。

所有的类比都有一个一致的功能,即类比完之后,它都要比较接近于或者达到"我们用手拿的任何物件"。这样一来,那些我们需要探索的东西才变得具体而易于理解,而达到了这个程度,这个类比就算完成了。

(一) 平凡的类比

我们可以来看一个实际的例子,这个例子是我自己捏造的:"榕树犹柳树然,唯其垂下者非枝条,乃气根也,亦美。"假定我不了解榕树这个东西,但我可能对柳树有些了解,从而我们做一个类比,说榕树像柳树那样;进而我们解释榕树的下垂的部位像什么,它像是枝条,但是它其实是气根,这个垂下来的东西如果有运气接触到土,它便马上扎下去,从而变成一个新的根。

我们做的这个类比非常的好,因为我们介绍榕树时,讲到了大家都熟悉的柳树，这样我们便可以很好地理解榕树。而如果我说榕树是一个实体，它有六种属性，大家就会感到困惑。因为说榕树是一个实体，只是给它进行了归类而已，什么也没解释，并没有增进大家的了解。又或者我说榕树像半导体，大家会发现，我用了个大家更不熟悉的东西来做类比，这样大家就更加难增进对榕树的了解了。所以在这里，如果有一个东西有待被了解，有待被解释的话，那么我们就得找一个比较熟悉的东西来与它进行类比。

以上，便是平凡的类比。

（二）非凡的类比

榕树与柳树都算是树种这个级别的，下面我们会看到一些更麻烦的事，即对于那些抽象的东西，我们如何进行类比。

1. 对"非凡的类比"的运用

笛卡儿认为："全部哲学就如一棵树似的，其中形而上学就是根，物理学就是干，别的一切科学就是干上生出来的枝。这些枝条可以分为主要的三种，就是医学、机械学和伦理学……不过我们不是从树根树干，而是从其枝梢采集果实的。因此，哲学的主要功用乃是在于其各部分的分别功用，而这种功用，我们是最后才能学到的。"这来源于笛卡儿的《哲学原理》。哲学犹如一棵树，这是在做一个类比。而刚才康德在《逻辑学讲义》里面，我们要抽象出一棵树的时候，我们只注意那些枝干本身，忽略它的大小、形状，然后我们就得到了树本身的概念。而此处笛卡儿就是用了这个级别的抽象概念，先将哲学比作一棵树，然后进行根、枝、干的讨论，但并未具体地说是什么根，什么枝，什么干。所以，笛卡儿用的是这个级别的树。

可是如果不加限定或者缺乏限定的话，这样的类比实际上也会给我们造成一定的困难。这个困难可以如此表述：当笛卡儿说哲学犹如一棵树的时候，他心里想的是一棵什么树，或者你在心里对树进行共鸣的时候，你想的是一棵什么样的树？更偏向松树、柳树，还是榕树？应该是松树。如果柳树长得很庞大的话，我们很难知道内部谁支撑谁，而且我们看柳树的气象和一般的树也不一样。如果是榕树的话，笛卡儿的这套类比就完全失败了，因为我们分不清榕树哪块是根，哪块是它的枝条，结果秩序就乱了。

所以在这里说"全部哲学就如一棵树"的时候，我们和笛卡儿之间其实有一些共识，我们默认了它有一个范型，而且这个范型是大家广泛默认的。虽然我们和笛卡儿不是一个国家的人，但是我们对于树有共同的原型。所以当笛卡儿说到一棵树的时候，我们还是会想到一棵更具体的、最典型的那种树。

同时，笛卡儿是在进行非凡的类比，因为哲学不是一个可以把玩的东西，所以在类比的过程里，哲学是空的，它有待被填充，而它像什么，取决于我们用什么来填充它。

这种非凡的类比其实有很多，如王阳明先生在其《传习录》中写道，"立志用功如种树然"，"方其根芽，犹未有干立，尚未有枝，枝而后叶，叶而后花实。初种根时，只管栽培灌溉，勿作枝想，勿作花想，勿作实想——悬想何益？但不忘栽培之功，怕没有枝叶花实？"

王阳明先生的教诲，"立志用功如种树然"，他取了树的什么内容？笛卡儿的树是一个结构性的东西，如根、干、枝；而在王阳明这，他取了树根本的生长性。种树时，我们要注意到树是一点点长大的，从小长到大，有根芽的时候，没有干；有干的时候，没有枝；枝以后才长叶，叶以后才有花实。这看起来也像一个有结构的东西，但是它落脚点不在这，而在于一个生长的顺序。那么树有没有一个结构的关系呢？有。有没有这个生长的顺序呢？有。因此，做不同的类比，取的东西也不同；而同样从树里取，有的人取它的结构性，有的人取它的生长顺序，这里并无一定之规。

在这里，我留给大家一个尝试，我们可以把阳明的说法和笛卡儿的说法对调一下。"立志用功"就像一棵树,下这种功夫就是根,下那种功夫就是干,再下另一种功夫就是枝叶。我们会发现这不是王阳明先生的学说了,而反过来把这种生长的顺序调到笛卡儿的哲学上,你会发现那不是笛卡儿的学说了。在这种意义上,类比是不能随便比的,我们取不同的东西来比,就已经把要说的东西进行了不同的处理,结果就会形成不同的理解。

2. 对"非凡的类比"资源的选择

由于"立志用功"和哲学等,永远不可能有被拿在手上的机会。所以必须通过这个"非凡的类比",才能达到对它的理解。那么,用何种典型做资源来对不可见的、不可感的东西做类比,是一个很大的问题。如果都用树来比,那还要进一步取决于我们从树里取哪一部分来,而不同的取法,意味又是不同的,所以这时候的类比本身就具有呈现我们所要说的那个东西的本身的作用,而那个要被说明的事物也因此类比而被充实和建构。

现在,我们来看一个著名的打架例子——孟子和告子对于人性的辩论。我们知道"性"也像哲学或者"立志用功",不是一个可以把玩的东西,那么用什么来类比就显得至关重要。

告子认为"性"是"决之东则东,决之西则西",它没有一定之规。他在讲"性"的时候,取了水关于东西流向的性质。然后孟子认为不对,他不取水可东可西的性质,取水往下流的特点,那么"性"并非是没有一定之规的。这就是一个类比的打架,谈不上谁对谁错,他们有不同的选取方式,从而构造起的事情本身就不一样。这个时候看起来是互相打架,打得很凶,但那都是在打虚假的架,因为根本的理解是不一样的。

对于"性"以及哲学上诸如此类的命题,我们或许应该像康德那样,老老实实地认为人没法实现对于范畴的直观,人没有这种本领。也正因如此,不同哲学家才会做出各种各样的类比,柏拉图做了这样的类比,笛卡儿做了那样的类比,然后在这些类比中充实命题。在这个问题上他们即使都用树进行类比，也讲出了不同的哲理，所以这里的分歧、差异是非常大的。但各家哲学主张不同，也都能以类比的方式进行评论，从而进行适当地说理。

3. "非凡的类比"所面临的困难

"非凡的类比"所面临的困难不仅是信仰或者神学上的困难，同时也是哲学上的困难。因为它们同样都关注着那个就其本身而言没有形象的东西，它没有形象，我们就难以理解；而难以理解，我们就会做出这样或者那样的类比，从而产生争执。同时，我们取同样的东西进行类比时，也可能取了其中不同的部分，最后对于抽象东西的充实都是不一样的，而这便是我们在进行"非凡的类比"时面临的困难。

四 隐喻

"平凡的类比"两端都是实的，而"非凡的类比"里，无论是哲学还是"立志用功"等，它有一端是虚的，另一端"树"才是实的。这个时候，如果这个类比是比较成功的，或者有比较大的影响的，人们就会把这个类比所用的题材直接地用于原来的那个对象上。当这个类比在有效运转时，两端就可以被压缩成一个东西，即直接用类比所用的题材把原来空的地方填上了，而这个时候，"非凡的类比"被压缩，这便是隐喻。

举个例子，"我特别喜爱数学，因为它的推理确切明了，可是我看不出它的真正用途，想到它一向只是用于机械技术，心里很惊讶，觉得它的基础这样牢固，这样结实，人们竟没有在它的上面造起崇楼杰阁来。"为什么说这里是隐喻？因为这里的类比被压缩掉了。笛卡儿应该先说明数学作为基础，有在它之上的东西，然后说它的基础是多么稳固，从而由此建立如建筑物般的人类知识。但是笛卡儿并不是如此，他径直说数学作为基础是如此的牢固，没有特地把人类的其他知识类比为建筑物，直接以"崇楼杰阁"来代表其他人类知识来进行说明，这时候就是隐喻了，类比的环节被省掉了。事实上，因为这个隐喻是如此普通，所以我们和笛卡儿一样，不必说清，但大家全都明白。我认为那个隐喻太成功了，因为它直接用房屋的结构代替了知识的结构，这样我们就可以直接讨论知识本身的问题了。

在语言学上抑或是哲学上，大家都对隐喻这个词非常着迷，我认为它是压缩的非凡的类比。为什么是非凡的呢？平凡的类比两端都是实的，而非凡的类比一实一虚；但一实一虚的情况下，虚的最后被那实的代表了，压缩掉了。

再举一个例子，有子曰："君子务本，本立而道生。孝弟也者，其为仁之本与！"有子说的"君子务本"，"本"是什么，我曾专门写过文章加以考证，"本"就是树根。那"君子务本"什么意思，不能是说君子特别喜欢树根之类的工艺品，所以"君子务本"的"本"已经是一个隐喻，重要的东西像草木的根一样重要，所以君子重视它。就这里已经预设了一个非凡的类比，进而径直把要讨论的主题结构化，从而讲基础。而后面的"本立而道生"，它若不是树根，就难以说明"生"。

我曾专门写文章对"本"的注释挑过一点毛病。三国时期，何晏曾给《论语》做注，说"本，基也"。我察觉到这里有问题，因为"本"是那个根，有根才能生长，而"基"其实不行，"基"是土墙开始的部分，无论是否浇水，它都造不成墙。要使"基"变成墙，人必须往上垒才行，而如果"本"是根就不需要这些，只需要有个条件，它自己就可以往上长。在这个意义上，我认为何晏的解释是错误的，因为就算"基"是对的，后面的"本立而道生"的"生"就没法说明，因为"生"明显是长，而"基"只能往上修建，这可是一个大的原则上的问题。而之所以说"孝弟也者，其为仁之本与"，是因为只有把最基本的东西处理好，高的东西自然就长出来了。而若像何晏解释为"基"的话，就得额外使劲，必须有一个额外的动力主体，才能把"基"加工成墙，但这便成了做作。

这种压缩了的类比往往就存在于哲学思考里的许多基本概念之中，如果我的讨论是有意义的，那么我们可以顺着这个思路去进一步思考"道""相""心""精神"等概念。

五　总结

我主张"胖逻各斯"这一说法，专家们对 logos 这个词进行了很多的研究。Logos，大家理解为"法则""规律"，但是 logos 也是"说话"的意思，而比"说话"还要优先的意思是"挑选""汇集"。logos 词根的拉丁写法是 leg，这个词是"搜罗""汇集"的意思，而按我的这个理解，这也是一种抽象活动，而且是一种很朴素的抽象。从 logos 中发展出了很多推理论证的学说，我认为这太"瘦"了，因为它只关注了人思维、言谈的 logic 部分内容。而在我们的思维、言谈中有着丰富的机制，比如今天所讨论的类比和压缩，这也是人们思考或说话的机制，它们并不在 logic 里，但在 logos 里。如今，我们可以对"胖逻各斯"的技艺进行抽象，抽象之后我们能够得到很多素材和元件，而我们可以依据它们进行新的自由组合，然后再跨题材做类比；如果类比成功，我们就可以进行压缩，让其成为一个隐喻。

本文主要说的就是抽象、类比以及隐喻的过程，而从反思的批判的意义上看，这个过程还可以倒过来进行。当我们觉察到某些概念非常棘手时，它可能就是一个隐喻，我们需要把它解开，看它和什么样的类比关联在一起，或者它来自什么类比，然后这样的类比又基于什么样的抽象，以及这样的抽象又关联着什么样的具体。这时候我们就把一个看起来不可捉摸的东西依次进行了一个反思性的解构，而这在哲学工作上或许是一种比较有效的工作方式。

（本文为马天俊教授在陕西师范大学哲学书院思想星空大讲堂所做报告的文字整理稿）

人工智能与道德行为者

龚 群[*]

今天给大家报告的题目是"人工智能与道德行为者"。

第一，我是一个学伦理学的，那么我就从伦理学的角度来讲这个问题。第二，目前来讲，人工智能在国内外已经是一个非常热的话题。那么在这个情景之下，我也受到了邀请，一定要写一篇关于这个话题的文章，也算是补补这方面的课。

一 人工智能的三个分类

大家都知道2016年Alpha Go在围棋方面战胜了韩国名将李世石、世界冠军柯洁。自那以后从国内来讲，人工智能越来越受到大家的关注。现在有了一种深度学习的人工智能，达到了这样的一种层次和水平，如：在某些像围棋这样的专门领域，人工智能已经能战胜世界冠军这样的顶级高手了。这样来看，人工智能在某些特定领域中某种程度上已经超越了人类。随之，人们也越来越关注人工智能的伦理问题。从国内外关于人工智能的一些专门研究中，我们会发现相当于五分之三的内容都是伦理类的。可以说人们现在极大

---

[*] 龚群，男，1952年生，山东师范大学马克思主义学院特聘教授，中国人民大学杰出学者特聘教授、博士生导师。

地关注人工智能伦理问题。

2010年以来人工智能得到迅猛发展，现在可以说人工智能的新时代已经到来了。能够进行深度学习的人工智能就像Alpha Go这样，能够深度学习模拟人的神经网络，并将其转化为一百万、一千万的信息，从而构成一个新的组合来进行深度学习，比如Alpha Go得出它自己的一些关于某一步棋应该怎么走的具体的行为或措施。其在专门领域里的智慧能力已经被其战胜世界顶级围棋高手的实力所证实。

目前人工智能有"弱人工智能"与"强人工智能"两个概念。我们目前所能达到的人工智能水平和层次，科学家们称之为弱人工智能。强人工智能是指通用型人工智能，而弱人工智能则是专门针对某个领域的人工智能。现在基本上所有的人工智能都是针对某个专门领域的，像我们说的国际象棋、围棋，还有某些医疗领域的智能诊疗工具、智能家具、智能机器人。那么什么时候能够出现人通过训练能够做到什么而它也一定能做到什么的人工智能呢？在一般的人工智能领域的科学家看来，这样的人工智能预计会在2045—2050年这个区间到来，或者说突破点或起点能够到来，那时通用人工智能将突破某个领域限制，像人类大脑一样去解决任意的复杂难题。

智能这个概念，台湾把它翻译为智慧，人工智能就是人工智慧。什么叫智慧？智慧被定义为能够处理复杂问题的能力。它是人造的，所以称之为人工智能。可以想象，不久的将来会有更多工作领域中的人被人工智能机器所取代。我们将处在一个人工智能与人类共存的时代，而我们并没有在政治、法律，尤其是伦理上为一个人机共处的时代到来准备好。

有的科学家预言，随着通用人工智能这种强人工智能的出现，其发展将更难预料。按照科学家的预测还有第三种的发展阶段，叫作超级人工智能。超级人工智能超越人类自然系统，也超越通用人工智能所能达到的那种水平，而超级人工智能的前景会更难预料。有这么一本书叫作《Life 3.0》，即《生命3.0》。《生命3.0》是美国著名的科学家迈克斯·泰格马克（Max Tegmark）写的。在《生命3.0》里作者以科幻小说式的方式，描写这个世界上只要出现一个超级人工智能，可能全世界都会处于它的统治之下。一个超级人工智能能够利用"大数据"，利用某个网络能够进入全世界的电脑，可以轻松侵入系统，它能够在云端控制上百万台电脑同时工作。这时你会发现，只要连上网络电脑就会不听你的指挥，是什么原因呢？它在听从超级人工智能的指挥。到那一步，只要出现一个超级人工智能，出现这样一个超高的人工智慧，它就可以轻易地统治整个地球。这是科学家在《生命3.0》里所说的。霍金曾预言人工智能将是人类的毁灭者。无论科学家是否在危言耸听，运用类似人脑的神经网络的系统进行深度学习的弱人工智能的到来，已经对我们诸多的社会科学理论带来了深度的挑战。

我前两天听了中国科学院计算机所的研究员的报告，他说我们可能把这个担忧设置得过早了，像现在这样的弱人工智能是封闭系统的人工智能，而从这样只能做单向的封闭系统的封闭型人工智能跳跃到通用型人工智能可能还有几十年的时间。按他的说法其发展并没有这么快，科学家的预言可能过分担忧这个事件了。按照中国科学院这样的说法，弱人工智能还有很多地方需要完善，现在只是在像围棋、国际象棋等一些领域做得好一些，在很多其他的领域还没有做得很完善。比如我们现在的自动驾驶，现在研究人员的想法是把自动驾驶变成某种封闭系统来解决许多的问题，这样说来自动驾驶技术最终也是封闭系统。

涉及人工智能对伦理学的挑战，我们先把伦理学上的问题给讲清楚，然后再回到人工智能上去。现在的科学家提出非常多的问题，关于伦理学的问题是最大的问题。人工智能不像人一样行动，最大的问题是怎么样能使其成为一个道德行为者，像人一样懂道德、有道德。科学家在头脑里想的除了他自己的技术问题以外，最重大的问题之一就是伦理问题。对此我认为，第一，人工智能的发展有这样的需求；第二，实际上人工智能已经对伦理学产生一种挑战了。

二 道德行为者

现在我们进入了伦理学领域。首先我们要知道什么叫道德行为者，一般来讲，人只有作为理性行为者才可称之为是一个道德行为者。我们不会责怪三岁小孩，或者我们一般不会让未成年去承担其行为的道德责任，理由就在于他还没有成熟的理性。一个成熟理性的、有自觉意识的人类个体，才具有相应的道德责任，才是一个道德行为者。理性人的行为不仅和他的理性情感相关，按照伦理学的说法，与他的品格也相关。

我主要从西方伦理学的角度来解释这个问题。西方伦理思想史上对于道德行为者的理解，我主要讲两个典型的，一个是亚里士多德，一个是休谟。

亚里士多德认为，人作为道德行为者的本体依据在于人的灵魂。以亚里士多德的话说，德性是灵魂的德性，所谓灵魂的德性就指其与理性相符合。对于亚里士多德，我们主要讲他的《尼各马可伦理学》。我们简单讲一下他的道德行为者的概念，而什么样的人应当承担道德责任，按他的说法就是一个跟理性相符的人。理性这个概念在亚里士多德这是一个灵魂的问题，理性在人的灵魂中占主导地位，但他并不认为人的灵魂就只有理性，而是一个分成三个可以区分的部分的整体。第一，理性部分；第二，情感部分；第三，营养部分。情感部分并非仅仅是情感，还有一定的理性，按他的说法叫分有。非理性的营养部分是一切生物所共有的发育性质，这里的发育性质指的是营养的生长原因。欲望和感觉为人和其他动物所共有，就灵魂这一部分而言，欲望和感觉虽然是非理性的，但在某种程度上分有理性。所谓分有理性就是听从理性或受理性的约束，也可以说非理性部分是相同的受到理性的管理。在灵魂的非理性部分中，一部分是植物的，与理性绝不相干；另一部分是欲望的，受理性的一定约束。总的来讲，在一定程度上分有理性就是指受到理性的约束，如有自制德性的人表示他受到理性的约束，那些明智勇敢的人也表示他们服从理性，而在人们放纵自己的欲望时受到责备，他也认为受到责备是正当的。

在亚里士多德看来，这些感觉不是作为人而是作为动物的感觉，这些感觉最为喜欢的是兽性。亚里士多德把感觉部分分为两个部分，一部分我们说是受到理性控制的，另一部分不受理性控制，那就和其他动物完全一样了。亚里士多德在讨论人的灵魂三个部分学说，与其他动物和植物相比，只有人具有理性，因而理性才是人与动物或其他生命存在物相区别的根本性。人的行为只有符合理性和听从理性才是合乎德性的行为。

亚里士多德的灵魂说是亚里士多德的德性本体论最深层次的理论。就德性论本身而言，亚里士多德认为人的德性层面还应当有一个品格品质的对待根据。前面我们讲听从理性应该承担道德责任，等会还有一个理论是品德品格的说法。按他的说法，首先是人要有德性品质，其次才会有德性行为。在古希腊我们要清楚其知识背景，古希腊的德性概念和卓越概念是一个概念。我们今天可以译成 morality 或 excellence。我们知道所谓德性品质体现的就是作为人而言的卓越。那么就亚里士多德灵魂说而言，实际上是他指所有有生命的形态中，只有人和人类个体才能成为道德行为者或有道德的行为者。人如果不听从自己的理性，也就是不按照伦理道德的方式行事，那就如同其他动物一般。

亚里士多德还有希腊神学的背景，从《尼各马可伦理学》第 10 卷可以看出神也具有道德行为的能力。另外，亚氏还把人的理性看成神明之类的最完美的性格，但其整个伦理学不像荷马。荷马认为人能感知善恶，并享有最完美的性格，神会介入人类事物。荷马史诗的世界是一个神人共处的世界，在《伊利亚特》的战争里面，神介入了人的伦理生活。在亚里士多德那里，不仅生命世界具有伦理道德，在生命世界之外，除了神以外的任何事物都不具有道德。

如果把理性与感性作为人的两个基点看待，休谟站在亚里士多的对立面。亚里士多德强调，理性是人作为道德行为者的内在根据，而休谟则认为人的道德动因来自于自然情感。休谟认为，理性不可能成为道德的动因，非决定道德的根本属性。人的自然天性结构即人的自然生命结构使得人对痛苦和快乐的感受成为最深层次的感受或情感。而一切人的情感和喜怒哀乐等都是以生命对他人的体验相关的。休谟强调情感在道德中的基础性地位，亚里士多德则强调理性的基础地位。另外，休谟强调人的德性品质，而亚里士多德的德性品质从根本上来讲就是一个理性的问题。

休谟强调的是人的情感，尤其是对快乐和痛苦的体验，他认为这是对人的道德行为和人的道德能动性影响最深的层次。这样，休谟就把苦和乐看作是最直接的情感，而骄傲、谦卑、虚荣、嫉妒等就是间接情感。就像根据自然的伦理阶段，某些情感在一定的关照下会产生后果。人的快乐，动物的理念，感知与道德是什么关系呢？休谟说，道德的本质在于产生快乐，而恶的本质在于给人痛苦。他把快乐、痛苦与道德联系起来，凡是人们感到快乐的，一定是好的；感到痛苦的，是恶习。人作为道德行为者，体现着善恶，善与恶的问题在于人的生命的自然感受，在于我们对于快乐、痛苦的感受。休谟强调人的生命结构的原生性以及相应的其他情感，与亚里士多德一样，他也很自然地想到动物也有情感、感受。我们前面讲到，亚里士多德把我们的感性感受分为两类，一类是道德上的，一类和其他不一样，休谟也想到了这一点。休谟说我们开始于讨论表现于人类方面的爱与恨以及他们的分担与组合，进而延伸到这些情感在动物生命中的表现，不单是爱与恨，全部情感都为所有动物所共有，而且很容易地被假设为在单纯的动物身上所具有。在休谟看来，存在于人类身上的对他者的爱与恨也同样可以在动物那里发现，并且同情或情感的传导，也如同在人类身上一样。但休谟认为，动物身上的这种自然情感并非是道德上的善与恶，人类的道德观念并非同样存在于动物界。如人类的血族通奸是罪恶，在动物方面就丝毫不是罪恶。这在植物界也同样如此。杀害父母是人类所犯的罪中最大的罪恶之一，但在植物界则并非是罪恶，如幼小的橡树长大后会将老树毁灭。在人类行为者那里，情感与道德有着直接的关联，在动植物界则没有。

那么人类的道德是凭什么感受得到？同样一件事发生在动物那里，比如乱伦。在动物那里不叫乱伦，在人类就是大逆不道。换句话说，动物那里感觉不到，人类可以感觉得到，那人类的道德是凭什么感觉得到的呢？亚里士多德认为人跟动物的区别是人有理性，人有道德和德性。但休谟恰恰相反，他不仅认为人的道德与情感直接相关，而且认为不是理性发现了人的道德，他说如果是这样，那在动植物那里也可以发现一种道德或者一种恶。因为同样的关系，比如父母和子女的关系在动物那里也存在，在人类这里也存在，但我们父母子女关系是一种道德关系，不能乱伦，动植物也是父母子女的关系，但它就不叫乱伦。同样的关系如果凭理性来发现的话，能完全一样吗？所以休谟说这个根本和理性无关。换句话说，不是理性发现了人类有道德，人类的道德与情感理念相关，这是休谟的观点。人怎么能感受到自己有道德或者人的道德呢？休谟说在于人的本性和人的心灵对道德的感觉。休谟说由道德所发生的印象是令人愉快的，由恶所发生的印象是令人不快的。并且休谟说发生道德的感觉只是由于思维感觉到一种特殊的快乐，正是这种感觉构成了我们的赞美或敬慕。我们不必进一步探寻这种快乐的原因，不必进一步探索人类的快乐或痛苦这种最原生的情感动力。或者说正是由于动植物感受不到快乐或痛苦的情感感受，因而他们也就没有像人类一样的道德、道德情感、道德伦理。我们因为内在心灵有那种能力，我们能感受到道德与不道德，善或者恶，从而通过这样一种感觉能力来把握到什么是道德。按休谟的说法，人类作为道德行为者，首先在于能感受到道德。

那么休谟的生命感受对于人工智能是适用的吗？还是亚里士多德道德本体论适应人工智能？这在伦理学是两个极端。亚里士多德强调理性。什么是理性？在亚里士多德的意义上，理性可分为理论理性与实践理性。就理论理性而言，理性是分析、推理、判断，同时也是"对普遍者和那些出于必然的事物的把握"。亚里士多德认为，通晓几何、算术这类知识是智慧。当然，对于亚里士多德来说，理性更重要的使命是沉思那永恒的、最高的或普遍的存在，因而沉思是最高的幸福。换句话说，理论理性能够把握整个世界最高的存在是什么，这就是现在人工智能所不能做的事。

三 人工智能的伦理判断

人工智能就是模拟人脑，最擅长的就是做逻辑判断、推理分析。如果把我们的大脑看作一个电脑，我们用它的速度是很慢很慢的，但人工智能对"大脑"的使用是极快极快的。据说 Alpha Go 只花了 40 天的时间就下完了人类从开始有围棋到现在所有的盘数，Alpha Go 这样的机器人能走到什么程度很难以想象。因为它只下了 40 天就打败了柯洁等围棋高手，如果下 40 年呢？简直难以想象。这方面最基础的就是人脑。亚里士多德说理论理性是对永恒的、至高的存在的思考，Alpha Go 做不到理论理性的最高使命。在理论理性的层面上，一万人敌不过一台 Alpha Go，这说明人工智能至少在理论理性的能力方面是超强的。

现在还涉及另外一个，实践理性。实践理性是在道德和现实领域运用正确的原则去处理实际问题的能力。这方面也是目前科学家最担心的方面，立很多很多规矩来处理这个问题。人工智能目前还处在某个专门领域，比如下围棋。也有很多报道，说机器人杀人，如果说现在这样低智能的机器人就会杀人，那么以后就更不得了。实际上科学家认为机器人杀人往往是机器人在人为设置程序的引导下误读了环境才导致的。比如 Google 机器人自动驾驶，前面有一辆白色卡车，它误以为是阳光冲上去；又比如日本的机器人杀人事件。但是你去分析，往往是环境、人工操作或者各种原因导致的。换句话说，只要你的程序里没有把人作为目标去攻击，机器人杀人就不太可能。当然我们今天碰到的一个最大的问题就是人工智能在军事领域已经应用，最高使命就是让它杀人，非常复杂的一个问题。按照科学家的说法，在非军事领域应用要强调人道，以保护人、不伤害人、不侵害人为绝对命令，但是在军事领域里强调的是高效率地杀伤或消耗敌人战斗力，在军事领域人工智能的发展和非军事领域人工智能的发展指向完全不同的价值目标，确实是人工智能带来的很大的一个困境。军事领域应用到非军事领域，很多问题就出来了，比如现在中东的无人机，微信上有一些信息也可以看到西方国家对于机器人的设计，完全和人一样，当然它们的外表还没有装饰，可是你无论是用手枪打，还是机枪打，都打不死它，但是它的瞄准率却是百分之百。一米七八高，四肢能完全活动，能跳跃，很灵活。到未来某一天，科技水平低的国家用人海战，都是战士；科技水平高的国家用机器人，且打不死。机器设备是红外线瞄准，不是人瞄准，战争到这种程度便没法打。所以关于人工智能伦理本身来讲，就有很大的冲突，科学家要严肃对待杀人机器人，但是军方很感兴趣，世界各国都有这样的愿望，高科技的竞赛也已经到了这一步。

那么我们的问题就来了，理性这样的三种层次，第一个层次的理性，在专门领域而言，计算机已经远远超过人类，第二个层次我们不知道，第三个实践层次是正要解决的问题，就是如何让它成为一个有道德的机器人？在亚里士多德的意义上，品德品格体现为行为习惯，然后表现为我们作为一个道德行为者。我们是否能在人工智能这方面使它做到这一点？比如人工智能是否可以通过程序编写将重要的道德品质写到机器人程序当中，使其根据内在的指令做合乎道德的行动。

　　我们知道人的品格特征是一种道德心理气质，但它同时也具有内在规范性内容。我们的道德行为一方面体现了我们的行为习惯，另一方面体现了我们的规范要求。生活中道德行为是两方面的内容，一个是我们的道德心理所形成的，培养自己的行为习惯，另一方面体现着规范。现在我们能做到的就是把这种规范性要求编成程序输入到人工智能的神经网络当中去，让它通过深度学习掌握这种规范。然而，这方面的工作还未展开。另外一个问题，我们刚刚说到，人不仅仅是因为有内在指令而做道德的事，我们还有自己反复的行为习惯，这是两个层次的要求。而这问题就来了，我们编写的程序能让它在反复的行为习惯中，像 Alpha Go 一样，反复下一百盘，一千盘，一万盘，甚至一千万盘棋，做到合乎道德的吗？换句话说，道德的行为习惯养成是不是能跟 Alpha Go 下棋一样，是一种能够培养的准确判断能力，现在这个也不知道。科学家应该有所研究，但目前没听到这方面的声音。

　　从亚里士多德来讲，上面这个问题就是所谓"中道"，中道就是在适当的时候对适当的对象采取适当的行为。这个意思是什么呢？什么时候是随机应变呢？恰当的行为才叫道德行为，而恰当的行为是根据环境来判断的，不是一成不变的。就指令性的东西来讲，下围棋的人或人工智能明白那肯定也是做出恰当的行为。按照科学家的解释，像围棋这种环境是封闭的环境，在围棋棋盘的那个格子上下一个子就除掉一个格子，叫标占。棋盘上一共有 360 个格子，除掉一个还剩 359 个，再除掉一个还剩 358 个，这都是规定性的。但是人的行为绝对不是像围棋的棋盘那样有固定的对立。在什么情况下我们的行为能够把握得恰到好处，这个是没有规定的。所以就这些问题本身来讲，如果要考虑伦理的要求，这些都是目前人工智能发展所面临的一个难点。

我们现在再谈一下关于休谟的问题，休谟讲情感是人类行为善恶的源头，理性对道德的感知使得人的行为具有道德性。所有的人工智能机器人都不是有机生命，都无法从与外界的主动和被动接触中感受到快乐和动力，这是休谟的观点。它们只能模仿对快乐和痛苦的感受来产生间接的情感，随后通过情感来体验道德的出现与行为的道德特征。毫无疑问人工智能也可以设置持续反应程序，如果设置这样的程序，就不仅是对人脑的模拟，而且应当是对有机体整体的设计反映的模拟。所以有人说，如果要设置一个像人一样的能够感应外部世界的人工智能的机器人，比方说我们的手，我们稍微拿来触碰一下，我们大脑马上知道了，而对现在的机器人来讲，只是设置一个大脑，但是到以后要设置所有的皮肤，也就是在机器人的外表皮层全部是百亿细胞的前提下，它才能像人一样的具有刺激反应程序。对人工智能设置反应程序不仅仅是对人脑的模拟，而且应当是对有机生命整体的刺激反应的模拟。因为生命的主体毕竟有着高度发达的大脑神经系统，而且其系统的整体是有机的一个整体。如果仅仅把人的反应机制看成是大脑神经元之间的刺激反应，实际上也就是把它看成像缸中之脑那样的一个东西了。在人工智能的神经网络中设置类似人类的神经反应系统，那就需要把整体无机的机器人的所有部分都设置成神经网络系统，同时也要让它能够像人体一样分辨出快乐与痛苦的刺激。

与此同时，从休谟的观点看，还需要有能够激发起快乐的情况，道德上良善的那些东西刺激我们产生快乐，而那些坏的事物对我们的刺激都是不好的。换句话说，按照休谟的观点，机器人的设计也应当是这样的，不仅要有刺激反应系统，整个无机的系统都要变成神经元细胞，而且它也能分辨出道德上的善恶来，要能够把这样的道德上的情感感应机制写入他的整个有机的或者无机的神经网络系统里。我认为这对目前的弱人工智能公司来讲，无疑是要求过高了。还有另外一个问题，对于道德行为上还有根本就是什么叫道德，什么叫行为？因为前面只是讲一种根本的问题，现在来讲什么是行为。一般来讲，我们的行为是跟自己的动作相区别的，比如我这样随便扶一下，这不叫行为，但是我这样打到一个人了，这就叫行为，这叫伤害行为。这都是自理运动，那它们的区别在哪里？换句话说，无目的无意义的自理运动不叫行为，而在某种意义上体现了某种人类的规范要求，或者体现了某种内在的意向，这才叫行为。像这样的行为它的意义是什么？在一定意义上是我们意识到了我们要怎么做，我们才去这么做，就是意向性的行为。当然这个问题又复杂一点，因为我们往往有时是在潜意识的状态下，或者无意识的状态下就做了某种行为。比如我们锁门的次数多了，经常会在我们出门后回想，我今天锁门没有，但实际上你肯定是锁着门了，可是大脑那个时候没有给你指令，就强迫性地意识到你一定要去锁门，因为大脑已经形成习惯了。

怎么理解这个问题？人类的行为实际上分为两类，一类是有意识的，一类是无意识的。但是你们要知道所有无意识的行为一般而言都是反复重复过多次，然后才会成为无意识的。在开始的时候它们都是有意识的。所以实际上从这个意义上来讲，人类的行为一定是有意识在先的。

意识意向是人类行为的一个最基本的特色。当然我刚才说的这个问题要讨论起来还是比较复杂的，那种复杂性本身确实也是一个问题。但我认为无意识的或者是潜意识的行为本身对人类行为的基本特性判断不构成挑战或者威胁，因为所有的人类的无意识或潜意识行为在某种意义上都是有意识在先的或者经过训练的。现在的问题在于我们怎么来看待机器或者机器人的人工智能的行为这个问题。

有人认为目前神经网络的深度学习人工智能实际在原理上很简单，就是罗列大量的数据进行运算，这是一种很聪明的大数据处理方法。因此可以把它进行数据分类，但这种方法无须通过颠覆性的模式创新来实现，只要提高计算能力就可以了。谷歌大脑就是对这种方法运用的最典型的例子。谷歌与斯坦福大学组成的联合研究小组，利用16000台电脑，包括11个连接的神经网络来进行深度学习的研究，这被称之为暴力计算。暴力计算是目前统治人工智能领域里的范式之一，规模够大的话，就几乎无所不能算。所谓计算的算，在他们的意义上人类大脑处理信息也算是一种运算的计算。人脑中的神经元就像银河系的恒星一样多，大概有1000亿个，而每个神经元都有1000个左右的突出，通过与其他神经元的相交点，彼此交换信息。神经网络在经过内在的信息的多重转换之后，能够最终将外在所获得的事物表象转换成人类对外在对象的把握，即内在对外在的把握。人工智能的神经网络，也就是模拟人脑的深度学习程序，正是以这种机制认知外在事物。

四 人工智能的伦理难题

现在我们已经知道在神经网络的深度学习功能上，计算机的能力已经远远超过人脑了。在某些专门领域，它已经超过了自然人类。但是在社会意义上，我们不能仅仅因其数据处理能力超过人脑，表现得很卓越，就认为人工智能可以像人类一样思考，甚至超过人类，超过人类自然的能力。

实际上当前的弱人工智能一个最根本的问题就是缺乏像人一样的意识。科学家认为超人工智能至少具有一个特点，那就是意识，人类的思考、感觉、痛苦、快乐都属于意识。人们有意识，比人类更高的智能也理应有意识，而 Alpha Go 面对李世石或柯洁的棋法，其设计程序有千万个棋谱的说法，高速运算能使它飞快地找到最佳的棋法，但是这并不是 Alpha Go 的意识，而是它按照程序和内在的深度学习做出的自主判断。如果有人问 Alpha Go，你对李世石有什么想法？如果人们没有对这样的提问设置程序，Alpha Go 什么都说不出来。我们只能采访柯洁、李世石，但是我们没法采访 Alpha Go，因为科学家没有告诉它该怎么回答这个问题，它什么都说不出来。

弱人工智能通过大数据运算具有超强的逻辑推理和判断能力，但并不能说它因此就有意识，这个问题就很复杂了。目前阶段的弱人工智能活动并不等同于人类的行为。如果人工智能并没有人类所具有的意识，它便也不具有人类的道德意识和道德意识意义上的行为，因而也就无法把弱人工智能看作道德行为者。

我认为这是一个很大的问题，但是这并不是问题的全部。比如我认为弱人工智能虽然不能像人类一样有意识地去理解，它不是一个完善的具有理性的道德行为者。或者说它有理性，但没有意识，我们人类从来没碰到过这样的一个存在物，即有理性没有意识。而且按照亚里士多德对理性的三种区分，最基本的理性就是人的逻辑运算能力。

美国越好的大学，逻辑课程越多，好大学至少有 10 门以上的逻辑学科，由此来训练大学生的逻辑思维。读大学的一个最重要的方面，就是训练你的思维能力，而在对你的思维能力的训练中最重要的训练就是逻辑思维能力的训练。如果这方面没有得到训练，你读大学有一半的目的没有达到。我们说读大学不是让你背书，像图书馆一样，把一大堆书放在你头脑里，读大学就是要培养你的思维能力和分析问题的能力，当然其实是培养你解决问题的能力，但是分析问题能力最重要的就是逻辑思维能力。

人工智能分析问题的能力已经远超人类了，在这个方面它是最强的。对弱人工智能而言，虽然他没有意识，但是对它来讲，它具有这样的一种理性能力，不是仅仅接受人类控制和指令的机器，而是能够在接受信息的基础上，通过自己的深度学习，从而做出自主判断和选择的智能机器。因而它具有一定的理性，它能深入学习，又能自主判断。

但是因为其具有自主判断的能力，我们说它有意识，这个问题便很怪。另外，弱人工智能是具有一定自主性的智能机器，虽然它没有意识，但具有自主性。比方说它面对我们说围棋高手像李世石和柯洁，走一步棋该怎么走，是它自己的判断，不是人在教它。如最著名的那一步棋。一般我们的围棋开局就在边线，不能超过第三根线，但是它开局下在第五根线上，人类棋手看见这步棋惊讶了，机器人怎么会下这么愚蠢的一步棋。但这是人工智能下的，后来证明那一步棋成了决胜的关键一步。所以柯洁说完了，到现在为止我下了2000盘棋还没有认识到围棋的真理。人工智能的判断做了一个最聪明的选择，所以它有自主能力。

坦率地说，从伦理学上来分析，我们已经碰到一个难题了。人工智能有自主能力，能确定自己的行为，但是没有意识。而它不但没有意识，甚至那些人工智能 AI，它们也没有理念。没有意识和没有理念，但是智商高。怎么理解这样的一种模式？没有理念和没有意识却有自主性的人工智能，已经不符合经典伦理学上的道德行为者定义了。但由于其卓越的解答复杂难题和达到目标的能力，我们应该将其视作一类特殊的伦理学研究的对象。

因为弱人工智能已经在汽车制造、产业、基建、医疗等发面发挥作用，现在有机器人开刀了，而且机器人开刀的水平已经远胜过人工开刀。一个60岁的日本男人，他可能跟老婆吵了大半辈子的架了，便买了两个机器人情绪女娃娃，吃饭时就把它们一个摆一边，给它们梳妆打扮。它们不会发脾气，都只会说好好好，你看这多高兴。它们没有理念没有意识，但是能解决复杂问题。我们在众多的领域已经有了这些专门性的人工智能机器人。所以人们更希望有一种符合人类预期的道德机器人的出现，希望即使是在弱人工智能时代，机器人也要符合人类的规则或者道德要求。

阿西莫夫最早提出机器人三定律，第一定律：机器人不得伤害人类个体，或者目睹人类个体将遭受危险而袖手不管；第二定律：

机器人必须服从人类给予它的命令，当该命令与第一定律冲突时例外；第三定律：机器人在不违反第一、第二定律的情况下，要尽可能保护自己的生存。在这基础上，我们又提出一条首要定律叫零定律，机器人必须保护人类整体利益不受伤害。但是什么叫人类的整体利益，在不同的政治宗教哲学观点里面，可能是完全不一样的。这一条本身也是一个非常不清楚的要求。

阿西莫夫的三定律应该说并非能够完全解决机器人的伦理问题。比如我们前面刚刚讲到机器人不得伤害人类，这样在军事领域就没法发展机器人了。但现在我们发现全世界各国都在此领域发展机器人，凡是有点高科技的都在军事的领域发展人工智能。而机器人三定律存在，如果从日常来讲，我们也可以发现它的矛盾。比如如果警察跟歹徒在乡镇，按照第一点的要求机器人不应袖手旁观，让人类受到伤害。那要帮谁呢？是帮歹徒还是帮警察，机器人不得伤害人类，不能让人类受到伤害，所以机器人在这个情况下它没办法行动了。这是一种类似于康德的绝对命令的情况，不同的绝对命令发生冲突，就有可能使得命令在道德实践中不能体现其应有的效率。

霍金说了毁灭人类未来的就是机器人。埃隆·马斯克最关心机器人的伦理道德问题，他认为当务之急，就是要找到一种办法，能够使得这样聪明的机器人至少不对人类产生危害。他大概拨了10个亿，建立了一个机器人的伦理研究所。然后现在他找到一种办法，他说可能没有办法阻止科学家发展人工智能，但我们可以把人工智能的东西用到人身上来。比如他现在的一个重大的突破，便是在人脑很有限且运转不快的情况下，在人脑上面用激光打个谱，让我们的大脑能够跟机器人大脑一样。很多科幻小说把人脑弄得血肉模糊，先把大脑后头皮去掉，再把一块电子基板贴在后头。比方说一个指甲盖这样的一个芯片，可以把你陕西师范大学的图书馆的书全部放在里面。再比方说你现想说德语或法语，这里面有德语或法语发音的程序，然后你听到一个德国人说话，你马上就随意调动了，然后跟他自如地用德语对话。以上便是马斯克现在在做的事情，他认为一定要让人类的智慧赶上机器人的智慧。

前段时间我听说美国的科学家在研究细胞增强，细胞密度一大，子弹都打不进去。换句话说不需要机器人，当我们的细胞增加到这种程度上的密度时，你用枪打人，子弹根本打不进去，这也是"让人类赶上机器人"这一思路的体现。

我们现在回到对弱人工智能的伦理要求，我认为有两个方面：一方面关于人工智能的编写程序，另一方面关于人工智能机器人本身的表现，我们不能因为没有理念、没有意识，就完全不考虑它的伦理责任。因为它是有自主行为的，它是自主行为者，我们仅需要考虑它们在什么意义上应当负道德责任。我认为这个方面的内容就在某种意义上把伦理要求运用到机器人上了，即你有自主行为而自主做出决定，当然应当负到相应的责任。在这个意义上，我们认为即使你没有意识、没有理念，但是你是自主行为者，你的行为在某种意义上就是道德行为。所以我们现在编写程序，要对编写程序的工程师有要求。另外，我们对人工智能本身也有伦理要求，对于编写程序的工程师和科学家来说，他们不仅要编写语言，而且应当把人类的道德规范、道德准则、道德要求编写进去。

目前存在着几个问题，第一个问题即应该把什么样的道德规范、道德要求编写进程序里。首先不同的文化有不同的要求，不同的民族有不同的道德要求，能不能找到一个全世界通用的道德规范指标，这似乎很难找到。所以现在我们迫切需要一个全世界通用的道德规范指标，然后才能够交给工程师并把这些内容编进去。其次是怎么样编，怎么把人类的这种道德程序化，这也是个问题。同时，道德程序编写的前提还在于必须找到伦理学家合作。

现在再讲第二个问题，即强人工智能，就是通用人工智能。通用意味着它坐在这里跟你是完全一样的，发展到通用人工智能的时候，我们就处在一个人机共处的时代。比方说，我们这里老师同学加起来一百个人，大概其中 50 个都是机器人，但我们看不出来，分辨不出来，而人机共处的时代便是人工智能发展到这样的程度。

通用人工智能是什么意思？它会跟人一样思考，跟人一样活动，所有的东西我们不需要教给它，但任何一个领域的活它都能干，而且外形做得跟人一样，所以到那样一个时代就叫作通用人工智能的时代。那个时代我们怎么看待它们，或者说在那个时候，它们能不能够像我们一样，通过接受了这些伦理信息，然后通过行为习惯转化为自身的道德品质、道德品格。

比方说沙特给一个名叫"索菲亚"的机器人颁发了公民证，从而让它具有了公民身份。换句话说，我们在今天就要为未来的那种通用型的人工智能做伦理的和法律的准备。如果它真的像我们一样的话，它是不是和我们一样享有人格权以及其他一切跟我们一样的平等权利，而这样一个人机共处的时代很快就要到来了。

现在那些科学家最担忧的就是出现那种超级人工智能，不是强人工智能，它是前面所讲的，有一个就可以控制全世界的人工智能。因为人工智能只要进入电脑，它就可能出现在你的电脑里，它就可能在云端，它是无形的，不需要有身体就可以进入两个机器人的大脑里去。它可以就是某一个机器人，也可以像孙悟空一样变成无数个机器人，然后它们就听那一个超级人工智能的统一指挥。那是最可怕的事情，而出现一个超级人工智能时，我们该怎么办？有人认为其出现了也不可怕。第一，我们在地球上是因为有理性，所以才统治了这个世界，而超级人工智能更有理性，它当然更理所应当统治地球了。第二，人的生命体是容易腐烂的，一百年大家都不在这个世界了，而人工智能理论上则可以永世长存而不朽。

与此同时也涉及一个问题，即什么叫智慧？你有智慧而硅就没有智慧吗？换句话说，那种不容易腐烂的、最有智慧的硅的生命体是否胜于我们？而且我们还要考虑到另一个问题，这个地球是渐渐毁灭的，或许等到地球快毁灭的时候，人类会对人工智能说："来代替我们，我们就死在地球上，你飞出地球。"现在我们要理解什么是生命，比如说毛毛虫是生命，植物是生命，那叫生命1.0。而按照科学家的说法，我们这些人的生命是生命2.0，然后到了超级人工智能，那才叫生命3.0，就是生命更高的层级。我们的生命战胜了毛毛虫的生命，并统治了地球，那是因为我们是更高级的生命，我们有智慧，我们有理性，但在更高的智慧、更高的理性生命出现时，它肯定要统治地球。换句话说，我们不应当为某一天我们人类可能消失而感到悲哀，反而我们应当感到庆幸，为我们在宇宙创造了更强大的生命而感到庆幸，从而使得人类的智慧以其他形态的智慧的方式在浩瀚的宇宙中长存下去，这恐怕才是人类作为偶然存在的生命的永恒归属之一。

（本文为龚群教授在陕西师范大学哲学书院思想星空大讲堂所做报告的文字整理稿）

名师专访

编者按：漫漫人生路，应趁时而行，顺时而止，在一次次"暂停"与"归零"中求取自我的进步；用哲学武装自己的思维，助力多学科知识的贯通，在不断反思的过程中，找到自己的"学术性格"。

发挥思维效用，提升哲学素养，融通思想资源，培养创新人才

——哲学书院名师访谈系列之韩震教授专访

问（李忆兰）：韩老师您好！非常荣幸您能出席我们哲学书院首届学生的开班典礼，并且愿意接受我们的专访。陕西师范大学哲学书院是学校为贯彻落实全国教育大会精神，办好一流本科教育，提升人才培养能力而打造的基础学科拔尖创新人才培养试验区。您作为哲学书院的院长，请问您怎么看待书院的这种教学形式？

答（韩震）：陕西师大以哲学这门学科为名创办了这个书院，是一个创举。教育实际上和社会是相互塑造的关系，一方面社会对教育的发展提出新的要求，一方面教育也前瞻性地担负着为社会发展提供人才的重任。当前我们所处的最大背景是什么？就是中国特色社会主义进入新时代。在新时代，我们社会的主要矛盾发生变化，人民对美好生活有了更加迫切的向往，这个向往说到底还是中华民族的伟大复兴。中华民族伟大复兴即将梦想成真这个前景，就是两个百年目标的实现。这个任务可以说非常之重，不是敲锣打鼓就能等来，实际上还是通过努力奋斗才能实现。

全国教育大会对教育提出很多新的期许，实际上中央早就提出要培养堪当民族复兴大任的时代新人，也就是要培养德智体美劳全

面发展的建设者和接班人。因为中国近代以来的落伍，我们在世界发展潮流中一直是在跟跑，这其中包括教育，我们基本上是跟在后面的。实现中华民族伟大复兴，就是要走在时代的前列，进入世界舞台的中心，这时候你再靠模仿别人，学习别人就不行了。当然该学习还是得学习，但是学习的形态就发生了变化，这个学习是相互学习、相互借鉴。我们在有的领域开始并跑，甚至在个别领域开始领跑，未来我们还要更多地贡献中国智慧，提供中国方案，体现中国力量。这时候，对人才的要求就更高了，于是培养越来越多创新性人才的目标被提出。

创新性人才不是只了解某个门类的专业人才，他们必须有在不同的学科领域穿行的能力。我们的大学过去受苏联影响，分科培养比较普遍。为了赶超世界先进水平，我们要培养专门人才。但是专门人才从技能方面来说应该是很好的，不能说过去是错的，过去其实是对的，我们在赶超世界的时候，就需要专业人才。而到了创新阶段，创新需要厚实的基础理论作为根基，就要注重多学科、交叉学科的培养，也就要具备方法转移和知识转移的能力，这样才能形成创新式的思维。

这几年大家都将"全人"教育、通识教育提上议事日程，在通识教育中进行哲学教育是最基础的。为什么？因为思维能力是人特有的能力，思维靠符号编码生成意义来反映这个世界，把握这个世界。哲学恰恰是研究思维的科学，如果说人具有各种能力的话，那么这些能力都和思想有关系。我们说实践创造了世界，但是人的实践和动物的活动区别在哪儿呢？区别在于动物的活动是本能的，而人所有的活动都是有意识、有目的的。马克思早就说过，再蹩脚的建筑师也要比蜜蜂强，蜜蜂千百年来造同样的蜂巢，但是建筑师在建筑之前设计图纸，在这个过程中可变化出各种创新的样式样态。从这个例子可以知道，我们人类是靠有意识有目的的设想来把握世界的，思想的外化就成为改变世界的技术力量，并且通过借助技术工具的实践活动改造自然、改造社会。所以说，如果人要有创新能力的话，根基性的举措就在于培养思维能力。因此我觉得陕西师大创办这样一个书院既非常必要又非常及时，而且具有从基础上解决创新性人才培养的方法和途径的特点。我觉得这个探索非常好。

问：我们这个书院的成立就是在您这个理念的引导下建设实施的，您先有这样的一个引导，我们跟着实施，那么您对哲学书院未来有怎样的理念设想和具体的行动规划呢？

答：从理念上来说，我过去有一个想法，就是说哲学要发挥作用就要被群众掌握。尽管思想非常重要，黑格尔说人是靠头脑站立起来的，但是思想必须变成行动才能成为改造世界的力量。因此，我认为哲学教育一方面要薪火相传，让一些专门的哲学家去思考我们的时代、社会和未来的发展；另一方面，也许更重要的是要让精英人才具备哲学素养。这有什么好处呢？

首先是提高文化素质，要提高素质，学什么都可以，但是如果学哲学，提高素质的深度就不一样，一是因为哲学是文化的灵魂；二是它具有普遍性，哲学是更具普遍性的。

其次，学习哲学对于提高工作能力也有所帮助。人的根基性能力在于思维水平。陈云同志早就说过，要想真正提高能力，必须学习哲学。比如说你学了某种技能，这个技能会在你的熟练过程中不断提高，但是一旦这种技能没用了，你就要具有普遍性的能力，要在根基上解决问题，这个时候人的思维能力就开始发挥作用了，这是一种基础性能力。人的根基性能力在于思维水平，这也是人跟动物的本质区别。动物基本上是本能地看待这个世界的，世界上存在什么东西，不管是食物，还是天敌，它都是基于本能而运作。但是人不同，人是靠符号编码之后的意义来把握世界，实际上人用头脑打开了一个重新安排世界的可能性。当我们用思想来重新安排自然环境的时候，就彰显科学技术的力量；当我们用思想重新安排社会的时候，就展现了社会管理的能力。同样是管理，效果不一样，这就是思路不一样造成的。所以说我觉着理念上的问题一定要从思想上解决，要让孩子在世界观和方法论上有普遍的提高。

另外一个理念就是说多读经典。为什么要多读经典呢？因为能写书的人脑肯定聪明，而能写经典哲学著作的人就更难能可贵了。经典哲学著作是千百年传下来的大家所作，他们的思维都具有相当的深度和威力。当你与经典作家相遇，即通过读他们的书来对话，实际上就是跟前人、伟人、大思想家站在一个平台上。你会在阅读中内化成自己的思维能力，这等于在提升你的思维水平。所以说，学哲学不仅要基于实践，还要以读书为要。这就是恩格斯说的，一个民族要想提高自己的思维水平，除了学习以往的哲学之外没有别的办法。所以学习哲学就要读经典，并通过读经典来提高青年人的思维水平。

至于规划，首先还是要基于学校党委和行政部门对书院的期许来做，也就是说尽可能为培养创新性人才的目标提供一个良好的平台，让致力学习哲学的青年能在这里了解中国优秀传统文化，学习世界各国的经典哲学著作。同时，按习近平总书记的说法，就是要融通各种学术资源，有打通的能力。真正的学术，必须不仅能钻进去，还能出得来。出得来就要能把各种学问融会贯通，融通马克思主义，融通中华优秀传统文化，传统思想资源，也融通世界各国特别是西方哲学的资源。按照这个理念来规划，我们每年计划开设几个班，要让尽可能多的学生有这个学习的机会。

在学习的过程中，青年人会感觉哲学很难。他们作为非哲学专业的学生，一是没有这方面的学科基础，二是哲学确实比较难，它是抽象的，缺乏感性认知的支撑。比如平时我们听不懂别人说话，那什么样的话容易让人听不懂？譬如概念太多就容易听不懂。哲学恰恰是要用概念去把握的，它在理性层次上比较难，但是它把握世界是有深度的，是具有普遍性的。它是超越经验形态的知识，经验形态知识是就事论事的，就这个事解决这个事，但是达到思想层次的就具有普遍性。

孩子们学哲学关键是要钻进去，比如说维特根斯坦的《逻辑哲学论》第一句话就把许多人打蒙了："世界是事实的总体，而不是事物的总体。"① 但是知道了这句话的内涵，我们就能理解他的意思了。他的意思是说：我们每个人如果是一个事物的话，我们在这里谈哲学问题，这就是一个事实。这个世界描述的是各种事实而不是存在哪些事物，是这些事物之间构成或进行了哪些事态。按照维特根斯坦的说法，语言是把不同的专名用逻辑符号串起来表达这个世界的，就像图示这个世界似的。（想要钻进去学哲学）实际上很简单，看不懂的书多看两遍就琢磨透了。

比如说，存在主义说人是他现在所不是的东西，一下子可能也觉得难懂。但是理解了背后的意义是什么，也就不难了。因为是其所是，那是物的特征，比如说笔筒永远是笔筒，只有人才能打开另一种可能性，人不是他现在所是的东西，他有可能变成别的，他就有可能获得自由，获得尊严，获得生长与发展的可能性。这深度就不一样了，哲学不会简单地说人是两条腿走路的动物。所以说，我觉得也不要怕难，实际上难才能调动你的思维去琢磨，一琢磨你就思考起来了。我记得胡塞尔说过，别人说他的书太难了，看不懂。他也说，我自己精力不集中的时候，自己也看不懂。连作者都这么说，因为这就是哲学的特点。这正像绑着沙袋来跑步一样，实际上哲学锻炼人的思维正是这样。

为什么古代的语言更生动呢？因为古代的语言感性东西比较多，比如说古代没有勇敢这个词，他就说像猛虎一样，像雄鹰一样，形象的东西比较多。但是人的知识除了感性，还有更重要的理性。现代性怎么实现的？就是由科学理论的突破造成的。因为理论是集约式的知识，这才获得了驾驭整个自然的普遍力量。所以说，提高我

---

① ［英］维特根斯坦：《逻辑哲学论》，贺绍甲译，商务印书馆1996年版。

们民族的理论构建能力，这也是我们书院的一个目标吧！在这方面还要多做些工作。

问：像您刚才所说，哲学是要培养全面性人才的，我们要培养全才，就要由通过通识的教育方式来实现，您刚才也强调说要融会贯通，这个"通"跟我们通识教育的"通"，是不是有什么内在的联系？

答：对，通识教育，实际上我们说全人教育在现代社会也是不可能的。尽管从理念上说全面发展，但我们每个人实际上都有自己的个性特点，有各自的工作、学各自的专业，而通识教育是立足作为一个人本身那些共同的东西的，从这个意义上讲，它是通识的。因此，哲学教育在通识教育中占主要地位，它最大的特点是什么呢？哲学教育是根基性的，是形而上学的，是基础性的。比如说美的问题，哲学提到美，谈到的是美的本质，美本身的问题，它和音乐、美术、歌剧谈的美就不一样，这些是从具体形式去表达的，而哲学恰恰是从本质层面去理解的。在这个意义上，它是更具有根基性的一种通识教育。

问：这个"形而上学"，您能具体讲讲吗？

答：这个形而上学，不是和辩证法对立的形而上学，而是"形而上者谓之道，形而下者谓之器"。哲学当然离不开器物，也离不开实践活动。但是哲学必须达到思维的层次，在思想中来把握这个时代、这个世界。形而上不是经验形态的知识，不是就事论事，而是探索事物背后发展的规律——从哪儿来，到哪儿去，现在是什么位置，未来可能到什么地方去。它是从这样一个角度去思考问题的。

问：那我们哲学书院要进行这样的通识教育，要达到预期目标，在教学方式上是不是也得有所改变？

答：对，教学方式方面，我头几年写过一篇文章，大概意思是

"让哲学成为哲学"①。"让哲学成为哲学"是什么意思呢？因为哲学本质上不是知识，而是一种系统的反思性的批判性思维活动。哲学不是记住多少概念，记住多少词语就能学会的。因此我们的哲学教育就不能变成知识记忆型的教育，教师不能采取完全灌输式的，而应该是启发式的教育方式。因为哲学本来是关于思维的科学，而思维本身是最自由的。在这个意义上，老师要尽量启发大家自己思考，这比一般的教学更困难。灌输很容易，最困难的教学是让孩子自己思考起来，在前人基础上能有新的想法，能得到更深更新的理解，这是最难的。如果说仅仅是知识记忆，然后考试的时候，A、B、C、D一选，实际上恰恰失去了哲学学习本身的含义。如果我们把它变成教条，变成知识记忆，就失去了学习哲学的初心。哲学的使命是激发孩子们思考，我经常说的一句话就是："我们阅读哲学，学习哲学，不是让别人的思想装满我们的脑袋，把我们的头脑变成别人思想的跑马场，而是让别人的思想激活我们自己的思维，让我们在前人思想的基础上去前行和深化。"这是哲学教育要达到的目的。

问：那激活的方式有什么？之前哲学书院老师在开备课座谈会时提出可以一种问题引导式的方式来激发学生的探索兴趣，您这边有没有好的经验，让我们再取点经？

答：我说老师在启发式教学方面要下力气，尤其以哲学的方式教哲学，这是比较困难的。这正像我过去在美国听一个教授说的，读哲学要挑衅性阅读，我们书院可以采取这种方式。

挑衅性阅读实际上就是质疑。尽管我们说要致敬经典，但是如果把经典当作圣经，那就不对了。我们应该通过阅读经典，寻找我们思维的新的支点。挑衅性阅读是说我既可以认可你这个著作里提到的很多东西，但是我也可以找出你仍然存在的问题，你思考不周严的地方，包括错误的地方。比如说康德曾经说过，"我比柏拉图更

---

① 韩震：《关于哲学教育改革的若干思考》，《北京师范大学学报》（人文社会科学版）2002年第3期

理解柏拉图",这就是一个挑衅性阅读。如果我们以康德为第一人称解读这句话,就是我能比柏拉图理解得更深,顺着他的思路,我可以得出更新颖的结论。包括亚里士多德也说过:"我爱我师,我更爱真理。"这都是哲学应该做的一些事情。因此我觉得我们读经典是为了让它有时代性,获得它的时代性价值。

问:这是为了让它获得一种在现实中的适用性。刚刚是从老师教的方面说,其实教学是相互的,书院学生的学科背景都不一样,也比较复杂,对于来自理工科和艺术类的学生来书院学习,您有没有什么期待和建议?

答:说到期待,我觉得按照学哲学的规律,必须要学点哲学史。因为学习哲学史基本上可以了解人类思想发展的框架、脉络,然后在这个基础上读一些重点著作,可以根据自己的兴趣去读,而不一定是全部都读。

我倒是建议学生根据自己的专业和个人体验,找到适合自己的重点学习领域。比如说学艺术的,他就可以读些美学方面的著作,这样就更容易接受。而即使读同样的书,我也希望学生根据自己不同的学习经验,读出不同的内容。因为书本意义的生成不在于书本身,不是说书有一个形而上的东西在那儿等着大家获得同样的理解,实际上当每个人读这本书都能读出不同的东西来的时候,这书才真正发挥作用了。而且在这个意义上,我过去也说过,一个人不可能两次读同一本书,因为你读第二遍的时候,你的思想结构已经和前一遍不一样了,你的理解会更深、更广。年龄大的人在看书的时候看出来的东西和他最初看到的东西是不一样的。他将自己的经历结合起来去思考。我希望咱们的学生能将哲学和他本身的专业、生活都结合起来,让哲学成为自己的一种能力。

应时沉淀、顺循本真

——丁为祥教授专访[*]

趁时而行，顺时而止：反思与融通

问（李忆兰）：丁老师您好，十分荣幸您能抽出时间接受我们的专访。我们了解到您的求学经历和人生阅历十分丰富，可以和我们简单分享一下吗？

答（丁为祥）：其实我以往总是希望把这些经历写出来，但一直没有时间。因为我觉得我从学的这个过程还是有值得汲取的地方的。我1963年入学，那是我们中华民族刚渡过大危机的时代。我上小学的时候，全校一共有33个小孩，分为三个年级，我们的学校背靠着一个大塚，塚前的一座破庙就是我们的教室。我到现在都还记得当时上课的那个情景。只有一个老师，是我们村1962年高中毕业的，当时参加高考的人很少，他高中毕业后就回村任教了。那时老师是充满了理想情怀的，所以他总是诱导学生充满理想。我们报到时，老师满怀憧憬地跟我们讲长大的要去当数学家、科学家。但那时我心里面总记着饥肠辘辘的感受。在我的成长经历中什么最好吃？锅

---

[*] 丁为祥，男，1957年生，陕西师范大学哲学与政府管理学院教授、博士生导师。中华孔子学会阳明分会副会长。

盔。我就天不怕地不怕地问："当这能吃锅盔?"老师说："嘿，岂止是能吃锅盔，每天还能吃香肠呢!"我那时还不知道香肠是什么，只要每天能吃到锅盔就行啦!所以，这个老师给我幼小的脑袋里种下了信念。这一点非常重要。

少年时期，前面几年很认真，"文化大革命"那几年就开始混了，一直到1972年初中毕业。那年也不是我一个人，是我们的民族遇到了一个转折。这个大背景是"林彪事件"，1972年初毛主席将邓小平请出来，这也就是我从心里面感念邓小平的原因。按照那个时候的惯例，上高中是要推荐的，和上大学需要工农兵推荐一样。我们村当时毕业了十来个初中生，我特别想上高中，但没人推荐，我就给自己买了农具，准备回家种地。其实那时我的内心是很失落的，因为我认为我是可以再学习的。可是时代没有给我学习的机会，失落但也没办法。有一天，快过年的时候，晚上八点多我们村进来了两个老师，一进村就喊家里面有中学生的家长都出来，原来的推荐作废，要上高中必须参加考试。你不知道我当时听到这个消息的时候，心里的那种高兴，我意识到又有机会学习了。能够上高中确实是一种幸运，那种幸运怎么说呢?——难以言表。

上高中是1973年初，学校给我们安排了最强的教师阵容，这时知识分子意识到"文革"该结束了，可以有用武之地了。所以1973年春是认真学习的学期，但是秋季又吹起了"反击右倾翻案风"，邓小平再次被打倒了。老师各归本位，我们学工学农。我在灞河滩的水泥厂学工半学期，很快高中两年就完了。这个经历对我来说也是非常重要的。如果不是幸运地上了高中，我都不敢想着要考大学。从六岁到十五岁的求学历程，老师的勉励非常重要。老师说要当数学家、科学家，其实自己都说不清那是什么，我脑子里其实只想着吃锅盔。但是老师的这样一个诱导唤醒的是一个小男孩学习的兴趣。上了高中，本来也有学习的兴趣，可是时势已经变了，认真学了一个学期就回到农村学工学农了。但是高中这一年的一个好处在于，老师们对学生展现了他们当年大学生活的回忆,这一下就打开了一个知识的天地。它不在于教了你多少知识,而在于让你意识到这里面有一个更高的世界。可惜,时代并没有提供给我走进这个世界的机会,但我对这世界的兴趣已经有了。所以在高中阶段,有时为了找一本书看,晚上不惜跑上七八里路,这是现在的年轻人所无法想象的。

我高中毕业后就回村了。那时村子已经改观,当年的启蒙老师成了校长,并且盖了五间教室。回去几个月,当年的老师就把我叫去给我规划道路,可以先到学校当个民办教师,将来就可能转正。当时西安市委的办公室主任在我们村长期驻扎,他在我们村一周待三天。我当时在办公室主任那儿读到很多理论文章,还有其他大学学报,主任常说:"没事来我这玩,我这杂志很多,但是如果工作需要你回去,你要回去。"我在学校兼职时,经常去他那儿读文章。那时虽在"文化大革命"中,但那些人都很善良,我非常感念驻我们村的这个干部。他经常说我们和西方不同,西方年轻人毕业后要先在社会中寻求自己的身份。我后来才体会到,他当时是在警诫我要找准自己的身份。我刚到学校兼职了一个学期,大队又把我要回去了。

我在队里当团支部书记、生产队长直到1976年,那时已经是生产理论组的成员,1977年我是首先招工出来的,进到西安市环卫局,从清洁工到通信员再到宣传干事,一共待了18个月,以工代干。1977年参加高考,也进了初选。但当时大学没有住的地方,只能走读。我当时只是个清洁工,找不到住的地方,就只能下次再考。我当时报的是西安冶金建筑学院(现为西安建筑科技大学)马列主义师资班,说是给冶金部高校培育马列师资。当时人们在精神层面只有马列主义,20世纪80年代前半期的哲学也只有马克思主义哲学。大学这四年,同学中我算年龄小的,年龄大的能比我大11岁,这些人或者是在机关,或者是当了十来年的教师,水平很高,所以我的精神压力很大。那些人成天赞扬我说："你看这浑身的朝气。"我说："我有什么好的,你们说的什么我都听不懂。"因此那时我发狠学了两年。你们没法理解,当时去吃饭,都是一个人去排队,其他时间都在看书,晚上学校十点四十五关灯,督促学生回宿舍,同学们经常相互打探哪儿有彻夜不息的灯。因为在社会上耽搁了十年,知道这学习的机会不容易。大学三年级,老家伙们都说我这个小子有后劲。大学毕业,我在西安教育学院任教三年,然后到师大上研究生,1987年毕业留校,1996年去武大念博士,1999年回来。这就是我的主要求学经历。

问：您的求学过程当真十分丰富。读书时有间断,却也带有一种和时代强烈呼应的断裂感。

答：所以,我总结到我的这个学习始终是间断性的学习,走一程就要停下来,这个停下来也不是消极的停下来,而是积极的停下来。为什么1996年要出去念博士？我1994年已经评上副教授了,如果打算混日子,这样混下来也就可以。但是自己感觉到如果就这样走下来就对不住自己。所以要给自己再充电,再深挖自己的资源。甚至到2009年,我还去台湾大学做了一个学期的访学。直到今天,我分析自己的学习是走一层上一个台阶,不断地回头审视自己、沉淀自己,寻找自己下一步的目标。我把这一点作为一个教训、一个经验,现在你们从本科、硕士到博士,是可以一路走下来的,即使一路走下来,也一定要给自己一个沉淀的机会。这就像是植物,经历了一次落叶的过程,就增长了一个年轮。有了一定的社会阅历之后,对儒家学理的理解,就和那些始终从书本中获得的不一样。而且即使博士后都毕业了,也要有一个完全脱离自己本行的访学,这个访学一方面是把自己清空,一方面重新澄澈自己,重新开始。

问：这是一种"归零"。

答：一方面是归零,一方面是把过去的经验打包积淀,然后重新上路。这在我看来是非常重要的。

问：您所说的这些都是极其朴实而真切的，我们能从您的经历中体会到您学问的切实来源。

答：再有一点经验是在博士阶段写博士论文的时候，要把自己的全部精力都投入进去，博士论文写完之后会有两三个月的时间不想再看任何书。

问：可真是伤了。

答：是，伤了，全部都伤，如果没有伤，就是说明你没有用力。但是即使在博士毕业之后，还有大概八到十年的时间用来反思沉淀。博士阶段像蚕一样吃桑叶吃够了，然后自己吐丝作茧，而毕业后通过这八到十年的时间，自己才能咬破这个茧，才能走出来。这就是挣破自己原来的知识基础搭建的这个平台，再上另一个平台。这是第二个经验。

第三个经验就是我从 1982 年开始到 1994 年，在电大给自学考试的学生上课，从那开始，我的教师之路就没有断过。从户县到北郊，从灞桥到西郊，到处代课贴补家用。我那时代课的收入是工资的两三倍，所以我们的娃娃整天吃得饱饱的。我家当时在西工院住的时候，课时费拿回去就买肉，一烧一锅，买一摞烧饼，满院的小孩都到我家吃。我爱人非常喜欢小孩，搞得小孩天天扒窗口问阿姨你家啥时候烧肉啊。所以我说这个上课不是个坏事，我在师大上马列课上了三十年，一百遍都不是胡说，但这一百遍不是复述，而是可以在某种程度上发挥。之前在西工院住的时候，上完六节课骑着车子慢慢回味自己讲课，突然意识到这是个突破口，像是打麻将可以和牌的"嘴子"，从这可以展开思考、发现问题。我绝不是觉得上了马列课就怎么样，而是马列对我研究中哲反倒是很大的支持。这第一个问题我就说到这儿。

结：谢谢丁老师非常生动真切的讲述。您用最简单也是最真实的言语向我们呈现了这几十年的求学历程，一个人的过去是否值得总结经验，源于他看待自己的方式。您如此透彻地认识自己，已然是将生活中的经验沉淀成了生命的智慧，这应当是和您"为学"与"为人"的方式有关吧。

本色走进，反串出真：为学与为人

问（李忆兰）：作为中国哲学专业的专家学者，您的儒学研究成果非常丰富，对于张载、朱熹和王阳明您都有专门的研究，也发表过相关的论著，还主持了国家社会科学基金重大项目，其中《学术性格与思想谱系——朱子的哲学视野及其历史影响的发生学考察》这部专著我很好奇，您由王阳明到朱子的这种学术研究转向是如何发生的呢？

答（丁为祥）：这个问题，也是我的另一个重要的经验。我这本关于朱子研究的书的标题就是经验。研究什么，对什么能够走进去，这首先决定于你的学术性格。

问：何谓"学术性格"？

答：学术性格就是你的天性在学术上的表现。这表现在哪儿呢？比如我们看电影电视，里面都有角色。我们说某个演员演某个角色是一种本色表演，是指演员的性格和角色需要的性格可以相配。还有一种是，我明明是这种性格，却要演另一种性格，这叫反串。这不是一般人能做到的，这必须有厚重的积累才能达到。所以我这里说的学术性格就是寻找自己性格的本色，依据自己的学术性格，去寻找自己的研究对象。这一点非常重要。

因为这些年我发现了大量的错谬现象，我举个例子，用余英时先生的话来说，戴震明明是一只"刺猬"，可是他却被清代的考据学推为"群狐之首"。所谓"刺猬"和"狐狸"之说是什么呢？"刺猬"是原创性的思想家，而"狐狸"是机会主义者。戴震自己也感觉到很痛苦，他明明是一个刺猬，可是狐狸却把他推举为群狐之首。所以戴震气愤地说：读他书的这些人只与他的轿夫同水平，根本与他无缘。余英时先生的比喻相当好，戴震的学术性格是一个刺猬，可是时代把他给扭曲了。时代欢迎他做一只狐狸，但他刺猬的性格不断地显现出来，导致他很痛苦。由这一点我们看到戴震所说的以理杀人，咱这也可以说是时代思潮在杀人。实际上戴震说的不仅仅是对社会的控诉，更是个人心灵的控诉。

所以我提出这个学术性格，这个学术性格学生在本科阶段是发现不了的，研究生阶段，经过认真的反思能够发现一点点。这个发现其实也很容易，就是你读一个人的书读到五到十页，便会感觉你跟他的心灵在沟通。

问：正是"夫子之言，于我心有戚戚焉"。

答：没错。这就是说你跟他的心理节拍能够合在一起。这是相应的，可以以本色走进去，如果你感觉就是读不进去，那就把它扔掉。这是由学术性格走向选择思想谱系，但是在学界存在大量让时代扭曲性格的现象。我再举一个例子，就是影响咱们中国七八百年的朱陆之争的问题（朱熹和陆象山）。其实一个人他是走向朱子还是走向象山，凭着自己的生命本色，或者说学术性格，不用旁人指点，也会找到方向。可是因为学界有这样那样的派别，如果学术领袖都是朱子学派的，他会把所有的小孩都培养成朱子一个模型，这叫以学术杀天下，原因是什么？原因是一个人他已经被定型，被定为朱子型，他学着为朱子论证，过不了几年他就只会为了自己的正确性在进行争论，但实际他的学术性格走向朱子，却未必是他本身生命的情调。可是他却必须戴上这个帽子，戴上之后也有可能把他窒息死了，这真是一个莫大的悲剧。

问：这和当时的时代有很大关系。

答：是，和当时的时代有关，就像戴震一样，我调侃余英时先生说，你说戴震是个刺猬，那么戴震也是扭着狐步舞的刺猬。但是今天，每一个在自己成长过程中的学子如果不进行反省，就是自己给自己找了一副不适合的盔甲，不仅不舒服，而且可能令自己窒息。

我最先研究的是王阳明，再接下来是张载，我的生命本色是这些，这没问题，这是以本色直接走向学术研究。而最后研究朱子，我是以非生命本色的方式来书写的。因为朱子这个课题我于2001年拿的，到2009年才开始写，就是说我经过反复沉淀，就想把这个角色拿捏准。因为我不是依我的生命、学术性格自然的走向的，我要把他这个事情把握清，这就是那个由本色走向反串，而反串还必须得能串出真来。如果说从为学的角度，我认为这是一个非常重要的经验。

大概你们从硕士毕业之后才会将"自我"提上日程，开始追问自我到底适合做什么，我自己的学术性格到底适宜研究什么？硕士毕业之后才会有这样的问题冒头，直到博士毕业有时都未必认得准。这一点可以回到孔子，就是"四十不惑"。一个人到了四十岁这个时候，才对自己的学术性格有一种比较清晰的认识。这是第二个问题。

问：丁老师提到"回到孔子"，确实现下在精神上需要有一种向传统的回归，我们哲学书院的这种办学模式，以"学以成人"的精神向传统教育"修齐治平"的崇高志向致敬，您如何看待传统儒学教育与现代通识教育的关系？您对书院的发展有何建议和期许？

答：咱们现在的教育体制是知识传授型体制，这个知识传授型与做人没有什么关系，但是咱们中国传统的教育，首先是做人的教育，所以咱们的书院要从做人的角度来理解学理，而不是从逻辑推导、概念思辨的角度来理解学理，在学习方法上咱们必须要有一种重大突破。如果我要给哲学书院的学生上课，我就必须把这一点讲清楚，因为书院过去是养才的地方，包括人的心性修养，是以"为人"统率"为学"的，但咱们现在的教育，则只要"为学"，只要你能背得、能记得、能识得、会考试就行，这就与做人无关了，这样的教学方式必须接受书院的"为人"精神来充实、来承养。中国古代的经典都是古人"为人"的副产品。就像蛇蜕下来的蛇皮一样，可是咱们却把蛇皮作为蛇本身，现在必须通过蛇皮还原到活生生的蛇，也就是还原到活生生的人，这是咱们书院可以弥补的，可以扭转当代教育的地方。

结：谢谢丁老师，真是听您一席话，胜读十年书。您将自身的经验和学问贯通起来，从旧学里翻出新知，对儒学和传统文化，对"学以成人"的传统教育有深刻的体悟，对当代教育的问题做出令人深省的探讨，您的所思所想能让人深切体会到背后的现实来源，非常期待能在课堂上听到您对中国传统经典《传习录》的解读，能给我们分享您以本色进入王阳明的世界后的所思所感。再次感谢丁老师！

通识名家论坛

编者按： 通识教育与哲学教育各自应当如何？二者彼此又应当怎样结合？如何能让通识教育回归其本质，实现我们寄托在其上的美好初衷？名家、教授就通识教育问题展开讨论。

第一届"哲学与通识教育"工作坊

一 通识教育与德性培养

周濂教授:

我记得自己曾读过一句话,所谓通识教育或者自由教育就是在你上完课且把所有的内容忘掉之后,最后留下的东西。我们回首自己曾经上过的课,我们会发现老师讲的内容自己基本上都忘记了,但是我们对于老师在课堂上说的若干句让我们醍醐灌顶的话,或是他特定的思维方式或人格魅力,仍会留存于我们记忆之中。因而,通识教育究竟应该交付给广大非哲学专业的本科生什么内容呢?

(一) 对"通识教育"概念的澄清①

根据我个人的了解,最早在中山大学,甘阳、李晓峰他们就已推广过通识教育或者自由教育的概念,但是他们推广这些概念的时候,主要依据施特劳斯《什么是自由教育》那篇文章来传达基本的想法,大概内容为自由教育是大众文化的解毒剂,它主要针对大众文化的腐蚀性以及其固有地生产没有精神的专家和没有心肝的纵欲者的倾向进行反思、批判。所以按照这个思路,自由教育的目的就

---

① 此类标题均为编者所加

是在民主的大众社会中建立一种贵族制，他呼唤大众民主中那些有耳能听的成员，向他们呼唤人的卓越。我们能感受施特劳斯是把自由教育跟大众文化对立，而且他非常明白地说，自由教育的目的是召唤那些有耳能听且最终能成就卓越的少数派精英们，最后形成一种精神的贵族，重建一种新的贵族制。

然而，我个人并不认同这一思路和取向，我认为通识教育它首先是面向大众的、现代意义上的公共教育的，它也对大众文化有所批评，但并不因此而刻意强调精神的等级制或阶级性，因而它也并不是反启蒙的、反现代性的、反民主的，相反它是接受世俗化的基本价值的，比如说启蒙运动的自由平等、民主法治以及现代价值的取向或相关的制度安排。

同时，通识教育它不等于施特劳斯意义上的自由教育，因为那种自由教育，它其实是把重点放在对古典学的这种研究上，是有很明显的厚古薄今的价值取向的，是去成就一些少数的自然贵族的。而现代社会的这种通识教育，它是否需要在古典和现代之间取得某种平衡。比如说尹兆坤老师在带领学生读《理想国》的同时，我们也许还要开设如最基本的 critical thinking，即批判性思维的课程，而我们在介绍柏拉图《理想国》的时候，亦不仅要在字里行间中阅读他的微言大义，同时还要通过现代的批判眼光去对他进行某种意义上的解读。所以我认为在重视古典和经验的同时，也要正视理性，接受现代科学的宇宙观以及当代社会科学的新发展，从而实现它们之间的平衡。

（二）通识教育的目标

有一个观点认为通识教育的目标是培养完整的人，那么什么是完整的人？此观点说是要培养具备远大眼光，通融实践、博雅精神和优美情感的人。而这几个字听起来特别激荡人心，但什么是远大眼光，通融实践、博雅精神和优美情感呢？其实这只是属于少数人的卓越品性和德性，所以我认为我们要把通识教育的门槛降低一点，而不应把它抬得过高。

我个人认为，可以用几个词来概括通识教育的目标。第一个关键词是"打开"，打开学生的视野，打开他们的既定思维方式，打开各种思考的可能性和生活的可能性。因为他们在经历了小学、初中以及高中的教育之后，已经在某种意义上丧失了那种以新奇的眼光看待世界或自我的能力。而我们通过课程的设置完全可以满足"打开"这一最基本的要求，最终让学生重新恢复对于这些内容的好奇心。

第二个关键词是"看清"。我记得哈佛大学的校长曾在一次科学研究上说过，人文教育最核心的目标就是看清谁在胡说八道。我觉得这对于现代社会的普通公民来说是一个最基本的能力，而这背后也涉及了人们对于是非对错的基本价值判断，以及我们哲学上的求真的意志。在今天这个时代，我们要做的这一方面其实非常难。我看到网上有句话说，对于小孩子来说，说谎是一件让他心慌的事情；而对于成年人来说，说真话是一件让他心慌的事情。这句话让我特别的触动，因为能够看清台上的人是否在胡说八道，这是一种能力；而看清之后是否戳破，这更是一种勇气。而我们的通识教育也许不能够给学生提供一种说破的勇气，但它至少要培养一种看清的能力，而这背后其实是一种价值观的传递和一种求真意志的培养。

第三个关键词是"理解"。我们现在身处在一个网络时代，一个自媒体时代，我经常用一个词来形容这个时代的特点，它不仅是全民开讲，它更是全民乱讲，即所有人都有自由发声的渠道。然而，我们会发现所有人都在自说自话，每个人都在谈论对方，但却没有进行彼此的谈论。因此，我觉得通识教育可以通过一系列的课程设置，包括老师具体的课堂讲授，从而尽可能在多元主义的时代里来实现人和人之间的相互理解。通识教育可以进行如逻辑课程、西方哲学史又或者当代政治哲学课程的设置，如何把对具体言论或者事件的分析，与人和人之间的可能的相互理解形成一个关联。

第四个关键词是"共情"或者"同情"。奥巴马曾说过，今天美国包括全球社会最大的一个心理赤字就是缺乏同情，我们缺乏共情。而我认为我们过去这些年从小学到大学的教育，极其缺乏在共情能力方面的培养，而我们可以通过阅读伟大的经典，通过一系列通识教育课程的设置，慢慢地恢复或修补学生的共情能力和同情心。

（三）从德性角度而言的通识教育的培养内容

最后，我们简单讨论一下全面的人和德性的问题。我们都知道德性这个词其实是从古希腊的 arete 来的，而到了罗马时期，它就被翻译成了 virtue。下文我们将从古希腊的原文含义出发，然后探讨罗马时期的 virtue 的意义，最后再落脚于当今的情况，从而说明从德性角度而言的通识教育的培养内容。

所谓古希腊时期的 arete，其实是指人潜能的实现。当我们的潜能得到实现之后，我们就获得了某种卓越。而施特劳斯的自由教育，它把卓越赋予了某些少数的自然贵族，但我并不认同这一想法。我认为生而为人最根本的问题就是苏格拉底的问题，即一个人应该如何生活的问题——我们应该如何度过一个有价值的人生。而发现我们自身的潜能和天赋，并且实现这些潜能和天赋，这便是人之为人最根本的责任。

以我女儿为例，她今年6岁，刚上小学。在我们来陕西之前，我和我太太谈论我们女儿的潜能到底是什么，我们发现她没有唱歌的天赋，所以决定让她退出合唱团；发现她没有拉小提琴的天赋，所以再坚持学习一年或许也要退掉。然而，我们发现她有绘画的天赋，有对文字的敏感性，也许还继承了我一些逻辑的能力。所以在我们经过这两三年的探索之后，我们发现我们应该有所取舍，我们应该去发现她的潜能，去实现她的天赋。而我认为通识教育的特点在于"认识你自己"，即让每一个学生在通识教育的过程当中，培养自己的心智能力，培养自身独立思考的能力，认识到自己的潜能和天赋，并且承担起实现自己潜能和天赋的责任。而唯有如此，我们的一生才是不被浪费的一生，这样的一生才是真正所谓有价值的人生。

而在拉丁文的 virtue 或者是当代的意义上谈论德性的话，那通识教育还应该培养普通学生什么样的能力或什么样的德性呢？我认为通识教育应该培养学生现代民主社会的公民美德。燕京大学张中春教授曾说过，中国人只知道民主是一种制度，始终不知道民主是一种文明，不知道其中包含有社会道德思想等方面。他说民主社会最弥足珍贵的德性是什么？是有自由讨论的习惯，有可能与他人调和的性格，有在真理面前自甘让步的气量，有据理力争而不伤和气的胸襟。而我认为这些是通识教育可能带给普通学生的作为德性培养的具体内容。

回到中国当下的高等教育，我觉得中国通识教育的当务之急，一方面是要避免打造出精致的利己主义者，另一方面是要避免打造出博学的无知者和野蛮的高贵人。博学的无知者，即你读了许多的书且熟读经典，但是你对于当今社会的基本运行规则或启蒙运动以降的基本价值是无感的，这样你便缺乏了最基本的现代精神。而所谓野蛮的高贵人，我以一个观点来举例，这一观点认为同情是一种低级的观念和品格。因为同情肇始于基督教，滥觞于启蒙，它不是古希腊的美德，也不是古罗马的美德，所以同情是一个低级的观念和品德。而这种论调在我看来就是非常典型的野蛮的高贵人的论调。我非常担心我们的博雅教育和自由教育培养出这种博学的无知者和野蛮的高贵人。他们熟悉各种学术套话、行话和黑话，但是并不了解且不具备解释和理解现代社会的能力，缺乏处理实际事务的能力，他们徒有这种批判的姿态，而缺乏了批判的能力；同时，他们对于异己者没有同情心和同理心，对于普罗大众也缺乏最基本的共情能力。因此，我认为通识教育不是在培养这种自以为是的知识贵族和知识精英，而是应该培养学生对自然的好奇心，对思维的理性认知，对他人有同情心、同理心，对社会的规则意识，对国家有理性且批判的认同的现代公民。

尹兆坤副教授：

（一）国内通识教育的现状

首先，我对周老师所提的通识教育的概念、目标以及这里面的一个核心内容谈一下自己的理解。虽然通识教育的应用已经很广泛了，但是大家对它的理解都不太一样，而周老师为我们澄清了通识教育的概念。

最早在中山大学，甘阳、李晓峰他们就已推广过通识教育或者自由教育的概念，而后他们也形成了对通识教育的看法，并且开展了一些通识教育的会议。由此，通识教育在国内便产生了很大的影响。就如现在的高校里，大家也在提倡通识教育，包括我们陕西师范大学，校级也有一个专门的通识教育中心，还有我们哲学书院的书院级通识中心。但是，中山大学所提倡的通识教育实际上有着"贵族教育"的特点。在这个项目中，他们所诉求的是"古典"这一个词，依从它原来"古典"的含义。而从实际上而言，周老师自己并不认同从这一角度去理解通识教育。

（二）开展古典文明教育和现代文明教育时的注意事项

通识教育在翻译中有一个差异，其中一个 liberal，另一个是 general。而实际上，这是我们对古典文明和现代文明的理解上的差异。

从一个角度而言，现代深深地根植于古典的传统，如古希腊和罗马的传统。还有近代以来的内容，实际上也是我们的传统。所以从这个角度而言，通识教育实际上是把人类文明里最优秀的方面进行了介绍。

从另一个角度而言，我也认同周老师所提到的，作为现代人的我们不能局限于对古典文明的研究。我们是现代的人，有着现代人基本的价值认同。如果我们对现在的价值不了解或不认同，或对现代的基本运行方式不理解，我们可能就会成为现代社会里相对异类的人。

（三）通识教育过程中面临的问题

从通识教育概念的角度而言，周老师对于通识教育概念的理解是从哲学问题本身入手的，如从人入手。实际上，我们于通识教育中也要注意到人基本的差异性，然后从人基本的天赋、人的自然去入手。而如何对待我们的自然、我们的差异，我们是去强化差异还是追求平等之类的问题，都是通识教育在概念上需要面对的问题。

而从通识教育目标的角度而言，我们是塑造一个完全的、高贵的人，还是塑造如周老师提到的具有"打开""看清""理解"和"同情"能力的人。这些也是我们在进行实际的通识教育教学过程中会面对的问题。

而从通识教育具体的教学角度而言，如我带领学生们读《理想国》或者讲解"西方哲学"课程的时候，我们必然会面临学生在理解能力上的差异性。其中会有一些非常优秀的学生，但是我们更多的时候面对的是一般的学生群体。而我们的通识教育项目是旨在塑造一些精英，还是旨在让更多的学生了解基本的公民德性，这些都是我们在通识教育中面临的非常难的选择。我最近了解到哲学书院里有一些与之相关的问题，比如有些学生会认为通识教育中所讲的内容他特别的"通"，然后他在一般价值的理解上会有一些反对意见，而我们可以具体地指导这些学生，我们也绝对没有对他们成为时代精英的努力持反对意见。

（四）对于德性的探讨

周老师从 arete 和 virtue 两个词入手进行德性的探讨，同时针对完全强调古典或完全强调精英可能带来的弊端的角度，给我们讲了现代德性的好的方面，而这也起到了一个纠偏的作用。当然周老师也非常清楚，古典资源是非常好的资源，我们要去利用古典的资源，而不是摒弃古典的资源。另外，精英并不全是错的，只是他们需要了解现代的价值以及现在的德性。

二 从"哲学概论"类教材看哲学通识教育

沈湘平教授：

（一）通识教育

有句名言：所有的事情都知道一点，那就是通识教育；就一件事情知道得多一点，那就是专业教育。这也可能是最开始通识的"识"的含义，后来我们赋予它见识、胆识的意义，但是其最基础的第一个意义还是知识。我认为这是对通识教育最基础的理解。而在第二个意义上，通识教育可能是一种按照公共教育的样本所实施的教育，我们现在进行的也大多是这种公民教育。但是我们也不排除它有第三个意义，即通识教育是更高的卓越的教育。但根据我的理解，通识教育往往像中国古人讲的"华乎上，实为其中"那样，它是一个非常完美的东西，但最终在现实中却只达到了一个一般的高度。这便是我对通识教育的理解，它有着立体的层次。

（二）哲学通识教育

落实到哲学通识教育来说，因为哲学在人类精神文化当中有着特殊的地位，因此我们可以认为，哲学在通识教育中发挥了不可替代的核心作用。我愿意用中国哲学的观点来说，那就是冯友兰所说的"哲学它不能做什么"。在哲学通识教育中的，哲学是使人成为人的，而不是如其他的专业教育般，使我们具有某种知识和技能，从而能够成功地扮演某种社会角色。而哲学的通识教育是让你从其中领悟自身作为一个人应该具有的德性，然后成为某种人。所以，哲学通识教育最终是使人更像人。

我个人认为哲学的通识教育，事实上有内通和外通之分。所谓内通是指对内部不同传统分支或门类之间的通，特别是今天中、西、马之间的通。而外通就是非哲学专业的不同学科之间的通。我们现在的哲学通识教育作为人文通识教育的重要组成部分，各个学校开设了很多课程，但是我认为"哲学入门"、"哲学导论"、"哲学概论"、"哲学通论"等课程或许还只是一个先导性的、基础性的课程。所以我写了一篇文章，大概回顾了这100多年来中国的哲学通识教育课程。我把所有哲学类的教材都叫作哲学通识类的教材，并从它们的发展变化中发现了中国的哲学通识教育的两次独立发声，其中一次是1949年前，另一次是改革开放以后。

1. 1949年前哲学通识教育的独立发声

我们通过一份资料的分析发现，公元1949年，出版的哲学类各种性质书籍有3000多部，哲学总类性质书籍有214部，其中哲学概念书籍有47部。目前发现1949年前最早的一本哲学概论，是1903年蔡元培翻译的一本日本人著的哲学概论，该书试图把不同的哲学放在一起进行说明。在1914年，国内出现了三本师范学校使用的哲学概念教材，这是中国人自己对这个问题进行的讨论。最有名的是谢永亮，他笔名叫谢蒙，编写了一本哲学概念教材。从1939年来看，国内的哲学概念著作主要有三种类型：第一种是直接翻译西方学者的著作。而西方学者的著作大多是对西方学者的不同派别的介绍。第二种是以西方某部或者多部著作，甚至是以某个学者的观点为主体，进行哲学问题探究的改编改装，如有些以康德的为主，有些以柏格森的为主。第三种是按照笔者自己的理解进行编制的。从内容上看，它们呈现三个特征：第一个是偏重于介绍西方哲学；第二个是著作中出现了作者打通中西的努力，甚至出现了打通中西印哲学的努力。如梁漱溟的《中西方文化及其哲学》虽然不是哲学概论的教材，但是它就做出了这种努力。之后周辅成的哲学概论，对中国哲学进行了专门地介绍。第三个是不少概念类的书籍已经将马克思主义哲学纳入其中。

总体而言，如果从哲学专用教材的角度看，1949年前的哲学通识教育，它以西学东渐为背景，伴随着中国现代教育的兴起，哲学传入中国以及哲学教育在中国的兴起进行的。教材从以西方的教材或者某一知识、思想为主进行编制，到中国哲学学者表达自己的独立见解；从完全以西方哲学为内容，到对中国哲学的内容进行引证，再到中西哲学乃至中西印、马中西哲学进行会通。整个过程是自然而然的，是百花齐放、百家争鸣的。到1948年，这些概念逐渐具有了中国情境的独特意味，它出现了西方哲学、中国哲学乃至印度哲学、马克思哲学之上的总括的概论，这对当时中国青年学子开阔视野和提高思维水平产生了非常积极的影响。

2. 改革开放背景下哲学通识教育的再次发声

新中国成立后，哲学通识教育在改革开放背景下出现了再次发声。这次的再次发声是人们在思想解放过程当中对马克思主义哲学教材的一种反思。新中国成立以后，在相当长的时间里，我们把马克思哲学作为元哲学、作为哲学原理来使用，即把马克思主义哲学作为哲学概论，因而一提及哲学大家就会直接联想至马克思主义。

后来，大家在思想启蒙的过程中，认为要反思这种教材的合法性。特别是在1994年底，当时国家教委决定批准在一些高校设立国家文科基础学科人才培养和科学研究基地，并且组织学者编写全国的面向21世纪的课程教材。这样的改革措施，对哲学通识教育的再发声起到了很好的催化作用。如果从20世纪90年代中期开始一直至现在，我认为它的发声可以分为两个阶段。

第一个阶段就是20世纪90年代中期到21世纪初，它是哲学通识教育的拓荒或者奠基阶段。最早出现的是一种绝对概论课，那是

1993 年童老师在华东师范大学开设的。这是 1949 年以后国内最早开设的哲学概论的课程。在 1994 年底，孙正聿老师在吉林大学开设了哲学通论课；1996 年王德峰在复旦大学开设了哲学导论课；之后在世纪之交，北京大学哲学系开设了哲学导论课，由系院的老师如张世英、叶秀山、刘德康等名家来主讲。这些开拓者的讲义，最后大多数都陆续出版，成为标志性教材。如：童老师和张建飞老师的《哲学导论》，孙正聿老师的《哲学通论》，王德峰的《哲学导论》，张世英的《哲学导论》，叶秀山的《哲学要义》，余敦康的《哲学导论讲记》等。其中童老师和张建飞老师的《哲学导论》是多人集体编写的，但它确实是新中国成立以后我国的第一步。孙正聿老师的《哲学通论》有 50 多万字，是 1949 年以后我国学者第一部哲学通识教育概论的专著性教材。

第二个阶段是最近 10 年。如果第一个阶段是哲学概论，即其主要是在进行哲学内通，在哲学系内部进行导论，那么最近 10 年来就很多高校开始在全校设立跨院系、跨专业的哲学通识的公共选修课，除了公共选修外，往往还有一些哲学导论课，哲学通识教育成为一种共识。随着教师的增加，课程量的增加，我们对教材讲义的需求量也增大，这个时候基本上一些重要的大学都有着自己的教材。而此时从教材的角度看，此阶段是一个有所参照、个性化理解、百花齐放的阶段。所谓有所参照，即此阶段有了第一个阶段的借鉴，同时它有一些西方的或者港台的书籍，乃至 1949 年以来的一些书籍能够让其进行挖掘整理或以资借鉴。所谓个性化理解可以分为两个方面：一方面是学者基于自己的学养，形成了自己独特的内容体系，还有它更加注重适应当代学生的新情况，甚至是不同类型学校的大学生的情况。另一方面，理工科学校对哲学的讨论与综合性大学学生有很大的差别，这就是个性化。此时也出现了一系列的著作，它们都有着作者自己的想法。

总体而言，在改革开放的背景下重新发声的哲学通识教育，已经改变了国人对哲学的认识，也改变了中国哲学教育的版图。哲学通识教育以一种多元化自由的方式实现了对世界的回应，同时又增加或者深化了哲学的中国特色，如马克思主义的中国传统哲学的内容与维度进入哲学当中，从而哲学通识教育不再局限于讲解西方的哲学。这对于当代青年开阔人文视野，提高人文素质，促进人文思维训练，领悟人生智慧，都起到了积极的作用。

（三）哲学通识教育的历史与现实对我们的启示

哲学通识教育的历史与现实对我们有什么启示？我认为，中国的哲学通识教育表明中国逐渐融入世界而走向现代化，是从追随模仿到自主自信的曲折历史的缩影。今天中国已经全方位与世界同步了，这对通识教育也提出了更高的要求。我认为有几点启示。

第一，哲学通识教育是大势所趋，我们必须更加重视。一方面就哲学自身而言，因现代学科分化的影响，当地的哲学学术研究日益呈现载入化、知识化、技术化、精微化、碎片化的特点，从而它缺乏了对时代大问题的真正的总体思考。且不说哲学的8个二级学科，仅是中西马哲学就出现了这样的一种倾向，各自有着"小国寡民"的味道，日益丧失了其整体性特征，进而背离了哲学自身的规律性。哲学通识教育首先体现为哲学内部的通识教育，那么哲学内部的通识教育的诉求是哲学概念类教材产生的首要动因。不过，在我们谈到哲学内部的通识教育的时候，还有一个重要的问题必须注意，那就是全球化不仅使不同的民族、国家的生产交往方式趋同，而且使人类面临共同的危机。因此，一种世界性的哲学必然会出现，而这也是哲学必然且必须走向内部通识的重要原因。另外，哲学必须走向内部通识的原因在于，它的通识不仅关系到哲学自身，还关系到所有的学科。不同学科对自己的前提性的追问和前瞻性的探索，都需要哲学的帮助。更为重要的是，各门具体科学的某种垂直功能是使人成为人，这是每个人的必修课。成为人是比成为某种人更为根本的内容,这是通识教育的最根本的方面。以上便是大势所趋带来的第一个启示。

第二,中国特色的概念式的哲学教育,恰恰是中国的哲学研究及其中国的哲学教育的优势所在。在今天这样一个全球化的时代,现代意义上的哲学无疑都是发源于西方的,这也意味着包括中国在内的非西方世界去谈哲学就似乎会有一种原罪。这种原罪就是说我们好像本来没有哲学,我们讨论的哲学或许是按照西方哲学建构出来的。我们必须冒着像蒯因所说的两种语言从根本上不可翻译的风险,去理解作为他者的哲学,并反思民族的哲学。而且无论我们怎样试图去超越西方中心主义,都不可能彻底进行。因为我们只要谈论这些内容,肯定会涉及西方。于此,从学术的角度来看,对于研究哲学的中西方学者来说,存在一个公平的竞争。对于西方学者而言,甚至在国内研究西方哲学的学者而言,他们可以不了解中国哲学,不了解印度哲学,但他们却可以继续谈论哲学,这是理所当然的。但是对一个中国学者而言,对于一个在中国研究马克思主义哲学的人而言,或者是研究中国哲学的人而言,他不了解西方哲学去谈论哲学,别人就会怀疑他的合法性。

多年前有一个非常大的问题,即中国哲学合法性的问题。这事实上是100年前胡适在写《中国哲学史纲要》的时候面临的问题,即它的合法性何在?可正是由于这样一个不对等的关系,中国哲学工作者反而获得了一种老子所说的优势,"知其荣守其辱,为天下谷"。因为西方人可以在不了解中国哲学的情况下谈论西方哲学,而中国人必须要了解西方哲学才能谈论中国哲学。虽然这造成了信息不对称现象,但从很大程度而言,中国从事哲学的工作者了解西方的程度或许比西方哲学工作者了解中国哲学要多,进而这就成了一种优势。

改革开放以后再发声的中国哲学,一直受到现在北大副校长王博讽刺张世英先生那句话的影响,叫作"打通中西马,吹破古今牛"。这句话很讽刺,但是"打通中西马"是所有绝对概念的自觉的追求，它能不能做到是另外一回事。尽管目前水平有限，"通"的时间太短，确实有可批评的依据，但是就努力的方向而言，这恰恰是当代中国人对哲学的理解不同于西方甚至优越于西方的地方。西方由于他们所谓的优越性，而不必要去打通一些内容，但中国由于自身的不足，而自觉地去做一些事情，那么它就可以在很大程度上避免各种片面性，从而走上一条可以彼此参照、印证补充的融合之路。这是中国的哲学在自我理解上的自觉，也是中国的哲学教育的一种自觉，这会对当代中国的哲学教育发展以及哲学素养产生深远的影响。我认为这种打通后的中国哲学智慧，不仅会为重构中华民族的人生自由，而且会为中华民族面临的时代问题提供很多启示，甚至也可能对整个世界的经济发展提供积极方案。

第三，我们可以借用阿伦特的公共性理论。我们可以把通识教育作为一个公共的东西在这里展现，进而保证哲学通识教材、通识课程的公共性讨论。就目前而言，我们基本上是各自为政，各个学校、各个学者自己编写一个教材，很少举办哲学通识教育的会议。我认为，将来在哲学通识教育的历史上，这个问题还会继续延续。

20世纪90年代童老师曾召开过这样的会议，其中有一些学者希望自己写出的内容能成为一个统一的范本，甚至教育部曾经也希望做出这样一个范本，然后大家都按照范本的概念来讨论。我认为这是不太可能的，就如黑格尔所说的，哲学有一个显著的特点，这个特点与别的学科相比是个缺点，即关于它的本质以及它应该完成且能够完成的任务，学者没有统一的看法。

因此，我认为每一本哲学概论的教材都写出了作者心中的哲学，它们都是带领别人进入哲学的一条路径，但不是唯一的途径。哲学就是一个公共世界，问题不在于我们能否获得一致的看法，而在于我们能否始终从不同的角度去关注同一个它。当我们只能从一个角度去看它，或者只被允许从同一个角度去展现它时，哲学也许就走到了尽头。因而，我认为这是不同的哲学教材的合法性根据。当然，在我们彼此沟通之后，能否有一些公共性的讨论，从而让我们在某些方面达到一些共识，进而达到更高的水平。我认为这是非常有必要的举措。

第四，马克思主义哲学的地位及自我认同面临着极大的危机。一方面，凡是开设哲学概论课的学校，学生都不太喜欢马克思主义理论课。另一方面，从老师的教学角度而言，孙正聿老师的哲学通论，是把马克思哲学中的前言写成一本书来进行讨论的，因此孙正聿老师的哲学教育是马克思主义哲学史的讨论；后来王德峰老师的哲学导论完全是西方哲学史的导论；张世英老师有意识地打破中西马哲学的壁垒，因而他的哲学导论思路就更宏大，看问题也就至广大而尽精微。而这带来的问题便是让人认为我们以前理解的马哲不上台面，从而也让马哲面临自身的危机。而我们看到今天中西方哲学的对话中，西方哲学直接与中国哲学对话，没有马克思主义哲学也可以进行对话，进而让其成为一个配角，甚至是可以不在场且失语的角色，这是一个非常大的问题。

李建森教授：

今天讨论的哲学与通识教育，这个问题应该是人类自身认识和自身教育的大问题。虽然我没有专门研究通识教育，特别是哲学在通识教育中的地位、作用和目标，但是我毕竟从事过多年的哲学教学，那么也有一些这方面的思考。

（一）哲学通识教育的内通和外通

简单说来，通识教育的内通和外通的层次划分得非常清楚，立体式的层次划分得也非常清楚，这是概念上必须要搞清楚的。同时在学科内部，我们8个二级学科，我们同时从事哲学学习的人，能不能把8个学科的知识找到它的共通点，那个通的东西，或者说还可以问，有没有必要，有没有可能通，这是内通。

当代学科的划分越来越细，特别是自然科学的发展。我们从中学教育就开始分文和理，使得人文学科和自然科学之间被人为地分开了，而通识教育就产生于这种问题之中，这个问题是我们自己创造的。其实过去没有什么问题，再往前追溯，哲学不是学科制度，一切学科都在哲学之中，它这个分化导致哲学还剩什么东西？哲学还能给人们提供什么东西？所以它的历史过程是哲学不断寻找自我定位。所以一个转向从这种形而上的本体开始，一直到最后，现在的定义就更多了，搞语言的说向语言学转向，搞社会学的说哲学向社会学转型，等等。

所以我认为哲学本身内部体系的不断发展、调整，使社会的视野本身值得研究，这就是我们讲的以什么为基础的问题。另外一个就是咱们办书院、办通识教育，应该如何让非哲学专业的学生提升哲学方面的基本素养的问题。

（二）中国哲学思想的合法性

沈老师讲的第二点给了我一些启示，我觉得这是一个值得考虑的重大问题。我们中国哲学思想滋养了中国人数千年，何以没有合法性呢？因为我们必须通过对世界的认知，或者说，我们进入了那个话语体系之后，才觉得我们进入了世界，融入了世界。我们难道不是世界的一部分吗？我们和世界间，我们在世界之外，这个世界是谁规定的呢？是西方的话语权——西方中心论的话语和西方文明论的话语。

因此，我们在判定所有的哲学的时候，都是从古希腊开始，讲人类中心论的哲学线索，讲自然主义的线索。那么我们中国人的话语，几千年的话语到哪去了呢？不知道。所以文明的走向恐怕要在人类和世界历史的高度上重新解读，否则我们始终很难接轨。我们的文化精神和西方丛林文化中的价值是很难接轨的，特别提到硬核部分，丛林文化与这一部分不仅要具有主动进步性、政治的合法性，还要对丛林法则的牺牲者予以恶魔的谴责——这些东西在我们的文化中都没有。我们从最近的现实中可以看到我们文化的深刻碰撞。

（三）马克思主义的自我渗透的危机

我们从事多年马克思主义的教育，马克思主义更懂中国现代教育的历史，马克思主义传入中国才使得中国革命走出一条道路。现在有一种趋势：学术马克思和学术史的马克思。这不是与当代的政治历史相关的，但为了获得它的合法性，为了更靠近学生喜欢的西方哲学所讲的学科性，现在所有的东西都在与非马克思主义划界，这个非马克思主义不是政治意义上的而是学科意义上的，比如，有人研究了社会保障，他获得了马克思主义理论哲学博士，那这很有学科性。你要研究马克思主义本身，马克思主义本身在哪里呢？在马克思的文本之中。这样的画地为牢，使得马克思主义放之四海而皆准的真理，渗透到所有领域，我们从事马克思主义教育的人，感觉没有尊严了，或者说没有说服力了，常常让人觉得你这是老生常谈，陈词滥调。

还有一个问题就是我们讲自己的哲学开始的问题，我们的哲学是不是一个统一的哲学，有没有界限？比如刚才沈老师谈到的哲学49年前的历史，我们通常在文化的背景下谈论这段历史，那么它与其他学科之间的界限是不清楚的。西方哲学也不是自我约束自成体系的。那么什么东西是在这里可以抽取出来的，带有某种更普遍价值的，这是一个非常大的话题。

三 城市社会，哲学如何面向生活

陈忠教授：

（一）哲学的城市性

什么是哲学面对生活？平时我们上课呢，就涉及什么是纯粹哲学,实际上在财大开这个课还是挺有意思的,开这个课三年了,反响不错。我们来来回回教原著和原理,还有思政专业、人类学和财政专业,教过的课很繁杂,但是有一个好处就是可能在这个过程中学一些东西。我今天想要讲的一个话题是我们中国走进21世纪发生了很大的变化,进入了一个新的时代。在这个新的时代里,我们的思维方式,我们哲学的存在方式,都遇到了新的问题,面临新的挑战,也面临了一些机遇。比如说我们了解的城市和空间艺术,原来是在哲学之外的,但是学了几年下来,我们会发现当我们用城市的眼光看哲学的时候,哲学会呈现出一个新的状态。

我们反思一些做西方哲学的人,我们看文明史大概会发现古希腊哲学的产生应该是和它的城邦有很多联系。从这个意义上来讲,哲学本身是具有城市性的,哲学是一个具体的东西,是一个意识碰撞的东西,也就是可能哲学它的原生的状态是不能被还原的,不能被还原为某一个哲学。它是一类现象,是一个多样并存、多样融合和多样嵌合的状态。因为城市意识的觉醒,我们会发现哲学原来本身,或者这个本身应该作一个伸展性的意思理解,不能作一个唯一性的范畴来看,本土的概念也是一个伸展的概念,不是我们理解的传统的本体论意义上的。

(二) 讲授哲学的方式

那么,我们在讲哲学的时候是就哲学来讲哲学,是传授知识还是激活智慧呢?我不太同意传授智慧,因为爱智慧是一个有激情的东西,作为一个有激情的东西,智慧是可以被激活的,就像我们无法激活牛,让它具有人的智慧一样,但我们能够激活人作为人的智慧。那么这样,哲学就有在城市社会里合理存在的样态,并且应该是首要的东西。因为近代以来,哲学基本上是被专业手段进行了分门别类。例如,分析哲学和语言哲学是在非常精细化的路径上进行研究。但是这样一个问题就在于,我们的学生面对的是新的生活,他们遭遇的生活和我们传授的知识是有间距的，这导致我们可能在讲解时，我们的哲学成了一个专业的知识，而学生和老师不在一个频道上。这是我们在用哲学进行教育，而不是在哲学激活的过程中讲授哲学，会碰到的一个大的问题。

（三）解决问题的方式

讲过这几年的城市哲学，我觉得很多问题是可以得到一些解决的，刚才两位教授指导性地给了我很多启发。我们讲城市哲学的时候，其实是在通过进入城市生活，直面问题本身来讲哲学。

现在我大概区分了两个板块，一个板块是回到比较经典的文本中挖掘其中的城市和哲学智慧。比如，我在讲第一讲的时候，会讲乌托邦。我们原来把乌托邦看作一个空想社会主义的理论，那我就讲它的空间。为什么要把乌托邦和原来的大门分开建一个沟，然后怎么样以及里边到底怎么回事儿，它里边的一些理念和它作为空间的整体，里边究竟体现一种什么形态，绝对不是把好的东西聚在一起而已，这样我们对乌托邦这样一个经典文本的理解就会呈现出一个城市的力量。我还会讲到用空间和城市打开它，因为它也是一个极端的状态。这样一个丛林的社会，丛林的国家，那么应该用什么样的智慧，什么样的道路，这体现了一个封闭的整体和一个开放的整体选择是不一样的，或选择相对封闭的情境，或选择相对开放的一个丛林的情境。还有我们会选择主张农村的传统的优势。比如西方认为乡村是文化的根基，城市是文明的最终衰落，而我们主张一种相对悲观的心态，然后再去讲其他的偏乐观的。在这个过程中，我会总结：为什么（有层次）的文本往往是比较乐观的文本，这个就是我理解的哲学的智慧，和生活本身相融的一种正能量，我觉得通识课大概就是这样。从经典文本来讲，大概会选择那些有张力的，然后挖掘其中经过反思的哲学、智慧等。以对经典文本的解读为基础，这样哲学的素养才能进步。

还有一个就是面对问题，面对我们当下的社会，特别是中国的一些重大问题该怎么做。比如我们讲到权利的问题，我们讲 right 的时候基本上我们原来理解的往往会认为权利与自由和个体相结合，但是在生活中，我们又发现不管是从社会中，还是从文本中，它对自由主义的套路是有反思的，而且生活过程中拆解会越来越难，同时也带来权利的一个争议问题，所以我们会讲权利的弹性问题，就是避免权利的绝对私有化。比如，我最近讲到有涂层的问题，我们会发现有很多涂层的现象，一个是形式主义的，你要去讲形式主义，学生未必会感兴趣。讲涂层就像我们同学抹粉，为什么要化妆，这其中带来了什么东西？那么在我们政治运行之中，在城市空间的营建之中，这个东西的背后是否有政治的因素，还是有其他因素？我们去由外而挖掘内部的，这是从问题出发去解答，当然还有其他问题，比如周期。

那么通过经典文本和问题形式这两方面贯穿始终的是我们，特别是我对哲学的一个理解。我想哲学的通识课在不同的高校可能会有不同的想法，北大、清华、北师大和人大的讲法肯定会不一样，为什么？因为财经类大学专业它进去以后就是学财经类的，那么哲学这个专业和那个专业的结合怎么去做？要去进行专业的哲学教育，我想这个专业是要结合内部他们所选的哲学与之相关的专业向度和与之有关的或者相近的知识去把哲学智慧贯穿，我觉得这种讲法可能也是一个选择。就是不管是刚才老师讲的内通还是外通，我想这也算是一个外通或者是一个博通，它是这样一种通识课，所以我觉得这样去讲哲学的通识课可能会好一点。

（四）哲学的危机

上一次赵时伟在师大开会时表达了他对哲学的未来有担忧，按我的理解似乎哲学还是很张扬的一个词，所有的哲学的危机可能只是一些哲学的危机。比如说一些关于世界的哲学，我们沉浸在已有的文本中不愿意去走进和关注现代鲜活的生活，然后感到了危机。

其实哲学可能是没有危机的，它是一个哲学人的具体的危机而已，我的理解就是这样。总之，我觉得哲学的通识课或者是素养课的开设可能有一个我们哲学讲的一和多的关系，所以哲学是贯穿始终的，它有智慧又有激情，而激情和智慧一定要结合。

作为一个哲学老师来讲，我比较主张一种正能量的说法，上课我不再反复抱怨充满戾气，我觉得哲学应该是人类正能量的一个慧体，人类阳刚之气的存在。大家都是喜欢阳光灿烂的天气，我理解的哲学是这样一种形态。首先我们老师要有这种心态，我们上课之前锻炼一下身体，实在不行喝杯咖啡，有一个好的状态，往往大的哲学家都是身体比较好的，我比较喜欢这样一种状态。另外，就是没有一个范本，就是刚才老师说的哲学未来有没有一个模式。因为你看哲学史的话，哲学的历史是断代史，是断片的。这个人划了一个哲学，那个人划了一个哲学，它之中存在一个哲学变化。黑格尔的一个哲学幻象，是他自己树立的逻辑分析。哲学有没有哲学史？要有哲学史它就成为知识了。因此我们还是要允许哲学的不同样态存在，甚至是我不讲哲学这个词了，随便它存在，所以马哲是没有危机的。哲学不是教条，它是很鲜活的，是一种智慧。哲学有时候就是很明确，不能说它为什么好，它就一定会好的。

雷龙乾教授：

（一）哲学没有危机

我首先有一个感想，就是刚才陈老师讲的，北京的学者都是哲学界的"领导"，这个其实是一个很有意思的问题。我认为有两种意义上的领导，一种领导上行，另外一种领导下效，这也是我们国家现代化建设的一个重要逻辑。所以他讲我们现在把哲学弄成闷头做学问的一个危机意识，那是什么样的危机意识呢？闷头做学问，或许感到满是危机，但是当你面对现实问题的时候，扎扎实实做自己的事情，比如说城市生活中，城市发展过程中，存在着什么问题，踏踏实实去研究，你有什么危机，对不对？生活中面临的问题属于哲学，严格来说你不需要慌张，扎扎实实做自己的事情。我就觉得刚才讲的那个建筑的做法非常有意思，可能就是刚刚听的时候，北京也好，其他地方也好，就还是有这种特色的，我觉得不多。从这种意义上来讲，通识这是我们自己所普遍面临的问题。上海是个大都市，在中国的现代化过程中，它就是引领者。它的问题，现代化的问题，现代社会的问题，我觉得两种意义上的领导都需要。

（二）哲学有危机

同时，在一定意义上是有这个危机的，人心惶惶的情况的确存在着，那么问题出在哪里？前面两位老师实际上也提到了，我也觉得是这种情况，比如说现在中国哲学的合法性，其实附带的还有一个问题——马克思主义的危机。这个问题是确实存在的，这个问题存在于哪里呢？我觉得还是刚才老师讲的那一点：发展过程的有限。这种危机是我们在发展过程中由于自己做得有限而感受到的危机，是真的历时代的。

从另外一个角度来看，这种危机也是一种机遇，需要刚才陈老师所讲的阳刚之气，进取地面对这些问题，这个危机一定可以解决。刚才两位老师说了陕西师大，我也是实实在在地正在做这件事情，做的时候也在思考着。比如，哲学在通识的意义上肩负着责任，它怎样去把这个责任负起来，"贵族式"的还是"全民式"的，我认为都属于补充性的话题。

我觉得哲学其实就在于两个方面，一方面就是人只作为人，像刚才讲的通识教育的合法性的问题，马克思主义，中国传统哲学，面对的也是人的生活问题，也是一个人如何成为一个真正的人，更好地成为一个人这样的一个问题，并且我觉得合法性的问题如果从规则意义上来讲的话并不存在。另一方面，危机的问题就是现代化或者说朝向现代的发展。无论是中国传统哲学还是马克思主义哲学，如果不进行实践思维方式上的转变的话，那么它的那些难题自己就解答不了，所以我们需要自己在这方面做一些努力。

尹兆坤副教授：

我请教一个问题，我们在哲学的通识教育的过程中面临一个问题：我们要给学生讲什么样的哲学。实际上这个问题我们自己也难以决定，因为我们哲学系的每一个老师都有自己的想法，给他们讲述什么问题，比如内通还是外通的问题，我们可能自己都难以回答。只能说每一个老师自己对这个问题有自己的体会，中哲的、西哲的或者是马哲的，会有自身的体会，在这里面会有一个逐步的融通，然后带到自己的讲课里去。

但是这里边还是有一个共通的东西，就是我们还是要一个哲学的通识。虽然不同的哲学不同的老师，但我们的确在做哲学通识。我们会面向哲学系的学生，就和我们现在一样，我们讲通识课的时候，面向的是全校师生，陈老师面向的是某一类的学生。从而我们将面临两个问题，第一个是我们讲什么的问题，第二个是怎么讲的问题。

当然要说讲什么的问题，我们得从一个讲什么的角度看，我们可以讨论怎么去讲授的问题，这个是可以去做的一点工作。其中有一点就是陈老师提到的面对城市生活。城市生活实际上就是我们现在面临的生活，是我们将来哲学能够有活力的一个非常根本的源头。最后我们讲授哲学有一个共同的前提就是先读经典文本，这是一个一般性的要求，学生要研读经典文本。然后陈老师给我们提的这个问题又让我们面向这样一个现实的生活，这样对学生就更容易接受。学生愿意听老师讲，老师讲起来也更有意思，同时这也可能对我们老师提出新的要求，因为我们哲学系老师比较容易做的是那些艰深的研究，这面向生活的工作却很难做到，这实际上是一个新的挑战。

陈老师是给我们一个现实的城市哲学的例子，当然我们还有中国哲学，西方哲学。如何将哲学的原理类的东西或者哲学的原始文本类的东西和我们现实生活结合起来，尤其是把我们的学生吸引住，是我们助教和老师共同面临的问题。

周濂教授：

所有的哲学文本，既在回答永恒问题，也在回答当时的紧迫问题。无论是《理想国》，还是霍布斯的《利维坦》，还是洛克的《政府论》，都是这样子的，同时在回答永恒的问题和紧迫的问题，它跟当下的生活以及当时的生活是紧密相关的。

马克思说从来哲学就是解释世界而不是在改造世界，我们说我们今天的哲学教育问题在哪里呢？且不说是否改造世界，连解释世界的功能都丧失了。我们在解释文本，解释的是和我们当下生活无关的文本。我们老师是需要有这种功能的，我们现在承担着转化的角色，我们要把文本当中对永恒问题的回答与我们当下的紧迫问题有一个关联性——你是要有一个转换的工作，否则学生就茫然不知所措。你在说什么呢？跟我的生活有什么关联性呢？我们需要做这个工作，通识教育尤其要做这样的工作，研究生去研究经典是可以的，非哲学专业的本科生他们没有这个义务、兴趣和时间，所以我们需要做这个转换的工作。

四　用哲学的思维智慧滋润知识
——论哲学在博雅教育中作用

张周志教授：

前边三位教授先是从三个维度讲的哲学与通识教育，讲得都非常好，周濂教授的现代公民的德行教育，这个也非常好，我非常认同。我们讲古今的哲学最终都是要"学以成人"，让人回到当下，做一个当下的文明人，而不是慕古薄今，厚古而薄今。这句话映射的就是好多大学在教育当中尤其是我们纯粹是搞古典的，当然这也有优点，但是带来的负面效应就是刚才老师说的，可能是学生搞的似是而非。那能不能像当时那样做古代的君子？我看很难，因为哲学是一定时代的最高的智慧的凝结。

回到今天的主题上，前边各位老师的观点和方法我都非常认同。1949年、1978年这两个时间截点代表了中国百年以来哲学通识教育的历史，而且非常难能可贵地把通识教育百年来的教材著作都做了认真的梳理，这点我很受启发。同样哲学作为当下的时代精神，通过经典文本的解读和问题意识的切入，讲在中国大学包括财经类政法大学搞哲学通识教育的重要意义和时代意义，也使我受益匪浅。

今天我要讲的是哲学在博雅教育中的作用，这里我稍微把通识教育调整了一些，这是因为我后边解释的时候会有一些缘由。我主要切入点是讲知识、智慧、思想这三者的关系，以及讲我们的哲学到底是什么？特别是在人类的实证科学分门别类地发展已经到了非常完善的境界，哲学研究什么，哲学是什么？以及我们最后凝结出来的成果是什么？我认为这些问题必须要搞清楚。

（一）博雅教育

我们笼统地讲近代西方哲学知识论、认识论的模式，在当下可能不是特别合适，那么剩下的东西是什么呢？思想和智慧这两个概念也是我们当下哲学能够坚守的阵地，所以我们切莫丢掉，我们就是要讲知识、智慧、思想这三个。我为什么要讲在博雅教育中的作用而不讲通识教育，因为我这个问题的主要针对对象还是非哲学专业的同学，讲述在现代的通识教育当中哲学专业能够给非哲学专业的其他各学科什么东西。我认为，要是说我们能给他们具体知识，显然有点夜郎自大。我们研究"我思"的问题，神经科学认知心理学早就搞得比我们能认识的更多。可能有人认为，自从笛卡儿以来，哲学解决的就是关于思维意识主体问题，要解决我思确然性的问题。今天我们依然坚守思维意识是人类特有的东西，人之为人的主体根据，这样的观点我感觉有些夜郎自大，因为人工智能、AI 的问题可能不仅是思维的问题，而是人类可能的问题，那么我们剩下要坚守什么东西？所以我想通过哲学与具体科学的关系来讲一下哲学社科在当今这个时代能给那些非哲学专业的同学一点什么东西，让他们真正地受益。

为什么还用博雅教育这个概念？因为现在大家都能够明显感觉到，今天我们在小范围内可以把这个话题放开来说。五四运动一百年，我们应该以历史的、理性的态度对待百年来中国思想学术的变化，但是事实上，学术几乎没变化，对五四以来的启蒙是否定的，都讲父母之命，媒妁之言。所以今天的哲学在博雅教育中的作用难以回避古今中西的矛盾问题。

在方法论上，我用博雅教育的这个名词的原因是在于我们很多高校最近十年以来，在哲学的通识教育的过程中都是面向非哲学专业的同学开的，我听了这些课就产生了好多想法。第一在内容上，第二在方法上，第三在形式上。国学经典重点在什么？有的老师重点讲儒家，而这个在论语导读、四书的时候也讲，所以这就和论语导读和国学经典在内容形式上重复，而且同一个人同时这三门课都在上，那么最可怕的是什么问题呢？我们都知道读唐以前的东西你要懂得古汉语。假如不懂中文，不懂音韵学，以现代性的方式望文生义地去诠释古典文本，这是非常可怕的，而博雅教育当中要懂得中国的古典文献，唐以前的东西肯定这三门是基础，即古汉语、音韵学和修辞学。

我们经常调侃，有人说唐诗就是白话诗，但是想了解唐以前的东西，你却真要掌握那三门最基本的工具。所以你看，朱子做了一辈子国学，但是到了晚年说自己的小学功夫不够。我们现在容易望文生义，冒昧地讲一句，比如1919年以来，胡适在中国哲学史大纲中第一次把先秦诸子当中的墨家和现代西方工业去对应，现代性启蒙的大师梁启超先生也讲，我们今天所推行的好多东西不仅是墨家的主张，而且战国时期的另外一个学者也讲过功利。但是朱先生当年讲的时候明确反儒墨两家的学说。梁启超为什么说，杨朱也不过如此。如果说墨家是功利主义的，那么杨朱反对墨家的东西，怎么能说杨朱也是功利主义？杨朱重生命就是功利主义？所以不懂对应的学问的基础，那么无论你讲古代的还是西方的文献，都是一样的不懂，因为像解释古希腊文学也需要懂古典学、修辞学这些。

（二）哲学于博雅教育中面临的问题

我们的哲学究竟是什么？怎样给非哲学专业的同学在通识教育、博雅教育中传递哲学教育的正能量和现代化？众多哲学工作者在今天的通识教育中，能给非哲学专业的同学们什么，怎样把哲学的理论凝结为思想，转化为人格？

回到当下，有现代性的公民意识的国民，现在有三个问题：第一是哲学究竟是什么？中国哲学的合法性问题。即不讲西方，就没法讲中国哲学学科的合法性和政党性的问题。而哲学是思维方式，是我想强调的概念。像财经大学陈忠老师和政法类差不多，我们也面对同一个问题：哲学没人听。知识学过后也许会忘，但老师上课的时候以哲学思维、历史逻辑贯穿讲课的法学知识，就会有新发现、新收获。所以在面对哲学的通识教育时，要将哲学看作综合智慧，是一种思维方式，而不仅仅是哲学知识。要寻觅思想呈现的合理方式，让非哲学专业的同学能认识到哲学学科的重要性。要学习古今中外的不同哲学流派、观点和思潮。

第二是从哲学与具体科学的历史关系的发展过程来看，要关注时政科学的发展，比如人工智能的发展。不同时期的哲学思想都有存在的合理性，要充分了解学习古今中外的不同流派的哲学思想，广泛学习，警惕哲学要指导别人的错误想法。我们书院要将哲学思想和现代科学交叉研究，相互借鉴。

第三是哲学智慧和思想启蒙，如何能使哲学思想转识成智，如何防止两种极端思想，将哲学的批判性运用到具体科学的研究中。

宋宽锋教授：

面向非哲学专业的学生授课，很多老师是学马哲的，内部关系没处理清楚，发展有些畸形，比较难解决，但老师自己要清楚自己讲的知识是和当代科学、时政结合，不能太偏向自己的研究。

五 书院制推进哲学通识教育的理念与实践
——以陕西师范大学为例

石碧球副教授：

陕西师大在国内做哲学通识教育书院制属于前沿，去年获批，今年招了第一批学生。这里有两个契机：第一是在推进哲学通识教育中，书院制的问题。在对师大一年级非哲学专业学生调研中，我们发现学生希望能正确认识世界和获得启迪。结合港中文学生希望提高自己的批判性哲学思维能力，以及大多数理工科同学希望接触逻辑学训练和伦理学，今年书院开课马克思主义、中哲、西哲、老子、庄子的导读等六门课。第二是要了解学生的期待、认真对待书院的问题，以及各位老师提出的观点和想法，重视学生的哲学思维的培养和锻炼，要以做学问为主，这可能是哲学书院改革的两个点。

我们学哲学，是要有批判性思维，要有论证能力，不仅仅在课堂，而且是要从做人角度出发，锻炼心性，修炼人格。我们到复旦调研，发现学生修哲学通识课有科目限制，这是个缺陷，要进行改革。香港学生从高中就接受这种通识课教育，但性格培养等不够全面，需要吸取教训。我们要更正确地切入学生的学习中，还要重视人格培养。

在国内住宿制书院的合法性受到质疑的背景下，现在很多书院都在撤销。书院承载的功能争议较多，从教育目的来说，书院是共享教学、道德养成的共同体。书院担负的育人的功能现在已微乎其微，其在于住宿制的管理。新雅书院是课程制，需要一个道德空间去建设和改革。我们的空间是第一课堂之外的，结合课程，打造哲学通识课程模范。学生进入书院，两年学习课程，一学期两门课，共8门课，考核合格后颁发一个合格的证书。不会给学生太多课业压力，跟新雅书院设置不一样，不是精英教育，每学期至少两次的周末研讨，保证学生的参与时间。学生在原专业基础上，学习目的明确，想要学习哲学思想。文化空间能给学生对书院的身份识别，比如书院的文化节，哲学思想的电影沙龙等，以课程为载体的培养，帮助非哲学专业的学生更好地结合哲学思想完成自己的学业。希望学校提供一个专项基金给学生，提高学生积极性，找一个国内知名学者做书院的院长，帮助书院发展。

李建森教授：

陕西师大的哲学算是陕西的重镇，新时代风尚厚土当仁不让。书院是一个新的教学模式，破除教育的不雅陋习，尊重学生的意愿，因材施教，重视沟通，让学生和老师都能更好地实现自我。

书院风采

编者按：莘莘学子虽来自不同专业，有着不同学科背景，但却同在哲学书院，用着不同的形式、不同的视角展现自己对哲学的理解。

《苏格拉底之死》剧本[*]

刘　钰　明　钰[**]

在四幕之前加入"洞喻"之象：

第一幕前
舞美：灯光暗淡，影影绰绰。
表演：一群人以白布蒙眼在舞台上移动，脚步虚弱，毫无生气，队列散乱，慌慌张张。

第二幕前
先重复第一幕情境。之后出现转机：
舞美：顶灯打入一人之身（苏格拉底）；整体灯光急速闪烁，造成紧张局势。
表演：苏格拉底意欲摘下蒙着他眼睛的白布，其他人阻拦，表现出威胁、咒骂、劝告、恐惧等形态。苏格拉底终于摘下白布，扔到地上，在顶灯的照耀下向舞台一侧跑去。

---

[*] 素材来自：阿里斯托芬、柏拉图、色诺芬、第欧根尼·拉尔修、席勒、歌德、荷尔德林、黑格尔、布克哈特、尼采、海德格尔等哲人、诗人。

[**] 刘钰，陕西师范大学哲学与政府管理学院硕士研究生；明钰，四川大学文学与新闻学院硕士研究生。

第三幕前

舞美：灯光暗淡，影影绰绰，忽明忽暗。

表演：一群人以白布蒙眼在舞台上移动，脚步虚弱，毫无生气，队列散乱，慌慌张张重复：苏格拉底眼睛瞎了，苏格拉底眼睛瞎了……

没有白布罩眼的苏格拉底穿梭在这群人中，欲帮助他们解下白布而不得。

第四幕前

舞美：灯光忽明忽暗，整体由明到暗；顶灯追随苏格拉底。

表演：一群以白布罩眼的人想抓住苏格拉底，苏格拉底左右移动，很轻松地摆脱掉这群盲目的人。但最终还是被他们抓住，处死。

白布或可透明到足够视线穿过，或不要将演员眼睛全部遮住。

一　开场

天：公元前388年。

地：雅典城外，暮春时节，晨曦初露，草坡前。

人：斐多，厄刻克拉特斯。

斐多：（从舞台右侧上场，以久别重逢的眼神四处张望，游走，边欣赏周遭风物边说）一别十年，十年，雅典还是曾经的雅典，曾经那个让人向往的雅典，曾经那个让人失望的雅典。那片我曾和苏格拉底席地而坐的草地，几经战马践踏，依旧生机盎然，可漫游其间的松鼠、野雀却不能说出智慧的言辞。这里不再有什么可寻觅，世界像一只麋鹿，被盲目的猎人追逼向死亡。何等造次啊，雅典人。

厄刻克拉特斯：（在斐多说话的同时，从舞台左侧缓慢上场，遥望到斐多后，快步向他跑去，两人的对话在舞台右侧进行）哦，你是斐多吗？都长这么大了，胡子都快比你的老师苏格拉底长了。

斐多：你是……厄刻克拉特斯？想起来了，当日老师还在雅典时，你与他的那场对话我也在场。

厄刻克拉特斯：当日苏格拉底在雅典，难道现在就不在了吗？他不是每时每刻都在我们的灵魂深处吗？

斐多：是啊，就像老师生前总说他的内心住着一位精灵，我时常也有这种感觉，我的精灵——就是苏格拉底。智慧往往是可以跨越时间、空间的，尽管已时隔多年，但老师那循循善诱的提问、异乎常人的论说，就好像刚从我耳边飘过一样清晰可闻，他常常问得你左说也不是、右说也不对。

厄刻克拉特斯：唉，虽然我师承毕达哥拉斯教派，但不得不说，苏格拉底使我获益良多。斐多啊，听说苏格拉底临终申辩前后，你都陪在他身边？还是你之后从别人口中得知了那一切？

斐多：我亲自在，厄刻克拉特斯。

厄刻克拉特斯：那么，苏格拉底在临死之际表现得怎样呢？他有没有惧怕？又或是如往日一样同你们谈论各种哲学问题，教你们去追求智慧？要是能听你讲讲，该是多么大的福乐啊。因为，我们斐莱阿斯人没谁去过雅典，好长一段时间也没有客人来访，没有人清楚地告诉我们，这事究竟是怎么回事，仅仅知道苏格拉底饮药死了。

斐多：事情过去这么久，这件事即使在今天看来，也是雅典的一件大事，关于苏格拉底因何被控告以及审判的过程，你也不清楚吗？

厄刻克拉特斯：那倒不是，对于这些事情，很早以前就已经成了人们茶余饭后的谈资。我只是觉得奇怪，雅典人为什么一心想要苏格拉底死？苏格拉底又为什么一心想要自己死？

斐多：厄刻克拉特斯啊，要探讨这样的问题，可就说来话长了。

厄刻克拉特斯：现在太阳刚刚升起，要是你碰巧没别的什么急事，就请你将所有那些情况，热情、清楚地讲给我听吧。

斐多：哪里话，我有空闲，我会尽我所知对你细说。回忆苏格拉底——无论是自己讲，还是听其他人讲，至少对我来说，总是所有事情中最快乐的事情。

厄刻克拉特斯：可不是嘛，斐多，你这会儿就有其他倾听者，趁着晨曦初露，让我们投入人间最大的福乐吧。应该先从法庭对苏格拉底的审判开始讲起？

斐多：或许我们可以将视线推向更早。当时，斐德若正在请教苏格拉底有关灵魂的问题，我们在周遭认真聆听，时不时总跟不上苏格拉底言辞的脚步，突然十一人官赶来宣布：莫勒图斯对苏格拉底提出控告。（雷声顿作）我们都很惊讶，不知道发生了什么，苏格拉底倒像没事人一样，正要习惯性地举起他的左手继续向斐德若发问，就被十一人官推搡着向王宫走去。

厄刻克拉特斯：多么可惜，一场关于灵魂的对话，就这样被政治家打断了。

斐多：我们也跟着十一人官，相拥在苏格拉底身边，急匆匆往前赶。大家都在跟十一人官争辩，然而谁都不知道下一步将会发生什么、该怎么办。

（灯灭，斐多和厄刻克拉特斯下）

二　进场歌

歌队自观众右方进场。
歌队：
感谢你来倾听我的故事
命运将过去的时光唤回到我的记忆中
这促使我回到古希腊
那里的人们在青春的游戏中徜徉

在无梦的睡眠中蓄养精神
朋友们，让我们
沉湎于那无邪的往日情怀

青春永驻的太阳提醒我们
伟大者一度出现于此，而今他们走了
现代人的美妙自然荡然无存
犹如庙堂的残骸或记忆中死者的画像
我忧伤地闲坐在这位逝者身旁
拨去长在诸神雕像石座上的青苔
从瓦砾中捡起一把锈迹斑斑的英雄之剑
砍掉半埋在额枋上的荆棘与杂木

我很想像足智的学者那样准确地为你描述
我走过往日，如拾穗者
田地的主人收割完毕
而我穿行在布满麦茬儿的大地上
在这里，人们捡起每一根麦秆
太阳神曾住在这里，
在天国的节日之下
希腊如凝聚起来的祥云围着他华光四射

希腊的青年在这里投入欣喜和感悟的潮水中
仿佛阿喀琉斯沉浸于冥河
然后像神人一样走出来
充满不可战胜的力量
在树林中，在圣殿里
他们的心灵苏醒并且相互激荡

每一个人都忠诚地守护这欣喜若狂的和声

舞美：灯光暗淡，影影绰绰。

表演：一群人以白布蒙眼在舞台上移动，脚步虚弱，毫无生气，队列散乱，慌慌张张。

第一幕

天：公元前399年。

地：雅典王宫前廊，阵雨天气。

人：斐多，厄刻克拉特斯，苏格拉底，游叙弗伦，十一人官（两位，无话），以及苏格拉底的朋友若干位（无话）。

（聚光灯亮，斐多和厄刻克拉特斯在"开场"的位置上继续对话）

厄刻克拉特斯：就像在大晴天没有带雨具出门，突然遇上大雨瓢泼，怎么会有人控告苏格拉底？但凡是热爱智慧的年轻人，应该都不会把苏格拉底与罪人联系起来吧。

斐多：是啊，莫勒图斯所列的罪名初看起来也真是荒唐，说苏格拉底不敬神，我们听到时很惊讶，都以为是莫勒图斯在开一个天大的玩笑，苏格拉底怎么会不敬神呢？

厄刻克拉特斯：那个起诉苏格拉底的莫勒图斯，他一定很懂神学，才会这样说吧？

斐多：莫勒图斯？他不过是个名不见经传的三流悲剧诗人而已，诗人们怎么会懂神呢？荷马以降，有几个诗人真正懂神？碰巧，我们在王宫前廊遇到了游叙弗伦，当时他总自诩为雅典宗教知识的权威，每逢他这样自吹自擂时，我们年轻人总喜欢上前去拆他的台。

厄刻克拉特斯：就是彼时彼处，苏格拉底与游叙弗伦进行了那场有关虔敬问题的对话吗？

斐多：是的，厄刻克拉特斯，就是那次。

（全场灯亮。十一人官上场，之后苏格拉底的朋友们围着苏格拉底上场,犹抱琵琶半遮面,等到舞台中央时,苏格拉底从朋友们的包围中露面;之后游叙弗伦大摇大摆、高昂着头出场。以上人物均从左侧出场。与此同时,斐多和厄刻克拉特斯缓慢地步入到苏格拉底的朋友们中间)

游叙弗伦:哦哟,这可是新鲜事儿,苏格拉底今天不在雅典城东郊跟一帮小年轻瞎晃悠,怎么跑到王宫前廊来了?怎么?老兄都七十高龄了,还想着当执政官吗?这可得雅典公民投票才说了算。怎么不说话?你不至于像我一样,是来打官司的?

苏格拉底:哈哈哈,游—叙—弗—伦!雅典城中的大预言家,您给算算,我来这儿为哪一桩官司?

游叙弗伦:官司?你这种人不可能起诉别人?全雅典没人会信。

苏格拉底:当然不会,游叙弗伦的嘴里不会有假话。

游叙弗伦:难道是别人起诉你?

苏格拉底:对咯,老弟,有人控告我,准确地说是公诉。

游叙弗伦:这事可非同小可,是谁干的?

苏格拉底:是一个没什么名头的年轻人,莫勒图斯,我也是第一次听说。这小伙子是个狠人,素昧平生就想将我绳之以法。他是庇托斯人,长头发、钩鼻子,小脸蛋儿很白净,还没几根胡子,你或许知道他?

游叙弗伦:庇托斯竟有这号人物?我未曾记得。苏格拉底,他对你提出了什么公诉?

苏格拉底:莫勒图斯这个小伙子可很了不起,他简直就是个目光独到的天才少年。他发觉我不务正业,整天跟年轻人瞎混,都把他们给带坏了,于是就向城邦告发我,这就像三岁小孩遇到事情向父母告状一样。莫勒图斯真是个聪慧睿智之士,他知道于一个城邦而言,教化青年是首要任务。雅典能有莫勒图斯这样的人是城邦之幸、人民之幸!

游叙弗伦:唉,苏格拉底,雅典城有如此败类,恐怕是城邦之祸、人民之祸啊。凭宙斯，在我看来，他诬告你，是动摇国本、祸国殃民。告诉我，他说你做了什么诱惑青年？

苏格拉底：我的老伙计。这……这……简直是耸人听闻啊，他说我苏格拉底野心勃勃——想做神的天王老子，要创造出许多新神出来。

游叙弗伦：噢——懂了懂了，苏格拉底，这可不能怪莫勒图斯，谁让他是不懂神道的凡夫俗子呢。你平时口无遮拦，时常对别人讲，受神的启示如何如何，受神的告诫如何如何，怎能不让莫勒图斯妒恨呢。老兄，咱们是同道中人，我也时常在公众场合向人们说些关于神的话，或者预言未来的事情，人们便嘲笑我，说我是个疯子，却没有人注意到我预言的那些事都发生了。对于那些远离智慧的人们，我们不必懊恼，要勇猛向前，和他们决战、打倒他们。

苏格拉底：老伙计啊，他们嘲笑你倒是轻的，可是他们，雅典人，对我，却是想杀之而后快。要是人们仅仅将我当作一个可笑的疯老头，讽刺讥笑倒也罢了。可人们无法忍受我对青年们的教育和启发，不但不收报酬，而且倾囊相授。雅典人这次是认真起来了，除非你能未卜先知，这个案子真不知道会进展到何种地步。

游叙弗伦：别别别，老兄你别担心，想多啦。你这场官司不会有什么麻烦，我想我的官司也是。雅典城邦不能缺少咱们二人。

苏格拉底：你是什么官司，游叙弗伦？怎么也跑这儿来了？难不成你也被别人给起诉了？

游叙弗伦：不不不，我起诉别人，苏格拉底。

苏格拉底：对谁起诉？

游叙弗伦：告那个人，我似乎是疯了。

苏格拉底：怎么？你要告一只翱翔山巅的飞鸟吗？

游叙弗伦：他老态龙钟，跑都跑不动了，还说什么飞呢。

苏格拉底：是位老人？莫勒图斯要告我这个七十岁的老家伙，你也告一位老人，我看你俩倒是一丘之貉，哈哈哈。他是谁？

游叙弗伦：别开玩笑了，苏格拉底，这事情很严肃，我要告我的父亲。

苏格拉底：好家伙，因为什么案子？

游叙弗伦：杀人案，苏格拉底。

苏格拉底：儿子告父亲？唯有大德大智之人才能将这种事做得恰如其分。被你父亲所杀的是你的亲戚吗？一定是的，否则你不会为一个非亲非故之人告发你自己的父亲。

游叙弗伦：可笑，苏格拉底，你以为我会在这么严肃的事情上做"亲亲互隐"那一套吗？在这件事情上，我只在意杀人是否正当，若正当，便听之；若不正当，虽是一家人也要告发。被杀者是我家的家奴，他在随我父亲到纳克索斯种地时，因为喝了酒，和我家的另一个家奴起了冲突，盛怒之下将其杀死；我父亲将他捆绑起来投入水沟中，同时派人去雅典请教神庙祭司该如何处置。可谁知去请教祭司的人还在半道上，我那可怜的杀了人的家奴因为又饿又冻，便一命呜呼了。现在我的家人都抱怨我，说我为人之子状告自己的父亲是怠慢神，哎呀，苏格拉底，真是愚蠢，他们对于虔敬与怠慢如此无知，完全不知道神的意旨所在。在敬奉神灵方面，我游叙弗伦拥有绝对正确的知识。

苏格拉底：可敬的游叙弗伦老师，请您收下我这个学生，教我关于神的知识。现在莫勒图斯控告我犯了引进新神的大罪，如果能得您真传，使我掌握关于神灵的正确知识，这样在法庭上面对莫勒图斯时，我就不怕他颠倒黑白、诬陷于我了。现在，游叙弗伦，请您教我，如果您在法庭上与莫勒图斯相遭遇，你会怎么做？

游叙弗伦：凭宙斯，苏格拉底，我会抓住莫勒图斯的弱点，在法庭上打得他措手不及。

苏格拉底：看来我拜师真是拜对人了，凭宙斯，我愿做您最忠诚的学生，游叙弗伦。莫勒图斯可不会管您是谁，但他却抓着我不放，硬说我犯了怠慢神灵之罪。请允许我真诚地向您请教：无论就我的案子还是您状告您父亲的案子而言，敬奉神灵与怠慢神灵的性质分别是什么？是不是说，对任何事情来说，都有一个虔敬或怠慢于神的唯一标准？

游叙弗伦：完全如此，苏格拉底。

苏格拉底：那么请尊贵的老师游叙弗伦告诉我，虔敬是什么？怠慢是什么？

（在苏格拉底说最后一句话时，斐多和厄刻克拉特斯向左侧缓慢移动。灯灭，聚光照斐多和厄刻克拉特斯）

斐多：就这样，苏格拉底向游叙弗伦请教何谓虔敬于神，何谓怠慢于神？游叙弗伦先是回答"敬神是神之所喜，慢神是神之所恶"，又在苏格拉底的修正下同意"凡神之所共喜者是敬神，所共恶者是慢神"，可是这样的说法又很快被苏格拉底驳倒。

厄刻克拉特斯：关于苏格拉底对游叙弗伦的辩难，我曾听你的师兄柏拉图详细地讲过，夸夸其谈的游叙弗伦完全跟不上苏格拉底的思路，以至于苏格拉底原本想向游叙弗伦请教的期待很快就被打消，一场对话完全成了苏格拉底的自白。

斐多：是啊，游叙弗伦后来才逐渐理解，苏格拉底归根结底是在问敬奉神灵的意义何在，可是游叙弗伦反复修改他的说法，他说虔敬于神关乎正义，又说虔敬于神是神与人之间的一场交易，无论他如何开动脑筋，就是触碰不到那个问题上来。

（灯亮，斐多和厄刻克拉特斯缓缓移动到苏格拉底的朋友们中去）

苏格拉底：亲爱的老师游叙弗伦，请不要对我这个真诚的学生吝啬于您的知识，请对我倾囊相授。我问您虔敬是什么，可是您说了这么多，却始终没有答复我的问题，总是顾左右而言他。请告诉我，虔敬是什么？

游叙弗伦：别问了别问了，苏格拉底，我完全被你的话搞晕了。你果真得了你的祖先戴达洛斯的真传，他创造的圆圈歌舞队使人们在旋转中心旷神怡，可你创造的知识助产术却使我在思想的游移中晕头转向。不是我要顾左右而言他，是你，你只要一张嘴说话，我便像一头推磨的驴子一样旋转个不停。请别问了，让我的思想之船抛个锚吧，我需要稳定下来。

苏格拉底：别怠慢了这个问题，游叙弗伦，正如你认为不要怠慢神一样，我们的思想之船已经快要抵达真理的海岸了，因此我绝对不会放松你，在你说出真理前，我绝不离开你。你对虔敬与怠慢一定有真知灼见，否则就不会为了一个家奴状告自己的老父亲杀人，若非你对神的知识了然于胸，否则绝对会惧怕世人的唾沫星子将你淹没。我深信你对虔敬与怠慢有许多独到之见，请不要隐瞒、一一告诉于我，请问虔敬是什么？怠慢又是什么？

游叙弗伦：改天吧，苏格拉底，改天改天，我突然想起来有件急事需要处理，回见，回见。（从舞台左侧下）

苏格拉底：（向着游叙弗伦离开的方向做挽留的姿态，沉默良久后说）发生什么了？老伙计。你就这样丢下我飘然而去了。改天？可是苏格拉底还有几个"改天"呢？我本来抱着大希望，想在尊贵的游叙弗伦的启示下，学会敬奉神灵之道，以便改掉之前的愚昧与荒唐，不再信口开河、鲁莽行事，在神的惠临下获取智慧，重新做人，看这样做会不会使莫勒图斯撤销对我的诉讼。或者，即使我这次已成必死之人，若是能在弥留之际有幸学习敬神之道，也不枉此生来过一回啊。可是，我的尊贵的老师游叙弗伦就这样离开了，一切希望皆已落空。

（灯缓缓灭掉，聚光照斐多和厄刻克拉特斯）

厄刻克拉特斯：虽然我当时没有在场，但经你讲述，苏格拉底的音容笑貌完全如在眼前。

斐多：是啊，老师时常用他那玩世不恭的举止，隐藏着他那颗高贵、审慎的心灵。他像个悲剧演员那样因游叙弗伦的溜走而嘶吼叫屈，让我们在场的人真的以为苏格拉底面对死亡变得懦弱、紧张。

可大家很快又都反应过来，苏格拉底在表演，只是我们都不知道他在表演给谁看。

厄刻克拉特斯：不过据说游叙弗伦跟苏格拉底的对话发生之后，很快对他父亲提出了撤诉。

斐多：是啊，游叙弗伦尽管在关于敬奉神灵的知识方面不如他自以为的那样高明，可在敬奉神灵的行动上，他绝对强过要将苏格拉底逼向绝境的莫勒图斯。

厄刻克拉特斯：审判将近了吧？

斐多：快了。

三 第一合唱歌

歌队自观众右方进场。

歌队：

现在碧空如洗，万物仍一派葱茏和成熟

对于如此朝圣之行

需要永恒的太阳和不朽大地的生命

在清新的光明中

我们和世界闪耀着光辉

金色而宁静的青春在我们心中

我们之中的生命是海洋的新生的岛屿

第一个春天在这里开始

雅典的美的幻影摄住我

宛若母亲的形象从死者的国度返回来

生命中有伟大的时刻

我们仰望它们

宛若瞻仰将来和古典的宏伟景观

啊,雅典!
当我朝那个方向眺望
奥林匹亚的幻影从蔚蓝的晨曦中升起
我时常为此感到悲伤

就像一阵无迹可寻的轻风
在平静的大海上跳舞
如天使的羽毛一般轻柔
正午就这样来临
万物任其天性舒展
漫游者抵达他的应许之地
幸福将年轻的生命环绕
正午就这样来临

在美好与成熟之间
我们快乐地徜徉了多久?
多久?这是时间或者历史无法解答的问题
就像一条船驶入最宁静的港湾
靠近海岸、贴近海岸
岸上是无时间的可能世界
你想要歌唱吗?我的灵魂
你想要跳舞吗?荣耀的雅典人

可是,伟大者不是已经逝去了吗?
如他们曾经来过
正午不是正在过去吗?
如它已经到来
当我们穿过精神的乐园后不会悲伤吗?

当我们抵达无际的虚无时不会迷失吗?
听啊,掘墓人的铁锹已经深入地底
你们有没有听到泥土哭泣的声音?

先重复第一幕情景。之后出现转机:
舞美:顶灯打入一人之身(苏格拉底);整体灯光急速闪烁,造成紧张局势。
表演:苏格拉底意欲摘下蒙着他眼睛的白布,其他人阻拦,表现出威胁、咒骂、劝告、恐惧等形态。苏格拉底终于摘下白布,扔到地上,在顶灯的照耀下向舞台一侧跑去。

四 第二场

天:公元前399年。
地:雅典法庭。
人:斐多,厄刻克拉特斯,苏格拉底,柏拉图,克力同,克力同布鲁斯,莫勒图斯,阿努图斯,卢孔,卡利亚,凯瑞丰,皮提亚的女祭司,德尔菲神庙的阿波罗,政治家,诗人,匠人,法官三人。
莫勒图斯:尊敬的五百零一人法官,以上是我的全部讼辞。
法官2:莫勒图斯说出了我们的心里话啊。
法官3:是啊,苏格拉底这个人平时经常搞怪,这次没想到被一个毛头小子给抓住了尾巴。
法官2:莫勒图斯刚才要提议对这个怪老头处以怎样的刑罚?
法官1:(缓慢、严肃、不容置疑地说)死刑。
柏拉图:雅典人啊,在登上这个台子的所有人中,虽然我是最年轻的一个,但我绝对有充分的证据证明苏格拉底的罪名实属子虚乌有。
法官三人、莫勒图斯、阿努图斯、卢孔:下去!下去!滚下去!

（在喧闹声中灯灭，柏拉图下，聚光照斐多和厄刻克拉特斯）

厄刻克拉特斯：那人是柏拉图？原以为柏拉图的挫败从叙拉古才开始，没想到刚说一句话就被雅典人赶下了台。对了，听说在法庭审判现场，你哭了？一个面容俊美的少年流泪是常见的，可让斐多流泪却不常见。是因为什么？

斐多：因为雅典人，我为雅典人对苏格拉底的残忍而生气，为他们的盲目而伤心流泪。

厄刻克拉特斯：想起这样的往事不免仍使人心寒，你还能接着讲吗？斐多。

斐多：能将那些真相讲出来，虽然心寒，但也同样有爽朗之感。当莫勒图斯读完讼辞，那时我们才明白这件事是一场阴谋，莫勒图斯并非单枪匹马一人，站在他身后的阿努图斯、卢孔等人才是狠角色，这些肉食者们，以及为肉食者摇旗呐喊的喉舌们，站在一起像一群狼一样逼视着苏格拉底，恨不得立马就将他吞咽。

厄刻克拉特斯：是啊，野兽面对猎物，怎么还能坐得住呢？他们或许也能容忍苏格拉底逃出雅典、消失在他们的视线之外，但如果这个人还在，并且到处唠唠叨叨乱讲，那么他就必须死。

斐多：老师就是在这样的处境中开始了他的申辩。

（灯亮）

（法官们议论纷纷，一片嘈杂）

（谈话方式：真话与假话）

苏格拉底：雅典人啊，那些控告者如何影响了你们，我不知道。在听了莫勒图斯充满说服力的讼辞之后，连我自己也好像被他给说服了，以为自己真犯了像莫勒图斯所指控的那些罪名。可是，莫勒图斯，你的嘴里有真话吗？

莫勒图斯：句句属实。

苏格拉底：信口雌黄！

莫勒图斯：世人啊，你们如果与苏格拉底遭遇，可要格外小心，这人说话聪明，很容易把人拐跑。

苏格拉底：你可真不害臊？不怕被我用事实立马驳倒？我无论如何不像说话聪明的，除非是，你把说真话叫作说话很聪明。

（法庭辩论术与辩证法）

莫勒图斯：听啊，一个演说家的表演开始了。

苏格拉底：凭宙斯，雅典人啊，我此刻的申辩未经过任何精心设计和刻意修饰，都是临场发挥的字句，面对雅典人，我相信我足够光明正大；况且，在我这个年纪也不会再像三岁小孩那样说胡话。

阿努图斯：瞧瞧苏格拉底，他现在说话就像在钱庄柜台边或别的地方惯用的套路一样。

（一片喧哗）

苏格拉底：请安静！你们不必惊讶，说来惭愧，我这个老头子活了七十年，还是第一次到法庭上来，对于讲官话还完全是个门外汉。因此我请求你们不要管我的说话方式，只听我所说出的想法，看我说的是否正当。这是你们——法官们的德性，而我——演说家的德性就是说真话。

（第一波控诉）

卢孔：苏格拉底，别绕来绕去，有什么话就尽管说吧，这可能是你最后一次进行申辩了。

苏格拉底：别着急，卢孔，我的申辩先不针对你们，先让我说说最初的控告者吧，随后再针对你们申辩。

阿努图斯：难道在我们之前，还有人对你提出了控告？

苏格拉底：难道你是现在才知道，阿努图斯？比起你们，我更怕他们，虽然你阿努图斯、莫勒图斯、卢孔，你们也很可怕。可是谁将你们教育得如此可怕呢？是那些更可怕的人，他们四处散布谣言：

（背景声音，需要提前录好）

苏格拉底，苏格拉底，

这家伙可颇有智慧，

关心天际云端，考察地上万物；

把弱的说成强的，把假的说成真的；

他把年轻人教育成一个个老练的雄辩家，

满嘴谎言的演说家和圆滑诡诈的政治家。

苏格拉底：他们假以这些名目，不就是为了强加给我不信神的罪名吗？

法官1：他们是谁？

苏格拉底：问得好，是啊，他们是谁？我也想知道。在很久以前他们就在控告我，并且将这些观点传达给雅典的青年们，在这些青年最易轻信于人的年纪里。这样一传十，十传百，这群控告者实在是太多了，就像狂风般席卷庄稼的蝗虫一样多。

法官2：快说出他们的名字，苏格拉底。

苏格拉底：这才是最没道理的地方，这群满怀嫉妒的人躲在暗处，我根本无法知道或者说出他们的名字。

法官3：苏格拉底，在这么严肃重要的申辩场合，你遮遮掩掩，该不会是在说疯话吧？

苏格拉底：雅典人啊，要试着在这么短时间里，从你们中间打消那么长时间持有的恶意，这显然太难了。但我还是要尽我所能进行申辩。一方面，我自问心无愧，结果全凭神去定夺；另一方面，我必须遵守法律把这场申辩做完。

阿努图斯：难道那些声音对你的指责有假吗？

苏格拉底：是啊，阿努图斯，你以为你是这棋局的操控者，可只要细想，你会发现你自己也不过是一颗棋子。而操控着你的人说我苏格拉底为非作歹，忙忙碌碌，寻求地上和天上之事，把弱的说法变强,并把这些教给别人。凭宙斯,我在这些有关自然事物的知识上绝对是个白痴,你们别笑,我这样的白痴怎么敢与智者相提并论呢?

阿努图斯:即使外人这样批评你不足为信,可你的老朋友阿里斯托芬也曾这样说你,苏格拉底。他在喜剧《云》中将一个打扮得像苏格拉底的人搬上舞台,吹嘘自己可以在空气中走路,嘴里念叨着颠倒是非的疯癫话。

苏格拉底:哼,可笑。真是荒唐,难道现在还有人不明白"不能跟诗人较真儿"这个道理?戏剧不是这样看的,雅典人啊。我绝对没有打肿脸充过智者,你们当中许多人都可以做我的证人,请说,你们当中有谁听我宣讲过有关自然的知识?(众人面面相觑)完全是莫须有啊。还有,如果我苏格拉底是个智者,你们当中有谁向我苏格拉底交过学费?今天,我看到希波尼科的儿子卡利亚也在我们中间,听说希波尼科为了教育他的两个儿子,在智者们身上花的钱比所有别的人都多。我不妨问问他:你心里想给你的儿子找什么样的人来做教师?

希波尼科:我要找一位能将我儿子塑造成一个好人和好公民的教师,苏格拉底。

苏格拉底:那你找到了吗?他是谁?从哪里来?

希波尼科:他是巴罗斯的欧埃诺斯。

苏格拉底:要交学费吗?

希波尼科:当然要交,苏格拉底,我给了卡利亚五个米纳。

苏格拉底:如果欧埃诺斯真有这技能,会循循善诱,堪当老师之大任,那真是让我钦佩羡慕,我要是懂这些就好了,那样就可以坐拥百万,自我膨胀。可是对于这些智者的事务,我一概不知不会,很惭愧啊,雅典人。

法官1:那么,苏格拉底,这到底是怎么回事?对你的污蔑到底从何而来?如果你所言所行与普罗大众无异,那么并不会出现这么多对你的流言蜚语。请告诉我们你出了什么事吧,以免我们这群法官对你的判决太过武断。

（无知之知）

苏格拉底：你说得很对,我必须想办法为自己正名。雅典人啊,我之所以遭人诋毁,不为别的,正是因为智慧。人间的智慧与智慧本身相区分,而对于智慧本身,我不懂,谁说我懂,谁就是在说谎,他们说谎是为了污蔑我。而对于人间的智慧,我承认,我或许真有一些。

（众人大笑）

苏格拉底：不要喧哗,安静！或许在你们中的一些人看来,我是在说笑话,或者在说大话。可这笑话、大话不是我说的,而是你们认为的可信赖者说的话,我要向你们举出这个证人,它就是住在德尔菲神庙的阿波罗。这还要怪我少年时的伙伴,那个疯疯癫癫的凯瑞丰。他也跟你们诸位一样,在伯罗奔尼撒战争失败、三十僭主统治雅典时逃亡,之后又和你们一起回来。（喧哗声起）你们不要吵。

（灯灭,凯瑞丰、皮提亚的女祭司、德尔菲神庙的阿波罗上,聚光灯打在左侧凯瑞丰、皮提亚的女祭司、德尔菲神庙的阿波罗所在处）

凯瑞丰：我说诸位,要是让我来说,整个阿提卡平原,就属我的老伙计苏格拉底最有智慧。美丽的女祭司,请问：是否有人比苏格拉底更智慧？

皮提亚的女祭司：吗咪吗咪……（念咒）

德尔菲神庙的阿波罗：没有人更智慧。

（灯亮,凯瑞丰、皮提亚的女祭司、德尔菲神庙的阿波罗缓缓地下）

苏格拉底：这个口无遮拦的凯瑞丰已经去世,可他的同胞兄弟在你们中间，他可以做证。

法官2："没有人更智慧"？神说的究竟是什么？这到底是个什么哑谜？

苏格拉底：我自知，无论在大小事情上，我都没有智慧。但神不会说假话，他说我最智慧，到底原因何在？好长一段时间，我都不明白神说的到底是什么，于是我就去拜访了一些据说很有智慧的人，以便可以回应神谕说："银弓之神阿波罗啊，你说我是最智慧的，但现在你看看，这些人比我更有智慧。"于是，我先去拜访了政治家。

（苏格拉底向右侧走去，政治家从右侧上）

政治家：你就是苏格拉底？看样子没什么了不起的嘛。认识我吗？在整个雅典，我说一，没有人敢说二，为政者靠的是手腕，手腕就是最高的智慧。

（政治家下。阿努图斯向后移动，为了让别人看不见他）

苏格拉底：阿努图斯，不必刻意躲藏在莫勒图斯后面。瞧瞧嘛，雅典人，那些声名显赫者是多么缺乏智慧。我不甘心，又去拜访了诗人。

（诗人从右侧上）

诗人：来来来，苏格拉底，快看我新写的诗，来，读读看，这是缪斯对我的馈赠，缪斯赋予了我冠绝常人的智慧。

苏格拉底：当时我们在场的人谈论这位诗人心血灌注的诗篇，无不啧啧称奇。可是我很快明白过来，作诗不是靠智慧，而是被灵感激发，就像那些先知和灵媒：他们说了很多高深莫测的言辞，但却并不理解自己在说什么。（诗人下。莫勒图斯气愤状）莫勒图斯，别气愤，我可没说你，你现在可能只算得上半个诗人。为了向神回应，我只能继续寻找，于是碰到了匠人。

（匠人从右侧上）

匠人：苏格拉底，你看这种皮革怎么样？这是我新设计的款式，要经过十八道工序，哈哈哈，以后买皮革就找我，其他人哪儿有我智慧？可别听其他制革匠人瞎忽悠。

苏格拉底：我的确在创制手艺上不如匠人们，他们知道我所不知道的，在这一点上比我智慧。但是这些能工巧匠和诗人有着同样的毛病，因为在自己天赋的技艺方面挥洒自如，就一个个自以为在别的事情上，哪怕是天下大事上也最有智慧。何等的自以为是啊，雅典人。（阿努图斯再次往后躲藏）阿努图斯，你怎么又溜到后面去了，是在恐惧什么吗？（苏格拉底走向舞台中央原来的位置）就这样经过数次拜访，我发现我并不像他们那样智慧，也不像他们那样愚蠢，可是像我这样知道并承认自己没有智慧，你们，你们谁又能做得到呢？这或许就是神谕所要表明的吧，我们——人几乎什么也不是，我们的智慧几乎什么价值都没有。正当我这样省察时，阿波罗神托梦给我。

（灯灭，阿波罗从右侧上，聚光打在阿波罗处）

德尔菲神庙的阿波罗："人类啊，你们中最有智慧的，就是像苏格拉底那样，知道就智慧而言，他真的一无是处。"

（灯亮，阿波罗下）

苏格拉底：正因此，我现在还在按照神的意愿，四处寻求和追问每一个我以为有智慧的公民和外邦人。每当我发现他不智慧，我就替神证明，指出此人不智慧。就这样，我一次次刺痛人们的神经，于是一次次，我遭到了很多人的忌恨，那是最苛刻和最沉重的忌恨，因而他们带着仇恨污蔑我也就不觉得有什么奇怪了。当他们说到苏格拉底的智慧时，都满腔怒火，把牙齿咬得咯吱响。可我不在乎这些，为了服务于神，我无暇从事城邦里那些值得一提的事务，更没空顾及日常家务，我因服务于神而陷入赤贫，但绝不后悔。

（反败坏青年的第一轮答辩）

卢孔：苏格拉底，你这不留情面的家伙，把一件龌龊的事情说得这般高尚，说我们忌恨你，难道事实不是恰恰相反：是你苏格拉底嫉妒我们，才一而再，再而三地用你那些聪明话攻击我们？可毕竟我们人多，当你自己力气不够时，便教唆雅典的青年跟你一起学坏，他们年纪轻轻，却一个个学着苏格拉底的口吻在大街上撒风。

苏格拉底：我并未教唆他们，卢孔。一些出身名贵的有闲青年，他们自愿追随我，他们乐于听我省察你们，自己便经常模仿我，还试着省察别人，于是那些自愿追随我的年轻人也招致了你们一些人的忌恨。可这些人并不对年轻人生气，而是怪罪我败坏了年轻人，对我罪加一等。雅典人啊，针对那些最先对于提出控告的、隐藏身份的控告者，向你们做这些申辩，就该够了。

可是我犯了什么罪名呢？好说，欲加之罪，何患无辞嘛。莫勒图斯要为诗人鸣不平，阿努图斯要为那些匠人和政治家鸣不平，你卢孔要为演说家鸣不平，那就来吧。你们这些热爱城邦的大好人，你们很精明，知道不用说服我，说服他们——雅典人就够了。

（第二轮当庭论辩）

莫勒图斯：你这个败坏青年的小人。

苏格拉底：来吧，莫勒图斯，回答我，使雅典的青年们变得有教养，难道不是一件大功德吗？

莫勒图斯：我同意。

苏格拉底：现在，告诉大家，是谁把青年们教育得更好了？显然你知道，因为你关心对青年的教育，否则你绝不会以败坏青年之名将我逼到这里。那么请说出来，披露给大家，莫勒图斯，谁把他们教育得更好？你不说话，没什么可说的？这不可耻吗？来吧，请说，谁把他们教育得更好？

阿努图斯：（悄声对莫勒图斯）说，是法律。

莫勒图斯：对对对，法律，是法律使青年们变得更有教养。

苏格拉底：我的大好人莫勒图斯啊，你完全是答非所问。那么请你告诉我，最先就已知道这法律的人，是谁？

莫勒图斯：（手指法官）他们，法官们。

卢孔：（悄声向阿努图斯）情况不妙，莫勒图斯正被这个老滑头往圈儿里带。

阿努图斯：（悄声，阴阳怪气）不论如何，苏格拉底必须死！

苏格拉底：凭赫拉，你讲得真好，吾邦青年的教育者真是人才济济啊。在列的各位法官，以及雅典议会的议员们，他们呢？他们会有助于青年教养吗？

莫勒图斯：他们会。

苏格拉底：那么莫勒图斯，在公民大会上呢，参加大会的那些人们，是不会败坏青年的？或者他们也都会把青年变得更好？

莫勒图斯：是的，他们也会，他们都是年轻人的好教师。

苏格拉底：看来，除了我这个糟老头子，雅典人都会把年轻人变得高贵，只有我败坏他们。你是想这样说？

莫勒图斯：这完全是我的意思。

苏格拉底：大谬！莫勒图斯，就像对于一匹马来说，只有很少的精于驯马者才会使马变得更好，而大多数人使用马匹都是在败坏他们。试问，对于一个青年来说，别人都帮助他，唯有一人败坏他，这样的青年不是正在享受天大的福分吗？

阿努图斯：苏格拉底，不要狡辩，任你怎么说，你败坏青年之罪已成铁定的事实。

苏格拉底：当着宙斯的面，你对我们说，莫勒图斯，是在善良的公民中过日子好，还是在邪恶的公民中过日子好？回答我。难道不是恶人总对身边人做坏事，好人做好事吗？

莫勒图斯：当然是。

苏格拉底：那么，是否有人更愿意遭到身边的人的伤害，而不是得到帮助？回答我。有人愿意被伤害吗？

莫勒图斯：当然没有，怎么会呢？

苏格拉底：那么，你逼我到这儿来，说我败坏青年，把他们变得更坏，是有意的还是无意的？

莫勒图斯：当然是有意的。

苏格拉底：骗子！难道你不懂得这个道理：如果我要给身边的人带来痛苦，他们就会对我群起而攻之，那样我就会冒着被他们伤害的危险，难道我这个老奸巨猾的老家伙会蠢到去有意做坏事吗？雅典人啊，你们信吗？我显然并非有意败坏青年，那么便会有两种情况，我要么并未败坏青年，要么败坏了他们，但是无意的。退一万步讲，即使我在无意之中真的败坏了他们，我也并不用被你们逼到这儿来，而应该让别人私下教育和警告我，因为雅典的法律如此规定。可你莫勒图斯却回避与我交往，教育我，而要置我于死地。试问居心何在？

卢孔：苏格拉底，瞧瞧瞧瞧，你总是用你聪明的语言把我们绕进去。我们在诉状中说得很明白，你通过教给青年不信城邦信的神，而是信新的精灵之神，你就是通过这样做败坏了青年一辈。

苏格拉底：让莫勒图斯来说吧。你是认为我教育青年们信有神存在，但不是城邦信的神，或者你说我根本不信神，并教导别人也不要信神？

莫勒图斯：你根本就不信神，苏格拉底。

苏格拉底：奇怪的莫勒图斯啊，难道我不是和你们一样，信日月为神吗？

莫勒图斯：凭宙斯，法官们啊，苏格拉底经常说那神性的太阳是石头，高贵的月亮是泥土。

苏格拉底：亲爱的莫勒图斯啊，你是把在场的各位都当不通文墨的三岁小孩了吗？你说的这些来自于克拉佐美尼的大哲阿那克萨戈拉的著作，大家只要花一个德拉克马，就可以在剧院的乐队师傅那里买到，你以为我苏格拉底是拾人牙慧之徒？面对宙斯，你竟开出了这等玩笑？到底你谁不信神，你还是我？请再次回答，我在你看来是这样吗？我果真不信神的存在？

莫勒图斯：宙斯在上，你苏格拉底何时虔敬于神？

苏格拉底：真是狂妄放肆，荒谬绝伦，莫勒图斯，试问你说出的这些话，你自己会相信吗？你仿佛在说：信神的苏格拉底因为不信神而作恶多端。岂不是自相矛盾？（喧哗声起）请安静，记住不要喧哗。请回答我，莫勒图斯，是否有人相信有人间战争存在，但又不相信有人存在？是否有人相信没有笛子，而有笛声存在？怎么不说话？那么我替你回答，是否有人相信有信仰精灵之事，而不相信有精灵？

众人：莫勒图斯，请回答，怎么了？快回答。

莫勒图斯：没……没有。

苏格拉底：太好了，莫勒图斯，你终于吞吞吐吐说出来了。您看啊，你在诉状中说我信仰精灵，并且将精灵之事教授于人。精灵当然就是神或神的孩子，不是吗？

莫勒图斯：当然是。

苏格拉底：倘若如你所说，我认为有精灵，而如果精灵们是神的某个子女，为女神所生，或者无论你说别的什么所生，大概不会有人认为，有神的孩子存在，但没有神存在吧？这太奇怪了，就如同说马和驴的孩子，也就是骡子存在，而马不存在，驴也不存在。你就是想通过这样粗制滥造的讼辞来控告我吗？莫勒图斯，你就这样明目张胆地欺骗世人，你说一个相信有关精灵或神的事情的人，却又不信精灵、神、英雄。

（众人大笑）

苏格拉底：莫勒图斯，这不怪你，要置我于死地的又怎么会是你一个人呢？我先前已经说明，忌恨我的人不在少数，这是真的。雅典人啊，我并不像莫勒图斯在诉状中所说的那样不信神灵，为非作歹，我想现在不需要我再为此做更多申辩了吧？这就够了。

阿努图斯：哼，苏格拉底，要么一开始就不该把你带到这里来，要么，既然你被我带来了，就非死不可。雅典人啊，杀了苏格拉底，不然你们的孩子都会践行苏格拉底教导给他们的，这样你们的孩子就全被苏格拉底给败坏了。

法官1：苏格拉底，现在我们不听阿努图斯的话，我们想放了你，但有一个条件，请你不要再花时间去追求智慧，也请你不要再教育青年。

苏格拉底：雅典人啊，我向你们致敬，爱你们，正如你们爱我，但是我首先要听神的话，而不是你们的。只要我还有一口气在，我就根本不能停止追求智慧。当我遇到你们中的每一个人，我都会这样激励他：最好的人，你是雅典人，这个最伟大、最以智慧和力量著称的城邦的人，你只想着聚敛尽可能多的钱财，追求名声和荣誉，却不关心，也不追求智慧和真理，以及怎么使灵魂变成最高的，你不为此而自感羞愧吗？要知道，雅典人啊，德性不来自金钱，而是，金钱和人类所有别的好处，无论个体还是城邦的，它们之所以好，都是因为德性。你们要清楚，不是我苏格拉底好为人师，而是神命令我这样对你们说的。

法官1：可是死了，就什么都没有了啊，不要再一意孤行了，妥协一下，我们让你活，苏格拉底。

苏格拉底：雅典人啊，我不会因为怕死而向一个违背正义的人屈服，哪怕不屈服就会死去。不论你们是否已被阿努图斯说服，不论你们是否想放过我，我都不会不这么做，为了践行神意，虽九死而不悔。

克力同：苏格拉底，我克力同，还有我的儿子克力同布鲁斯都可以做你的证人，这里，你的好多朋友，连带他们的父母兄弟，都可以做你的证人，我们都会帮你。

苏格拉底：看哪，法官们，这群人，他们为什么帮我？若非有正义和正当的原因，若非他们明知莫勒图斯在说谎，那还有什么原因来帮我？

克力同：老兄啊，俗话说"忍一时风平浪静"，该服软时咱服个软，应该学学那些其他官司在身的人们，泪流满面地向法官们恳求，或者让克珊提娅把你的儿子们带来，以及好多亲戚朋友，这样或许能博得法官们最大的同情。

苏格拉底：真是荒唐，这滑稽可笑的表演适合悲剧演员，却非我所能为。最好的人，我也有家庭。因为就像荷马说的，我不是"出生于岩石或古老的橡树"。我为父母所生，也有家庭，还有儿子，并且有三个。但我不需要带他们中的任何一个上来，苦苦哀求雅典人投票放过我。

克力同：怎么到现在还这么执拗呢？苏格拉底，别犟了。

苏格拉底：不是这样，克力同。是因为声望，声望关乎德性，无论是我，你们，还是整个城邦，如果面对即将到来的可怕事物就委曲求全，都是不大高贵的；死有何惧？如果雅典人不杀我，我就会永生不死吗？克力同啊，请你牢记，哀求法官是不对的，靠乞求逃脱更是大不敬，因为法官占据那席位，不是为了施舍正义，而是要裁判争议，否则就是对神不敬！凭宙斯，莫勒图斯加我以不虔敬的罪名，如果我乞求于法官，不就正好坐实了我不虔敬的罪名吗？我信神，雅典人啊，我请你们和神抉择，是死是活，全凭诸位定夺。

（第一次投票）

众人：（挨次看向对方，有人期待，有人恐惧，有人暗笑，有人痛苦，有人高声，有人悄声，有人惊喜，有人呆滞）投票开始了……

法官1：281票对220票……

克力同：谁的多？谁的多？谁的多？

法官1：281票对220票，判苏格拉底有罪。

克力同：（捶胸顿足）啊……

阿努图斯：哈哈哈哈哈……

苏格拉底：克力同，不要伤心。雅典人啊，我不生气，因为这样的结果并不出我所料，反而出乎我意料的是，我觉得反对票怎么会只是多出一点？如果莫勒图斯没有阿努图斯和卢孔相帮，差点儿就要输掉官司，那样他就要付一千德拉克马的罚金给法庭。

莫勒图斯：别瞎操心了，苏格拉底，快想想你自己吧，神圣的雅典法庭对你提出了死刑，快点想想，你可以向法庭提出什么来替代死刑？

苏格拉底：替代？凭我的品行可以吗？我一生没有庸庸碌碌地度过，我不关心众人所关心的，理财、治家、领兵、演讲、当政，这些我都不关心，也未曾参加城里的朋党和帮派，我简直太忠厚本分了。并且我私下在你们每个人那里，做有最大好处的功业，我劝你们关心自己的灵魂，关心城邦的灵魂。我这样一个需要闲暇来劝勉你们的贫穷的恩人，应得到什么好处呢？如果真要按照我的品行提出我应得的，雅典人啊，我认为最合适不过的就是在政府大厅里用膳。就像奥林匹亚运动会上赢得比赛的骑手们，我比他们更配得上在政府大厅用膳，凭我的品行。

法官2：苏格拉底，请注意场合，不要大放厥词。

苏格拉底：唉，雅典人啊，这不怪你们。我不曾为非作歹，至少不曾有意为非作歹，而是在为雅典城邦造福，我相信我不会因为自己的品行而受到恶报，所以真的想不出除在政府大厅用膳之外的其他惩罚方式。可是我们相谈的时间太少，在这么短的时间里，要将自己从拜莫勒图斯所赐的这么大的污蔑中解脱出来，实属不易。

克力同：苏格拉底，对他们说，监禁，监禁，让他们对你处以监禁吧，只要活着就有翻身之日。

苏格拉底：我为什么要在监狱里生活，给每届选出来的当权者当奴隶，给约束我的十一人官当奴隶？

克力同：要不选择流放？你知道我克力同朋友遍天下。

苏格拉底：流放？我的同胞公民都不能忍受我的行事与言辞，

你觉得外邦人就能忍受吗？我要在他们的忌恨中一次又一次地逃往另一个城邦，这可真是高贵的生活。

克力同：要不咱们以罚款代替吧？苏格拉底，老伙计，别死。

苏格拉底：对我来说，罚款和监禁是一样的，克力同。而且我这个穷酸老头，从哪儿弄那么多钱付罚款呢？或许这样也行，付我能承担得了的罚款，这不会伤害我。那就出一个米纳吧，不能再多了。

（莫勒图斯、阿努图斯、卢孔等人偷笑）

克力同、柏拉图、克力同布鲁斯：我们出三十个米纳，苏格拉底，我们帮你出。

克力同：好，那就三十个米纳吧，这些人都是我可信赖的担保。

（莫勒图斯、阿努图斯、卢孔等人心里犯嘀咕）

（第二轮投票）

法官1：开始第二轮投票。

众人：（依次传告）要结束了？……

法官1：投票结果，361票对140票，判苏格拉底死刑，不日行刑。

（长久的沉默，有人终于歇了一口气，有人因受惊长时间不能反应过来）

苏格拉底：不必难过，克力同、柏拉图、克力同布鲁斯。雅典人啊，你们或许以为，你们赢了，你们赢了这个可恶的苏格拉底，就在今天，这个伶牙俐齿的苏格拉底，完全丧失了用语言蛊惑人心的力量。错啦，雅典人，我很难赢得你们，不是因为我笨嘴拙舌，而是因为缺少无耻之心，我宁愿选择这样申辩而死，也不愿选择庸庸碌碌、苟且偷安，就像我当年在战场上冲锋陷阵的时候一样。

投票判我以罪的人们，我愿对你们预言，这是临死之人的能力所在：凭宙斯，我死之后，你们的报应也会很快降临，那将远甚于你们施以我的惩罚。你们以为摆脱我，就会摆脱对生活的检验吗？我死之后，会有更多的人去检验你们的生活，他们更年轻，也会更严厉。

至于为我投票的人们，我们可以愉快地谈论所发生的事情，趁着法官大人们还忙着，趁着我还没有回到冥界哈德斯。诸位，我们在这儿待一会儿吧，趁着一场闹剧刚散场，我们不妨以朋友的身份互相聊聊天。朋友们，唉，或许我叫你们法官们才对。在以前的时候，只要我做事不对，那个伴我左右的精灵的声音就会出来反对我，哪怕是小事。但在今天，从早晨离家，到现在结束审判，那个精灵的声音始终未曾出来阻拦我。

克力同：为什么会这样呢？苏格拉底。

苏格拉底：或许，我的这次遭遇是一件好事，克力同。你认为死是坏的，那样不对。

克力同：可是，苏格拉底，死了就什么都没有了。

苏格拉底：克力同，那只是死的一种说法，说死就是什么也不存在，因为死者没有任何感觉。但还有另一些人说，死就是发生一种变化，就是灵魂从这里飞跃到别的地方去。即便按你所说，死后就失去感觉，如同睡觉，而且入睡后还不用做梦，那死岂不是一件很神奇美妙的事情？在人一生经历所有夜晚，哪会有比这样的夜晚更好、更舒服？而如果按另一些人说的，死就是去另外一个地方，所有逝去的人都会从这些所谓法官中得到解脱，去往哈德斯，那时他会发现真正的法官，米诺斯、拉达马索斯、埃亚库斯、俄耳甫斯、赫西俄德、荷马，他们都在那里。如果能与这些前辈生活在一起，你们当中谁不愿意为此付出高额的代价呢？

并且我会在那里继续践行神的旨意，做我以为最大的好事——去省察和询问那里的人们，就像我在这里——雅典——所做的那样，看他们谁有智慧，谁自以为有智慧，其实没有。我要省察带领大军攻打特洛伊的英雄们，省察奥德修斯、西西福斯，或者你们能提到

的其他无数先辈，那将无比幸福。当然，那里的人们绝不会因此杀人。（重读）

是时候了，该走了。我去死，你们去生。我们谁做得更好，由神来裁决。

五　第二合唱歌

歌队自观众右方进场。
歌队：
A：噢，亲爱的朋友
为何你的思想如此神圣，如此宏大？
B：因为我能，因为我有苏格拉底相助
（注：这里是对答）

苏格拉底，他在路上趾高气扬地走着
转动着双眼
虽打着赤脚，忍受困苦
却神情庄严地盯着我们
任何人的不义之举都被他看在眼里

苏格拉底，他曾教欧里庇得斯写诗
欧里庇得斯的悲剧《佛里基亚人》
正是苏格拉底为他添加柴火
还有阿里斯托芬和阿伽通
苏格拉底在阿伽通的家里
彻夜教他两人写诗
柏拉图在《会饮》中记载了这些

苏格拉底，他是雕刻匠索佛隆尼司科斯的儿子
他唠唠叨叨如法庭的讼师
他神神道道如神庙的巫师
他巧舌如簧如异邦的骗子
这人对杰出演讲嗤之以鼻，假装无知
实则是内心高傲之徒

苏格拉底
他生活节俭，安贫乐道
那紫色的长袍和闪亮的银盘
适合悲剧演员所用
却非我们的苏格拉底生活所需

噢，苏格拉底，那个正当渴求大智慧的人
在雅典人和希腊人中他悠闲度日
是多么幸福，他记忆惊人，思维缜密
愿意忍受劳苦
他从不疲倦，无论站立还是行走
他不因严寒冻僵，不为早餐饥渴
他戒除酒肉美食，以及一切愚蠢之举

你们都说苏格拉底死于民主
死于雅典人的愚蠢和盲目
可是，看到了吗？
事情的真相又怎是历史可以言说？
雅典人清楚地知道苏格拉底的人格
亦如我们现在所追思的那样伟大
可是苏格拉底之死还有可能扭转吗？

期望苏格拉底活下来的好人们
我跟你们同样悲伤

舞美：灯光暗淡，影影绰绰，忽明忽暗。

表演：一群人以白布蒙眼在舞台上移动，脚步虚弱，毫无生气，队列散乱，慌慌张张重复：苏格拉底眼睛瞎了，苏格拉底眼睛瞎了……

没有白布罩眼的苏格拉底穿梭在这群人中，欲帮助他们解下白布而不得。

六　第三场

天：公元前399年。

地：雅典牢房。

人：斐多，厄刻克拉特斯，苏格拉底，克力同，白衣女神。

（聚光灯亮，斐多和厄刻克拉特斯从右侧上）

斐多：还在回味苏格拉底的申辩吗？

厄刻克拉特斯：是啊，面对苏格拉底的义正词严，雅典人怎么会那么盲目呢？

斐多：普通人往往在事情过去后才懂得去反思，生命中的好多遗憾大概都是因为一种无反思的生活才发生的吧。就像苏格拉底教导我们的：未经省察的生活是不值得过的。

厄刻克拉特斯：有一件事让我觉得奇怪，为什么在判决下达后，雅典人拖了很久才对苏格拉底行刑？

斐多：这太偶然了，厄刻克拉特斯。碰巧在审判前一天，雅典觐神团的船只启程前往德罗斯。按照雅典的规矩，觐神期间城邦必须保持洁净，不得执行死刑便是其中一条。因为这样，苏格拉底才从判决到被处死，在狱中度过了很长时间。

厄刻克拉特斯：原来是这样。听说在那段时间里，你们中间克力同最为激动，这个古道热肠的老人，为苏格拉底逃脱死刑谋划了好多方法。

斐多：是啊，在苏格拉底被关押的那些时日，克力同几乎每天都去狱中看望苏格拉底。

（斐多、厄刻克拉特斯下。灯光昏暗，苏格拉底正在床上酣睡，聚光打在舞台右侧女神处）

白衣女神：正午降临，命运示现。

爱欲灵魂的苏格拉底，

请接受永恒之源泉的赠礼，

在第三天，你就会来到弗西亚的肥沃土地，

那是拥有美好声名的英雄阿喀琉斯的故土，

那是垂范千秋万代的哲人苏格拉底的新居。

（聚光灯灭，白衣女神退场。克力同等人急匆匆赶来，不忍心将苏格拉底叫醒，苏格拉底仍在酣睡，不时出现如雷鼾声。克力同来回踱步，时不时凝望熟睡的苏格拉底，不时发出叹息）

［舞台灯光渐亮，黎明时分了］

苏格拉底：（听到叹息声，悠悠醒来，坐起来，看到了克力同）克力同，你怎么来了？现在时间还很早吧？

克力同：（抹去眼泪）是的，时间——，时间还早呢……（他内心想的是，去德罗斯的船今天或许就回来了，明天苏格拉底就要被处死）

苏格拉底：（伸了伸懒腰，走向洗脸泡，边走边说）现在什么时候了？

克力同：刚刚黎明。

苏格拉底：今天的守监是谁？他怎么放你进来的？

克力同：唉，因为你在这儿，我已经算这儿的常客了，那位守监认得我，看情面就放我进来了。

苏格拉底：你刚到还是来有段时间了？怎么不叫醒我？

克力同：凭宙斯，苏格拉底，我也不想因为你的事情整夜哀叹、失眠。刚刚看你睡得那么香，才没忍心把你叫醒，想着让你能够更快活地度过这最后的人世时光。你平生总是这么旷达乐观，真是让我折服，都大祸临头了，还能这么踏实地打呼噜。

苏格拉底：（抖了抖袍子，拍拍克力同的肩膀）我的朋友，为什么这样说呢？到了我这把年纪，死又有什么大不了的。

克力同：（有点激动）但是，苏格拉底，当别的老人发现自己处在相同的不幸中时，当他们的古稀之年不是享受家庭的欢乐而是身处这阴暗的牢狱中时，苍老的年纪并不能使他们免于自怨自艾——苏格拉底，你是不同的。

苏格拉底：（笑了笑）确实如此，不过你还没回答我，今天怎么来得这么早？

克力同：（沉默了片刻）我，带来了一个坏消息，虽然对你来说这消息或许并不坏，但对我们来说，这消息坏透了。

苏格拉底：是从德罗斯出发的船回到雅典了吗？所以今日你来见我最后一面？

克力同：（握住苏格拉底的手）没有，没有，船还没有到，不过今天或许会来。船上有人中途下船，赶陆路回来了，是他们告诉我，船已经到了索尼昂。苏格拉底，索尼昂离雅典太近了，你……你明天就要……就要死了……

苏格拉底：（反握克力同的手）我的朋友，如果这就是神的旨意，我很乐意接受。不过，我认为还有几天我才会死去。

克力同：（抬头看着苏格拉底）苏格拉底，你为什么会这样想？

苏格拉底：因为就在刚才，在睡梦中，我得到了神的旨意，那是一位身着白衣的女神，周身被光芒笼罩，她对我说："苏格拉底，在第三天，你就会来到弗西亚的肥沃土地。"

克力同：苏格拉底，这梦确实不一般。

苏格拉底：我的朋友，这个梦所预示的很清楚，船明天到不了雅典，所以我认为还有几天。幸亏你刚才让我继续睡下去，不然我恐怕不能得到女神的惠临。

克力同：对，这梦很清楚，但是（克力同激动地站起来，在牢中走来走去）我亲爱的老伙计，我求你，我再一次求你，求你听我的安排逃跑吧，如果你真的死了，我将失去我最宝贵的朋友。而且，那些不熟悉你和我的人，还会认为我是一个重财轻友的人——因为我坐拥万贯家财，却没能力救出我最好的朋友。他们不会相信，我多么想要救你出去，你却拒绝了。苏格拉底，你高尚的品格超出了大部分人的想象，可他们不会理解的。这些人，这些可恨的人！他们如果失去理智，就会对任何人做出十恶不赦的事情来！苏格拉底（不再走动，坐下来，握住苏格拉底的手）我求你，求你跟我逃出去吧……

苏格拉底：老伙计，我们为什么要在意他们的想法呢？那些聪慧而有品德的人才是我们应该考虑的对象，而这些人才会相信事情的真相。至于你说的那些人，我倒希望他们能做出十恶不赦的事情，因为如果这样，他们其实也能做救济苍生万民的善事。但事实是，这些既不聪明也不愚蠢的平庸之辈——他们两件事都做不了，无论他们做什么，都是偶然的。

克力同：苏格拉底，我并不想听你说教，至少现在不想听，我只想知道，你不愿意逃跑，是因为担心朋友们吗？你担心我们会因帮助你逃跑而陷入麻烦，失去财产，甚至坐牢。但是亲爱的苏格拉底，你根本不需要担心，为了救你，我们愿意承担任何风险，哪怕失去生命。相信我，只要你听我的，按我说的做就行了。

苏格拉底：（站起来，坐到了床上）克力同，你说的是我担心的一个方面，但绝不是我唯一担心的事情。

克力同：（站起来，坐在了床上，挨着苏格拉底）苏格拉底，别担心了，那些控告你的人，他们首鼠两端，用一点小钱就可以把他们打发掉，我的财产全凭你用。而且不止是我，很多人都愿意把你救出监狱。忒拜城的刻贝斯、西姆米阿斯，他们为了救你带来了很多资金。而且，苏格拉底，你不管去哪里，出了雅典，人们照样喜欢你，我在塞萨利的朋友都很欢迎你，他们会尊重、爱护你。苏格拉底，这么多朋友不惜一切代价来救你，你却放弃求生，甘愿落入那些巴不得你死的敌人手中，这并不公正啊！（苏格拉底无动于衷，克力同接着说）再想想你的孩子吧，尤其是你的小儿子，他年纪轻轻、尚需教养，你要这样狠狠地抛下他们吗？老伙计，别再犹豫了，快点做出决断，今晚你必须离开这里，一刻也容不得拖延！

苏格拉底：（看着克力同）我的朋友，你的热肠让我感动，但如果这热肠有违正当原则，恕我难以从命。

克力同：苏格拉底，我尊重你的原则。

苏格拉底：克力同，我问你，我们可以行恶吗？

克力同：当然不可以。

苏格拉底：好，那么，以恶制恶，是不正义的，对吗？因为对他人行恶和伤害他人是一样的，而恰恰就有许多人，打着以恶制恶的幌子去为非作歹。

克力同：以恶制恶不正义，苏格拉底。

苏格拉底：再请问，一个人不应该知行一致吗，克力同？

克力同：一个人应该知行一致。

苏格拉底：如果这样，那么违背雅典人的意愿离开监狱，实际上我是对他们做了坏事，对吗？那之前被我们视作正义的原则，实际上就被弃之不顾了，对吗？

克力同：（站起来，走了几步，不想听苏格拉底继续辩论下去，背对着苏格拉底）苏格拉底，我知道你又想用你的理性说服我，但这一次我不会认同你的想法。即使任何人，尤其是那些演说家，都说法律的判决必须被执行，但是前提是判决应该正确，可是事实上，（转过身面对苏格拉底）这个城邦伤害了你！法律给了你一个不公的判决。我不能允许我挚爱的朋友屈死在不公的判决之下！

苏格拉底：法律，既然你不愿意听我说，而你又恰恰提到法律，那么不妨让我们请教法律女神忒弥斯，请教她苏格拉底应该逃离雅典还是留下来。

（忒弥斯上场）

忒弥斯：苏格拉底，告诉我，你的心在想什么？你想毁掉这座你所珍爱的雅典城邦吗？请想想看，如果我手中的天平遭到损毁，如果雅典法庭的判决被弃之如敝屣，那么整个雅典还能存在、还不至于天翻地覆吗？

苏格拉底：克力同，听见了吗？法律女神忒弥斯在质问我们，你觉得我们该如何回答？

克力同：秉持公正的女神啊，请听我说，是莫勒图斯、阿努图斯，还有卢孔，是他们合谋冤告苏格拉底，他们的狼子野心您看不见吗？

忒弥斯：克力同，这就是你意欲违反法庭审判的理由吗？你忘了吗？你曾经许诺要遵守国家的审判。不必惊讶，克力同，请回答我，请问你对雅典的城邦和法律有何不满，以至于想毁掉它们？你的父亲正在法律的庇护下才得以娶了你的母亲、生了你啊，若不是有法律，又怎么会有你克力同？难道你对我所创制的婚姻法心存不满？

克力同：女神，我不敢心有不满，但是……

忒弥斯：（做出制止他说话的动作）关于要求父母养育子女的相关法律，比如父亲教儿子音乐与体育，你觉得制定得好吗？

克力同：这很好，女神。

忒弥斯：你既是蒙受法律所生、所养、所教，那么你们祖祖辈辈难道不是我的孩子吗？你会对你的父亲以恶言还报恶言、以拷打还报拷打吗？如果城邦和法律处以苏格拉底死刑，你就费尽心思企图毁坏、摧毁它们，这就是你口口声声想追求的正当吗？

苏格拉底：但凡是雅典人，城邦赫然一怒，我等必须畏惧，忠诚、供奉过于父母；法律命我等受苦我等便要受苦，或鞭笞，或监禁，或负伤或效死疆场，不得有丝毫怨言。我这样回答女神对吗？克力同。

克力同：你说得没错，苏格拉底，那是我们当日对女神共同发下的誓言。

（忒弥斯下）

克力同：（看向苏格拉底，很痛苦的样子）亲爱的苏格拉底，你应该明白，我们，这些朋友们，多么地珍视你，你若死去，还有谁会省察、询问我们的生活，还有谁能带领我们走上爱智慧的道路。

苏格拉底：（向克力同招手，让他坐在自己身边）老伙计，我爱你们，但我更爱这个城邦，我比任何雅典人都要爱它，或者说，爱这个城邦的法律。我从未离开过城邦，除了有一次去地峡看比赛，除了服兵役。我始终遵从法律的统治，我在雅典生育了孩子，让他们也成为雅典人，这就是我遵守法律、热爱雅典的最可靠的明证。而现在，法律告诉我，我不能违背协议、逃离城邦。因为这不仅会使我的朋友们被剥夺公民权和财产，而且即使我逃到忒拜或者麦加拉，我也会被视作一个敌人——因为选择逃跑的苏格拉底是一个危险的、法律的颠覆者！当然，我也知道，老伙计，即使我死了，我的孩子们依然会得到你们的悉心呵护。

克力同：（小声啜泣）苏格拉底，不要说了，那些判决你去死的雅典人，在我看来不值得你爱啊！

苏格拉底：老伙计，你要知道，我爱的是雅典，是这个有法律和正义的城市，我考虑正义胜过考虑生命、孩子或其他任何人。我现在，如你所说，是"无辜"地死去，我将成为受害者，而非作恶者，但伤害我的，并不是法律本身！是那些人，那些既不聪明也不愚蠢的平庸之人，他们才是真正的作恶者，他们利用了法律。但是，如果我现在逃跑，我就是在以恶制恶，这将违反我向法律所发的誓言。

克力同：我最挚爱的苏格拉底，你拥有这世界上最高贵的灵魂。我盼望诸神给予你公正。

苏格拉底：克力同啊，无论我陷入睡眠，还是醒着的时候，忒弥斯的声音总在我耳边回响，女神这样告诫我："苏格拉底，逃跑并不能使你得到幸福，在死后也不会使你在神面前变得神圣和正义。如果你真的逃跑，当你苟且偷安时诸神会感到愤怒；当你死后抵达哈德斯，冥界的律法也会将你看作最顽固的敌人，因为他们知道你曾费尽心思去摧毁法律！"我总能听到这些思绪在我耳边喃喃低语，就像神秘的长笛一样萦绕在我身旁。这些神圣的辞令在我心中不断回响，使我听不进去其他人说话。所以，老伙计，任你纵有千百根舌头，也是枉然，因为我心意已决。

克力同：宙斯啊，你能帮帮我吗？你能帮帮苏格拉底吗？他又一次征服了我的心灵，但却使我更加难过。

苏格拉底：要释怀，克力同，这是神指给我们的道路，不会有错。

（灯灭，斐多和厄刻克拉特斯从右侧上，聚光打在斐多和厄刻克拉特斯处）

厄刻克拉特斯：要是去往德罗斯的船永远不会返航就好了，那样苏格拉底的刑期就会无限延后。

斐多：厄刻克拉特斯，你都这把年纪了，怎么说话还跟小孩子一样？

厄刻克拉特斯：唉，克力同当时也已经白发苍苍了，面对苏格拉底刑期将至不也像小孩子一样吗？克力同那段日子是怎么过来的？虽然是白发人送白发人，可毕竟是生离死别啊。

斐多：我们其他人又能好到哪里去呢？苏格拉底苦口婆心搬出法律来劝告克力同，都不能使他完全释怀，我们其他人又何尝能释怀呢？怨愤、屈辱、不甘、忧虑……种种情绪萦绕心间，使人百感交集。

七　第三合唱歌

歌队自观众右方进场。
歌队：
有些人的孤独
是病态之人懦弱的逃遁
有些人的孤独
则是对于那些病态之人的逃遁
如今正午已过
悲鸣曲的前奏已经响起
使人欢欣鼓舞的希腊大地
又一次赐我以哀痛

我多么痛恨一切野蛮人
他们自以为明达
因为他们不再有心肝
我痛恨所有的恶棍
他们无数次摧毁青春的美
用他们的猥琐而悖谬的训诫
何时我才能重返
我再也不必弯腰的故乡
再也不必向渺小者弯腰的故乡

有一群软弱无力的人
他们憎恨命运
因为命运要求他们
去做他们无能为力的事情

但是精神的生命绝不表现为害怕死亡
与荒芜保持绝对的距离
而是表现为承受死亡
并在死亡中保存自身
只有当生命在一种绝对的支离破碎状态下
重新找到自己
它才重新返回了它的故土家园

我曾斗志昂扬地走上战场
浴血奋战，只求一死
却没有使世界增添半点丰饶
而神圣的雅典人绝非如此
不在显赫之处强求
而于隐微处锲而不舍
这就是神圣

舞美：灯光忽明忽暗，整体由明到暗；顶灯追随苏格拉底。

表演：一群以白布罩眼的人想抓住苏格拉底，苏格拉底左右移动，很轻松地摆脱掉这群盲目的人。但最终还是被他们抓住，处死。

八　第四场

天：公元前399年。

地：雅典牢房。

人：斐多，厄刻克拉特斯，苏格拉底，阿波罗多洛斯、克力同、克力同布鲁斯、西姆米阿斯、刻贝斯。

（聚光灯亮，斐多和厄刻克拉特斯从右侧上）

厄刻克拉斯特：就要行刑了吗？苏格拉底今天就要行刑了吗？

斐多。

斐多：是。

厄刻克拉特斯：当时的情形怎样？苏格拉底说过做过一些什么？苏格拉底的哪些朋友在他身边？还是十一人官不允许人们在场，致使苏格拉底终了时无人陪伴？

斐多：有一些朋友在，还不少。那天真是奇特的一天，即便是面临我最好的老师之死，我却并未感到悲戚。我感到这个男子汉在终了时显得无比幸福，他弥留之际的举止和言辞那么无畏、那么高贵。我心中感到，他去往哈德斯是有神指引、庇护的，他会在那里过得更好，就像是人间从未有过的好。

厄刻克拉特斯：面对苏格拉底的即将离开，你们不悲伤吗？

斐多：怎么不会呢？但说实话，我当时感受到某种情感出乎意料地混合，快乐和悲伤同时混合在一起。所有在场的人几乎都是这样的心情，大家哭一阵又笑一阵，尤其是我们中的一个人——阿波罗多洛斯，你应该能想到这个人和他那副模样。

厄刻克拉特斯：怎么会想不到呢。那么，斐多，当时还有谁在场？

斐多：当地人中，这个阿波罗多洛斯在场，还有克力同布鲁斯和他的父亲克力同，当时热衷于同苏格拉底交往的好多位年轻人也都在场。除了柏拉图，碰巧那天他病了。

厄刻克拉特斯：柏拉图病了？或许他是不忍心眼看着自己的老师在他面前死去吧。也可能是因为日思夜想这件事情而不解，积劳成疾了。那外邦人谁在场？

斐多：忒拜人西姆米阿斯、刻贝斯等人在场，还有麦加拉的几位。

（厄刻克拉特斯下，众人上，斐多走到众人当中去）

（清晨，监狱大门外，斐多、阿波罗多洛斯、克力同、克力同布鲁斯、西姆米阿斯、刻贝斯等人正絮絮地交谈着，表情凝重。斐多

看到阿波罗多洛斯走过来，向他问候，阿波罗多洛斯先是微笑着回应，站了一会后，他表情变得非常悲伤）

斐多：（走过来安抚）阿波罗多洛斯，十一人官刚进去，狱卒让我们耐心等待，过一会儿，我们就能见到苏格拉底了。

阿波罗多洛斯：（无法控制自己的情绪）我知道，斐多，可这是最后一面了。我，我简直不忍心来见他，你不明白，我内心多么痛苦。

斐多：我当然明白，而且我还感觉非常恐惧。我们都害怕苏格拉底从我们面前永远消失。你、我、这些朋友们，我们的心里住着一个孩子，是他在害怕，他把死亡看作是一个隐没在黑暗中的妖怪。

阿波罗多洛斯：而且，在苏格拉底离开我们之后，再也不会有这样一个好巫师，能够用咒语驱走那孩子内心的恐惧。

（这时，狱卒和十一人官走出来了，他们说了会话，狱卒不断点头，然后十一人官离开，狱卒向众人示意可以进去了）

克力同：（本来走在前面，但转过身走向斐多和阿波罗多洛斯）斐多，阿波罗多洛斯，暂时隐藏起你们的悲伤吧，对于苏格拉底来说，死亡并不是妖怪，试着和他再愉快地交谈一次，他的咒语能开解你们的恐惧，让你们明白什么是勇气和智慧。

（斐多和阿波罗多洛斯点头，跟在克力同后面，一起进入牢狱中，众人的位置安排可参考油画《苏格拉底之死》）

苏格拉底：（盘腿在床上坐着，听到声响，抬头笑着看了看众人。锁链刚刚被解开，他揉着腿，好像在自言自语）快乐是多么奇怪的东西啊！它竟和痛苦联系在一块儿。这要命的锁链让我的腿痛得不行，但是解开后，快乐却紧随而来。人们得到其中一个的时候，另一个也就接着跟来了。要我看，诗人伊索没想到这点儿，真是可惜了，不然他一定会写一个寓言，就写神是如何未能平息快乐与痛苦的争斗，就只能把它们拴在一块儿。

刻贝斯：（情绪有点激动）苏格拉底，听到你提伊索的名字，真让我感觉惊喜，前天欧厄诺斯还问我，苏格拉底这样一个从没写过诗的人，怎么想起来在监狱里采伊索的言辞，去制作献给阿波罗的颂歌呢？我的朋友，给我一个理由吧，如果你希望我回答他的话。

苏格拉底：刻贝斯，我呀，没想和他这个诗人争高低，只是在揣摩某些梦的意义，这些梦让我心忧。我想在启程去另一个世界之前，创作一些真正的诗，当然了，真正的诗不能去说教推理，而是应该制作故事，所以我就拿起了手边的《伊索寓言》。刻贝斯，把我这些话告诉欧厄诺斯吧，替我向他道别。而且，告诉他，如果他还是个聪明人的话，就快跟着我来吧。我今天就要走啦。

西姆米阿斯：（本来表情凝重，听到苏格拉底这番话，情不自禁地笑了）苏格拉底，欧厄诺斯这人，除非强迫他，否则他不会听你话的。

苏格拉底：欧厄诺斯不是个热爱智慧之人吗？他会乐意跟我走的，因为任何有热爱智慧的人都乐意如此。当然，绝不可自杀，因为这或许不符合神意。

[说完，苏格拉底换了个姿势，把一只脚从床上踩到地上，余下时间，都是这个姿势，说话时常举起左手，这是他的小习惯]

[克珊提妮的哭声从门外传来，众人看向门口，见她披头散发，满脸眼泪，领着孩子跑进来了，她手里还掂着一包东西]

克珊提妮：你个老东西，这么着急去投胎，不管我们娘俩死活了是吧？甭想让老娘给你收尸，今天回家老娘就改嫁！

苏格拉底：克珊提妮，别吵了，当着外人的面，是不是还想打我？

克珊提妮：（看到苏格拉底的朋友们）唉，你们这么早就来了？这日子过的，你们倒像是苏格拉底的成群妻妾。我算得上什么？（又转向苏格拉底）他们都说你的死很不公正？

苏格拉底：难道你想让我公正地死去吗？

克珊提妮（听到后先一蒙，之后带哭腔说）：都快死的人了！还跟我扯犊子，你死了我可咋办啊？老东西。

苏格拉底：克力同啊，找个人带她回家去吧。（听到这句话，她赶紧蹲下来，抱着包袱和苏格拉底的腿，克力同示意仆人去拉克珊提娜）

克珊提娜：（努力挣扎）我不走！（推仆人）你走开！苏格拉底！你整天和这帮朋友们厮混，早出晚归的，现在七老八十了，可你想想，你一辈子没好好陪过我们，现在你要死了，你还想把我抛开！（孩子被吓到了，开始哭）

苏格拉底：（示意仆人先不要拉，然后安抚克珊提娜）克珊提娜，我对不住你，但是，勇敢些吧。我死后，克力同和其他朋友会好好照顾你们，不要担心会颠沛流离。死亡是我自己的选择，克珊提娜，勇敢点，回家去吧！

［阿波罗多洛斯在这个过程中一直在哭，克珊提娜听了苏格拉底的话，虽然安静了但还是很悲痛，阿波罗多洛斯把她搀扶起来，她任克力同的仆人把她带走了，苏格拉底在她走后，继续刚才和朋友们的谈论，而克珊提娜在离开牢狱前，回头凝望着苏格拉底许久］

刻贝斯：不能自杀，但热爱智慧之人又愿意追随正在死去的朋友，苏格拉底，你为什么这样说呢？

苏格拉底：我的朋友，你是不是觉得很奇怪，为什么有些不好的东西在特定的时候对特定的人来说是好的？譬如死亡。而且，你还有一个疑惑，既然死亡对人来说是好的，那为什么我又说人不能自杀，是吗？

刻贝斯：（点头）

苏格拉底：刻贝斯，看看天空吧，神灵在上，一个人只有在受到他召唤时，才能投入死亡的怀抱。因为你、我、我们所有人，都是没有权利破门而逃的囚犯，我们都是诸神的所有物。如果我们在没有得到诸神允许之前，就擅自毁灭了自己，你觉得，神灵难道不会因此而感到愤怒吗？他难道不会因此而惩罚我们吗？

刻贝斯：（挠头）苏格拉底，我有点不懂，你说的似乎有道理，我们是诸神的所有物。那么，既然活着能够得到诸神很好的看护，热爱智慧之人为什么又"乐意去死"呢？难道热爱智慧之人认为他们自己能比诸神更好地看护自己？聪明人应该是想要一直待在比自己优秀的人身边才对啊！

苏格拉底：（爽朗地笑了）看来，我们的谈话不会很快结束了！（他瞥见克力同想要说话）克力同，我的朋友，你想说什么呢？

克力同：苏格拉底，只有一件事，狱卒说不要让你讲太多话，否则身体热起来，会影响药的效果，这样的话你就要饮两次甚至三次药才能死去。

苏格拉底：这是他们的事，克力同，让我回答这些年轻人的疑问吧，如果我真的说多了，告诉狱卒，多准备点药就行了。

[克力同还想说什么，但是看到苏格拉底兴致盎然的样子，他又把话咽回去了]

苏格拉底：朋友们，实际上，当一位真正的热爱智慧之人行将死去的时候，他应该是高兴的，在死后的世界，他会获得最大的善。真正热爱智慧的人，总是在追求死亡，因此当他们的渴望实现的时候，他是不会抱怨的。

西姆米阿斯：苏格拉底，你这话让我想起以前，你总是在城邦向人们描述热爱智慧之人的样子，而且人们受你的影响，都很清楚，热爱智慧之人配得上死亡。

苏格拉底：是啊，我曾这样说过，不过，人们并不真正清楚，与热爱智慧之人般配的那种死亡是什么，他们不知道，热爱智慧之人是怎么和死亡契合的，也不知道他们是怎么渴求死亡的。问你一个问题，你认为有死亡这回事吗？在你看来，死亡是什么？死亡是灵魂和肉体的分离吗？

西姆米阿斯：我认为有，而且我也同意你对死亡的说法。

苏格拉底：西姆米阿斯，如果我说，热爱智慧之人应该关心灵魂而不是肉体，他应该尽力摆脱肉体的纠缠，拥有并依靠独立的灵魂，对吗？热爱智慧之人用来发现真理的，应该是灵魂之思而非肉体之眼，这一点，你同意吗？

西姆米阿斯：我同意，身体是获取真理的障碍。

苏格拉底：很好，用被净化的心灵探究事物之本质，就能获得最纯粹的知识。而眼睛、耳朵、整个身体，只会污染灵魂。摆脱这些东西，才有可能认识实在，是这样吗？

西姆米阿斯：苏格拉底，你说得太对了！

苏格拉底：其实，净化就是尽可能使灵魂摆脱肉体的枷锁，回到内在之思中。而灵魂与肉体分离，从肉体中解脱出来，不正是我们刚才所说的死亡吗？西姆米阿斯，真正的热爱智慧之人，不断尝试用灵魂之思去获得真知，他们其实一直在练习"死亡"啊！而且他们坚信，只有在彼岸世界，他们才能找到纯粹的智慧。

西姆米阿斯：所以，如果一个人在临死前抱怨，说明他并不爱智慧，而是爱身体、钱和权力。

苏格拉底：我的朋友，你说得很对。我这一生，不遗余力，一直追求能成为真正的热爱智慧之人。不论我之前是否找到正确的方式，也不论我是否成功，我很快就会知道结果了。如果神愿意的话，他会在彼岸告诉我这一结果。我相信在另一个世界，我同样能找到很好的主人和朋友。但大多数人并不相信我说的这些。

刻贝斯：苏格拉底，你说的我大多数都同意，可有一点我不理解。你说死亡就是灵魂从肉体中解脱出来，可是在它与肉体分离后，它还能凝聚自己吗？它有独立存在的能力吗？

苏格拉底：（笑）刻贝斯，你们啊，就像孩子一样，担心灵魂离开身体之后就会被风吹得烟消云散。我想，要是一个人死的时候狂风暴雨、电闪雷鸣的，恐怕你们更会感到恐惧了。

斐多：（众人动作静止，灯光追在斐多身上，表现他的内心独白）亲爱的苏格拉底啊，你终于看到，我们是害怕黑暗的孩子了，这妖怪马上要来了，你却还在谈笑风生。这让我又爱你，又恨你。
（说完话后，众人继续活动）

刻贝斯：苏格拉底，那就给我们一个解释，让我们免于恐惧吧。

苏格拉底：好吧，我的朋友们，灵魂是独立存在的，它不仅在我们出生之前就已经存在，在我们死后，它也能继续存在。灵魂在我们托生为人之前就存在了很久，它趋向生命，从死亡中给予我们生。如果你们不反对，我可以说，灵魂与不朽的、不变的东西非常相似，它拥有与肉体完全相反的特征。而既然灵魂的本质是这样的，你们认为，它会比将腐烂的肉体更脆弱吗？它会在离开肉体后马上被风吹得消散如烟吗？要知道，灵魂是要去往一个纯洁高贵的世界，要去往智慧而善良的神那里。所以，朋友们，你们要时刻提防，不要让灵魂慢慢喜欢上肉体，因为如果这样，灵魂会将肉体看成是真的，它就被肉体污染了，成为游魂，沉溺于另一个肉体，而无法启程前往神的世界。而追随理性、时刻处在沉思之中的人，它们的灵魂不害怕死亡，也不会在死后变得虚无。

［苏格拉底说完这些话，沉默了许久，他似乎沉浸在自己的思考中了，这时，只有刻贝斯和西姆米阿斯两人悄悄对话了一阵］

苏格拉底：（喝了几口水，看着正在讨论的二人）我的朋友，如果你们还有怀疑，不要犹豫，直接告诉我你们的想法，给我点建议吧。

西姆米阿斯：（犹豫不决的样子）苏格拉底啊，我们确实有怀疑，但，我们刚才在讨论谁来问你，因为我们担心这问题可能会让你为难。

苏格拉底：西姆米阿斯，只要雅典的执政官允许，你们想说什么都可以。

西姆米阿斯：苏格拉底，你明白，获得关于灵魂的知识是必要的，这知识是我们借以度过艰难人生的一叶轻舟。这知识要么来自神谕的告知，要么来自我们自己的追寻。苏格拉底，你一定也同意，如果一个人对上面的话不盘根问底，那么他就是一个懦夫。现在既然你也鼓励我，那我只能斗胆问你，如果把肉体比作琴弦，把灵魂比作弦上不可见的和声，那么当弦断之后，实际上和声是先消失的那个啊！

苏格拉底：（听完西姆米阿斯的话，脸上表现出机敏的样貌，看着其他众人）西姆米阿斯，你的反驳很有力。刻贝斯，你的困惑又是什么？

刻贝斯：（斟酌许久）苏格拉底，我承认你说的，灵魂先于肉体又较肉体恒久，而且它一次次地托生出生命。当然，灵魂是强大的，它能够经得住许多次生死，可是说不定哪一次，灵魂会经受不住，最终消失得无影无踪。（他直视着苏格拉底）苏格拉底，这就是我们痛苦和恐惧的根源啊，想要证明灵魂不灭，实在太难了。

[面对两个年轻人的犀利的发问，众人都坐不住了，难道苏格拉底之前的论证，就这样被反驳了吗？众人开始失去刚刚建立起的信心，他们默不作声，陷入疑惑和不安。但苏格拉底依然一副波澜不惊、风轻云淡的样子]

苏格拉底：（低头沉思了一会，他察觉到朋友们因西姆米阿斯和刻贝斯的话变得悲伤，他决定要安抚众人，表情变得庄重起来）朋友们，在你们看来，我是否具有天鹅的那种预言能力？天鹅用尽一生来歌唱，而当它们预感死亡将近时，它们会比以往唱得更加高亢动人。平庸的人们害怕死亡，所以他们理所当然地把天鹅临终的赞歌曲解为最后的悲歌。但其实，鸟儿们在痛苦的时候是默不作声的。天鹅作为阿波罗的神鸟，预感到了自己在另一个世界的幸福，而我在即将成为神的仆人之时，我明白自己和天鹅一样，都是幸福的。

克力同：（有点愤怒）西姆米阿斯，刻贝斯，苏格拉底刚才那一大通的论证，不能让你们满意吗？既然知道是个旋涡，为什么还要拉苏格拉底进去呢？

苏格拉底：（示意克力同不要发火）亲爱的克力同，追问和思考,这正是年轻人的可贵之处啊,他们所问的也的确是关键性的问题。你,你们大家,难道不愿意和我一起回答他们的疑问吗?

(灯灭,厄刻克拉特斯上,斐多走向厄刻克拉特斯,聚光打向二人)

斐多:厄刻克拉斯特,你看到了,苏格拉底是一个多么温和、谦逊、勇敢的人,我一直钦佩他,可我从没像那天那样钦佩他。他就像一个久经战场的将军,从容不迫地督促他的军队向前冲锋。

厄刻克拉斯特:接下来,苏格拉底说什么了?

(聚光灯随斐多移动)

斐多:那天,我就坐在苏格拉底右边的椅子上(一边说一边慢慢坐在椅子上)。

苏格拉底:(摸了一下斐多的头,把斐多脖子后的头发握在手里)斐多,我猜,明天你会把这些头发剪掉,对吗?

斐多:苏格拉底,我会的。

苏格拉底:听我的,别那样做。

斐多:为什么?

苏格拉底:如果我承认自己无话可说,不用等到明天,就在今天,你和我把头发都剪了。记得我以前和你说的吗?败给斯巴达的阿戈斯人发誓,不打败敌人,绝不蓄发。

斐多:苏格拉底,你要做赫拉克勒斯,就叫我做你的伊俄勒奥斯,九头蛇也没什么可吓人的。

苏格拉底:斐多,这样很好,不过我们首先要注意,永远不要使自己变得人云亦云。

(斐多走向厄刻克拉特斯,聚光随其移动)

厄刻克拉斯特:斐多,我现在才明白,为什么你把苏格拉底看作一位将军。

斐多:厄刻克拉斯特,若那天你在,你也会完完全全沉浸在苏格拉底纵横恣肆的雄辩之中。令人奇怪的是,他那不甚伟岸的身躯,居然盛装了如此多的智慧，甚至满溢出来，使我们所有人都陷入他所描绘的宇宙万物、大千世界之中。从他握住我的头发、说出口头檄文，到他打败敌人、凯旋集合之时，整整过去了大半天。我追随苏格拉底的思路，不断想象和思考他所说的种种可见或不可见、渺小或博大的事物，竟然完全忘记了时间的点滴。而当苏格拉底结束了他的战斗之后，我才从思想的喜悦中回过神来，然后十分痛苦地意识到，太阳即将落山了。

厄刻克拉斯特：（看着斐多专注的神情，仿佛不忍心再听下去）啊，斐多，我的朋友，我真难过。

斐多：没关系，我还是要接着说这之后的事情，因为大义赴死的苏格拉底，是我见过最光辉、最高尚的人，你不需要担心，我能够讲下去，因为我愿意持续回忆那天他的样子，直到我生命的尽头。那时，苏格拉底已经从他的战场凯旋……

苏格拉底：（喝了几口水，伸了伸懒腰）朋友们，我说了一大通话，不知道你们倦了没有。（看了看外面的天色）我想，是时候启程了。

克力同：（猛地站起来）苏格拉底！老朋友！等一等！你，不如你先去沐浴，时间还早呢！

苏格拉底：（爽朗笑）哈哈哈，我正是要去沐浴啊，免得我死后还得麻烦那些妇人来清洗我的身体。（说着，就要站起来）

克力同：（按住苏格拉底，让他先坐着）苏格拉底，别着急，你还有什么别的事要交代我们的吗？你的孩子？家人？或……或什么别的任何事，嘱托我几句吧！

苏格拉底：克力同，就是我之前说过的那些话，孩子啊，克珊提姵啊，没什么别的事了。你啊，年纪也不小了，白头发比我都多了，你要照顾好你自己。我们认识多少年了，你怎么做都行。但是，一定记得关心你自己，平时，要按照我说的那些原则来做事，切忌冒冒失失地动感情！

克力同：你放心！我一定竭尽全力！还有，你，想让我们怎么安葬你？

苏格拉底：老朋友，你待会见到的那个死尸，根本不是现在和你们谈话论辩的苏格拉底啊！我刚才反复说了，我喝下毒药，是离开，启程前往神的居所，那时候我早就不在这儿啦，你可不要说，你要给"苏格拉底"办葬礼，那死尸才不是苏格拉底呢！所以，亲爱的克力同，高兴点，你埋葬的不过是躯壳罢了，葬礼随你心愿办就行了。

〔说完这些话，克力同默默地点点头，苏格拉底站起来朝浴室走去，让众人在原地等着，只有克力同跟着苏格拉底。气氛凝重，众人讨论着刚刚的对话，为巨大的不幸而悲哀〕

阿波罗多洛斯：（忍不住放声大哭）真让人痛苦，我不能接受这个结果，你的孩子要成为孤儿了，可他，他还没有意识到自己的命运，苏格拉底啊，你这狠心的父亲要弃我们而去，余生……余生我们都是精神的孤儿了！

斐多：（强忍悲痛）阿波罗多洛斯啊，克制些，冷静一下吧，你没看到，苏格拉底是多么的勇敢和幸福吗？

〔阿波罗多洛斯听到这话，多少收敛了情绪，但直到最后他都这样悲痛不已〕

〔苏格拉底从浴室走出来，又在众人身边坐下，坐在床上，他们时不时交谈几句，但更多时候是沉默。不一会儿，一个狱卒进来了〕

狱卒：（径直走向苏格拉底，朋友们中有人去阻挡他，苏格拉底示意他们不要拦）苏格拉底，你是我在这牢狱中见过的，最高贵、温和、善良的人，因此我对待你，是十分客气的。人们总是咒骂我，但我也只是一个遵循执政者命令的小人物而已，我相信，你是不会生气的，只有你明白，这罪责到底落在谁身上，而我，只是不得不完成我的使命。苏格拉底，再见吧，愿你能忍受住那些必须忍受的事。（说完后，他泪水涌出，然后转身走出去）

苏格拉底：（看着狱卒的背影）朋友！我也向你说再见！（左右对众人说）唉，多好的一个人啊，自从我被关进来，他总来看我，和我谈天说地的，现在，他又为我悲伤，多好的一个人啊！（看向克力同）克力同，我的朋友，我们就照他说的做吧，毒药准备好了没有？准备好了就端过来吧。（众人喧哗起来，还有隐隐的哭声）

克力同：（难掩悲伤）别着急，别着急……太阳还没落山呢，很多人在临刑前总会拖时间，他们呀，接到命令后，还要饱餐一顿、和爱的人温存一阵，然后才启程呢。所以你别急，我们再聊聊，其实，刚才你们说话太快，我有好几个地方都不明白，比如……

苏格拉底：（打断了克力同）亲爱的克力同啊，你说得很对，那些人认为自己能从拖延中得到好处。不过我不会和他们一样，拖延对我来说什么好处都没有。费劲挽留实际上已经被夺走的生命，并没有什么意义。老朋友，别拒绝我，照我说的做吧！

〔克力同沉默许久，然后向仆人做个手势，仆人出去了，过一会他和狱卒一起回来，狱卒手里端着一杯毒酒〕

苏格拉底：（对着狱卒说）朋友，你对这事应该很有经验，教教我，告诉我该怎么做。

狱卒：老兄，喝下去后，你就站起来走动，直到你感觉两腿发沉，就躺下来，毒药就会渐渐起作用。

〔众人中有人似乎要抢杯子，苏格拉底示意他们安静，他神色如常，轻松而温和地端起杯子〕

苏格拉底：（正准备喝，但是似乎想起什么）我想从杯子里滴几滴献祭神灵，可以吗？

狱卒：苏格拉底，这药的分量只够你用。

苏格拉底：（无奈地笑笑）唉，我知道了，不过我还是要向神祈祷，愿他佑我顺顺当当地去往另一个世界。（他闭眼冥想，然后睁眼）愿神遂我心愿。

〔苏格拉底把毒酒一饮而尽。众人再也控制不住情绪，克力同感觉自己无法抑制泪水，只得站起来冷静，斐多跟着站起来了，但他又跪坐在苏格拉底膝边，一直在哭的阿波罗多洛斯更是放声号哭起来，只有苏格拉底冷静如常。在此还原雅克·大卫的《苏格拉底之死》]

苏格拉底：朋友们，你们太吵啦，真是奇怪，我就是怕有人哭才送走了克珊提娅。人终了时应该肃静。你们安静点，要勇敢。

[众人纷纷开始止住泪水、擦拭脸颊，苏格拉底按狱卒说的开始走动，走了一会，他觉得腿重了，就背朝后躺了下来]

狱卒：（把一张薄纸，或别的东西，盖在苏格拉底脸上，然后开始捏苏格拉底的腿）你的腿有感觉吗？

苏格拉底：（想了想）没有。

狱卒：（从脚脖子一点一点往上捏，看到苏格拉底毫无反应，然后告诉众人）他的腿已经变冷变硬了。等毒药到了心脏，一切就结束了。

苏格拉底：（揭了一下之前盖在脸上的东西）克力同，我欠阿斯克勒皮奥斯一只公鸡，记得，一定替我还了，别不放心上。

克力同：（抽泣，抹眼泪）会还的，我记下了，老伙计，你看看还有什么别的要说。

[众人还在等待回应，但苏格拉底已不再作声了]

狱卒：（把遮面的东西揭开，用手在苏格拉底眼前晃了晃）苏格拉底的眼神已经不动了。（他叹了口气，站起来，退到一边）

九　第四合唱歌

歌队自观众右方进场。

歌队：

如果罪恶一定存在

那么至善也必定存在

我们与善恶展开一场壮丽的搏斗
如果我们在它们面前挺住
那么我们便呈现了人性之中包容万有的神性

这惊世骇俗的古典的荣耀
谁经得住它
犹如飓风席卷年轻的树林
当这种荣耀像袭击我那样抓住他
谁不为之而倾倒
啊，古人的伟大像风暴令我低下头颅
他们夺去我面庞的花蕾
我经常扑倒在没有一只眼睛发现我的地方
泪如雨下，像倒下的杉树卧在河溪边
将枯萎的头冠埋藏在清流中
我多愿用鲜血换来伟大者一生中的哪怕一个瞬间

噢，苏格拉底，站在宙斯的宫殿里喝下那毒酒
因为神已宣称你是智慧的，神就是智慧自身
当你的嘴唇坦然咽下这毒酒时
神自会向雅典人显示：是雅典人自己喝下了它

苏格拉底
请原谅后人对你犯下的重重罪过
你是少有的最高尚之人
那些只有站在人群中才敢吆喝的人们
往往都是最愚蠢的家伙
独孤中的最孤独者啊，要坚持住！

我知道这一切都会死去
我们的亲情、友情和爱情
你我也将会死去
我是说真的
噢，不只是你我，整个人类
人类都将会死去
包括我们的文明
连灰烬也不再会留下
就像从未来过

这就是生命吗？
好吧，那就再来一次！

这就是生命吗？
好吧，那就再来一次！

这就是生命吗？
好吧，那就再来一次！

十　退场

天：公元前388年。

地：雅典城外。

人：斐多，厄刻克拉特斯。

厄刻克拉特斯：就这样结束了？

斐多：是啊，结束了。厄刻克拉特斯啊，这就是我们亲临的这位友伴的终了。时至今日，在我接触过的人当中，这个男人最好，尤其最明智、最正义。

厄刻克拉特斯：那么苏格拉底的预言实现了吗？莫勒图斯、阿努图斯，还有卢孔，他们后来的命运如何？

斐多：一切都被苏格拉底言中了，正如世人所知，可是这些重要吗？老师的死不就是这场悲剧的尾声吗？

厄刻克拉特斯：你说的是，斐多。凝望苏格拉底之死，我已然感觉到生命的充盈。

斐多：时间一晃，不知不觉又到正午了。我们快点进城吧。听说柏拉图在叙拉古得罪了僭主，被贩卖为奴，前些日子刚被安尼舍里斯赎回雅典，我们不妨去拜访他。

厄刻克拉特斯：好，我们走。

参考文献

［古希腊］柏拉图：《理想国》，郭斌和、张竹明译，商务印书馆 1986 年版。

［古希腊］柏拉图：《游叙弗伦 苏格拉底的申辩 克力同》，严群译，商务印书馆 2003 年版。

［古希腊］柏拉图：《苏格拉底的申辩》，吴飞译疏，华夏出版社 2007 年版。

［古希腊］柏拉图：《柏拉图四书》，刘小枫编译，生活·读书·新知三联书店 2015 年版。

［古希腊］第欧根尼·拉尔修：《名哲言行录》，徐开来、溥林译，广西师范大学出版社 2010 年版。

［德］歌德：《浮士德》，郭沫若译，人民文学出版社 1978 年版。

［德］荷尔德林：《荷尔德林文集》，戴晖译，商务印书馆 2003 年版。

［德］海德格尔：《林中路》，孙周兴译，商务印书馆 2019 年版。

［德］黑格尔：《精神现象学》，先刚译，人民出版社 2013 年版。

罗念生：《罗念生全集》，上海人民出版社 2004 年版。

［德］尼采：《查拉图斯特拉如是说》，孙周兴译，上海人民出版社2018年版。

［古希腊］色诺芬：《回忆苏格拉底》，吴永泉译，商务印书馆1984年版。

［德］席勒：《席勒文集》，张玉书等译，人民文学出版社2015年版。

［瑞士］雅各布·布克哈特：《希腊人和希腊文明》，王大庆译，上海人民出版社2008年版。

［古希腊］亚里士多德：《诗学》，陈中梅译，商务印书馆2006年版。

从多学科视角探析"忒修斯之船"的意蕴

梁曼靖等[*]

对"忒修斯之船"的逻辑学分析持续已久,各种诠释流派百家争鸣,为这个流传千年的悖论进行了阐释,并提供了某种程度上的解悖方法。在此基础上,我们将结合各自的专业知识,阐释"忒修斯之船"这一悖论在学科背景下的意义,并提供以学科知识为参考的解悖可能。

一 量子物理:时空存在的"忒修斯之船"

纪录片《量子力学(绝对挑战你日常神经的纪录片)》中曾说到,利用量子力学进行远距离瞬间传输,使用的方法就是在 A 处扫描并记录下人、人物的全部信息,从细胞直到分子、原子、电子,扫描时的高能量会破坏所有量子,在 A 处的原来的这个人就被摧毁了,同时在 B 处基于量子纠缠理论尝试利用 A 处记录下的信息重建人体。这种方法听起来很恐怖,要传送一个人,就要先肢解他或者说分解他,先在 A 处死去然后在 B 处重生。虽然现在大家都不愿意尝试这种实验,毕竟我们谁都不知道死后会怎样,更不知道重生的

---

[*] 本文作者为陕西师范大学哲学书院首届学生,有梁曼靖、吴少坤、黄思铭、吴舒韵、周文强、刘钰瑶、陈章杰(排名不分先后)。

那个是否还是我们自己，其中，后者就陷入"忒修斯之船"悖论。重建自我不是复制基因克隆人那么简单，毕竟人类基因的数量虽然庞大，但也只是30亿碱基对4万基因组这么大，对于目前计算机水平来说这不是难题；重建自我也不只是重建所有人体细胞，人体总计也就60万亿个细胞，把这个数字乘以基因数量或者更加多几千倍，数字虽然会非常庞大，但对于目前的计算机水平来说也并非不可模拟；重建自我也不只是重建所有分子，还要重建每个原子、电子，毕竟我们的思维本质上是电流活动形成的。然而，依据量子理论，我们永远无法同时确定量子（包括电子，质子，中子甚至某些分子）的确切位置和能量，只能了解量子位置的概率。[①] 简而言之，我们无法重建量子，因为生物的自我意识是基于量子化运作的，量子的不确定性决定了我们永远无法获得一个智慧生命体的全部信息。如果微观世界的精确运行规律只存在于比现实世界更高的维度当中，那么这种现实对象信息的不完整性将是无解的，也就是说我们永远也无法实现自我重建。

世上没有两台完全相同的计算机，但对于同样一段程序，几乎所有计算机都能给出完全一样的计算结果，这是否是悖论？首先，计算机芯片和存储器的运算并不是依赖量子化的电子，而是依赖数量庞大的电子形成的电流进行的。也就是说，虽然单个电子的行为是不可预测的，但成群的电子形成的电子流的行为却是完全可预测的，甚至可以视为能够精确判定的。一个类似的比喻是：虽然构成足球的每个原子的行为不可测，但是整个足球的行为方向却是可以通过精确计算得到的；计算机利用的是足球运动进行程序计算，而不是构成足球的原子的运动。实际上，由于现在计算机芯片工艺已经缩小到纳米级，这意味着电流的通路越来越窄，而量子的隧穿现象也越来越严重。也就是说，当一个纳米足球只有几个量子构成的

[①] 曹天元：《上帝掷骰子吗：量子物理史话》，辽宁教育出版社2008年版。

时候，这个足球的行为也会变得无法预测。原子，电子，中子都是量子，而量子的位置是不固定的，在微观世界我们只能说量子的位置有极大的概率是在那里，而不能说量子的位置就在那里，因为量子的下一个位置随时可能出现在宇宙的任意地方。

计算机是运行在宏观世界层面上的，是非量子化的。程序运行是大量的原子、分子组合在一起而涌现出来的行为，这种行为是精确可测的。所以，我们重建程序并不需要在量子层面上重建完全相同的计算机。那么，人类大脑有没有可能也是像计算机一样运行在宏观层面而不是微观量子层面的？这一点目前的确还无法判定，主流的观点认为，人类大脑的每个神经细胞的复杂程度都可能远超现实中的超级计算机。

同一个原子在宏观世界处于不同位置的时候，它所蕴含的电子、中子、质子的状态也会不同；同一个原子在宏观世界处于不同时间的时候，它所蕴含的电子、中子、质子的状态也会不同。从这个角度讲，无论是空间还是时间因素，都决定了我们永远无法真正复制任意一个原子。

目前，关于物体如何跨越时间而保持同一性有两个理论——持续论和接续论。续存是指一个物体在不同时间上保持的同一性，即"这还是刚才那个物体""它还是它，你还是你"；持续论认为物体是在三维世界中独立存在的实体，我们所看到的存续现象只是因为这是实体在不同时间点上的呈现。"我今天见到的你和上周见到的你是同一个人，因为你本来就是一个人，只是在我面前出现了两次而已。"接续论认为物体本身就是四维的，时间是它的自带属性，去除了时间，同一性就会被破坏。"你始终是你，你是四维的，你的存在贯穿整个宇宙的生命，我们看到今天的你和去年的你是同一个人，这些只是我们的幻觉，是我们的主观认知把你分成空间三维和时间第四维度。"

对于如何理解"忒修斯之船"悖论，关键之一就是如何去定义

"忒修斯之船"。

如果是指忒修斯曾经乘坐过的那艘船，当我们更换第一块木板的时候，它就已经不再完整存在了。这就仿佛朋友借走了你的电脑，但他用坏了电脑的硬盘，虽然他归还电脑的时候更换了新的硬盘，但你仍然会认为这已经不是你当初借给他的那台电脑了。那么更换多少块木板的时候就变得不再是忒修斯之船？人们习惯性地认为超过一半的选票才能决定整体的性质，最粗糙的说法就是替换掉一半木板的时候忒修斯之船就整体消失了。但这并不严谨，仍然是借走电脑，对于判断电脑是否和之前一样，硬盘是非常重要的部件。如果更换的不是硬盘而是电源或者机箱，你可能并不会认为这台电脑和当初借走的那台有什么区别。所以决定整体性质的不能只看差异元素的数量，更要看这些差异元素对整体的影响程度。同样我们如果在程序中或者数据库中，用一组属性来定义一个对象的时候，除了考虑不要遗漏，还要考虑每个属性对整体的影响权重值。这个角度也适合于人，对于你很熟悉的人，他的存续主要依赖于大脑知识和言谈举止，即使他更换了衣服发型，甚至车祸失去了双腿，我们还是会习惯地认为他还是他，存续同一性不会有太大变化；但如果对于一个只远远看到过他几次的陌生人来说，衣服的改变都可能被误认为已经不是同一个人，存续同一性轻易地就消失了。

如果对于忒修斯之船的定义是"和他曾乘坐船外形，功能用途相同的船"，那么其实只是定义了船的宏观属性，并不涉及船的历史，也就是时间维度，更不涉及微观方面的存续性。这样的话，所有木板全部更换之后的新船仍然是忒修斯之船，甚至我们还可以造出很多忒修斯之船来。如果忒修斯之船只是为了纪念和展示而定义的一个符号载体，那么即使旧船完全腐烂之后，我们依照原样重建一艘新船，也同样可以认定它就是忒修斯之船，这就像杭州西湖重建的雷峰塔一样，所有人都认同那就是雷峰塔。

忒修斯之船反映了这么几个问题：元素之间互相作用、连接很可能会涌现出新的秩序，新的属性，新的行为，这就是整体或系统形成的机制，即涌现现象。涌现是贯穿世界万物不同层级的关键原则，在微观层面重建任何量子内容都是不可能的，但在宏观层面却往往是可行的，因为宏观层面只保留了大量原子涌现的整体性，而忽略了微观的量子特征。量变引发质变，而质变根本上就是新的涌现现象的出现，所有问题都不能回避时间和存续性的影响。从随机到重复，从重复到规律，然后整体层次不断升级，这里有两个至关重要的因素就是时间和涌现。如何定义一个概念将对这个概念主体的存续同一性产生重大影响，对于量子物理所延伸出的量子伦理学来说，解决忒修斯悖论迫在眉睫。

二 数学：集合论解析的"忒修斯之船"

首先，我们设忒修斯之船是一个集合 β，船上的部件就是它的元素。设原来船上的木板有木板 A、木板 B……一直到木板 Z，它们都是"忒修斯之船"这个集合的元素。所以在最初时刻，$\beta_0 = \{A，B……Z\}$，当更换部件时，集合中的元素就会发生变化，例如：

在①时刻，把木板 A 换成木板 a，那么"忒修斯之船"这个集合的元素就变为木板 a、B、C....Z，即 $\beta_1 = \{a，B……Z\}$，此时，$\beta_1 \neq \beta_0$，但是 β_1、β_0 都是 β。

在②时刻，把木板 B 换成木板 b，那么"忒修斯之船"这个集合的元素就变为木板 a、b、C....Z，即 $\beta_2 = \{a，b……Z\}$，此时，$\beta_2 \neq \beta_1$，但是 β_2、β_1、β_0 都是 β。

……

在 n 时刻，把木板 Z 换成木板 z，那么"忒修斯之船"这个集合的元素就变为木板 a、b、C....z，即 $\beta_n = \{a，b……z\}$，此时，$\beta_n \neq \beta_{n-1}$，但是 β_n、β_{n-1}……β_1、β_0 都是 β。

也就是说，在我们更换部件的每一个时刻，"忒修斯之船"在物质上都不再等同于上一时刻的那艘船，因为这一艘船集合中的元素改变了，可以类比于古希腊哲学家赫拉克利特笔下的"人不能两次踏入同一条河流"。但是，在每一个更换部件的时刻，这艘船依然还是"忒修斯之船"。因为我们认定同一性——认定一个事物是不是它本身的依据不是组成这一事物的元素，而是这一事物的内部结构——元素之间的关系，以及这一事物的时空连续性。更换部件并不是更换一整艘船，即在①时刻，木板 a 已经就是"忒修斯之船"的一部分了，这个时候，木板 A 不再是"忒修斯之船"的一部分；同理，在 n 时刻，木板 a、b、c……z 都是"忒修斯之船"的一部分了，此时，木板 A、B……Z 不再是"忒修斯之船"的一部分。在整个更换木板的过程中，显然是具有时空连续性的，就好像我们的身体不断进行新陈代谢，但丝毫不影响其时空连续性；更换的船板和以前的船板有区别，但差别不大，功能完全一样，和整个船的复杂性比起来，这点差别可以忽略不计，整个船的结构基本没有改变，即使有一些改变，也像一个人比几年前变老了一点一样，完全不足以影响同一性。因此忒修斯之船还是忒修斯之船，哪怕是把船板更换一千遍，它还是它自己——这根本不影响同一性。

这个道理可以类比成一支足球队，不断有人加入又不断有人退出，在某一个换队员的时刻，这支球队和上一支球队是不同的，因为队员不完全相同，但是在这一时刻，新来的队员已经属于这一支球队了，而离开的那个队员在这一时刻不属于这支球队了，只能说上一时刻他属于这支球队。经过不断地变更队员，这支球队依然还是叫着原来的名字，也保持着自身的同一性。

因此，这艘船之所以是"忒修斯之船"，这个身份并不是由"物质"来定义的，而是由它的使命、用途、历史、功能、结构，等等这些所有的"整体"来定义的，而不是由它的组成元素来定义的，组成元素仅仅是因为它们在这一艘船身上，所以才是"忒修斯之船"集合中的一部分，不可颠倒因果。

三　技术与赛博格：人类自身的"忒修斯之船"

"忒修斯之船"之所以会被当作问题提出来，是因为人们将其组成部分是否同一看成了这条船是否自身同一的衡量标准，而这也常会被理解为整体与部分的问题。有学者提出解决这个问题的出路就是在准确把握形式思维与辩证思维各自功能的基础上接触这种把整体与部分并置的理解。

在今天这个科技快速发展的世界里，人工智能等技术给我们带来便利的同时，也带给了我们更深层次的考验。人创造了机器，机器又逐渐反过来限制了人类的发展。机器在多个领域内取代了人类，许多人面临着失业的风险。同时由于智能机器帮助人类解决了许多问题，部分人的动手能力与思考能力都相对下降了。按马克思的话来说，就是人与劳动产品出现了"异化"的问题。许多人因为科技发展迅猛，而产生出了对人本身的认知问题。其中，赛博格（Cyborg）是在当下的公众场域中被最多讨论的一个问题。

赛博格，又称义体人类，是人类与电子机械系统融合而成的新型人。比如人体机械臂、脑内植入记忆芯片，等等。赛博格正在从电影作品逐渐走入现实生活中。那么，赛博格的出现也引起了一种疑问：这样的人还是人吗？赛博格普及到什么程度的时候，人就变得不是人了呢？这涉及的是"人"定义的边界问题，也即面向人自身的"忒修斯之船"问题。

（一）行为的连续性与同一性

首先，我们运用辩证思维去分析"忒修斯之船"这个悖论，我们可以从人的感性认知与人的理性认知两个方面去理解这个问题。黑格尔把人看作一种抽象的理念，是"绝对精神"。马克思对黑格尔的观点进行了批判，认为应该从"人是感性的活动"去理解人，而不是感性的对象。由马克思的观点我们可以进一步理解为人是有主观能动性的，人的活动是有目的、有情感的。

在人的感性认知里，每个物体都是承载着人的感情的，无论它怎么变，我们对它还是依旧的感觉，它都能唤起我们对它最初的记忆。而在理性认知里面，一个物体只要更换任何一点，那么它就不再是最初的那一件了。这与赫拉克利特著名的辩证法断言——"人不能两次踏进同一条河流"是类似的。但现实是河流虽然无时无刻不处于运动变化当中，可我们主观上还是会认为此时的河流与彼时的河流并无差别。我们会对此产生疑问，并拓展到对人自身的思考。

人工智能与医疗技术迅猛发展，人类也面临着对自身主体、本质的进一步考问。通过技术改造过的人还是原来的自己吗？从问题本身的定义去思考，我们会发现这个问题本身就存在漏洞，这个漏洞在于如何去定义人类？比如克隆人的存在，克隆人是否属于人类？克隆人违背了人类自然进化的方式，所以世界上绝大部分人都是不同意用科学技术去改造人类的。忒修斯之船的悖论对于人类的未来到底应该怎样存在这个问题，将会随着定义的调整而被重新讨论。从哲学的角度去思考，这是一个同一性的问题，物体的任一组成部分对该物体都是本质性的，失去其部分，该物就不再是物本身，所以人改变了自己之后就根本无法保持其同一性。而另一种意见表示，如果一个物体"足够多"的部分被整合进另一物体，这些部分也就不再是原来物体的部分了。而融入较少的部分则依旧保持原来属性。因此改变部分的人还是原来的人，而多数部分完全都变了的则不是。

在哲学上，"人类日益技术化"和"技术日益人格化"都会促使我们向唯物辩证法去寻求解决问题的方案。忒修斯之船所思考的核心还是"自我"的思考。在传统哲学中，"自我"是一个自主的独立的存在，所以才会有自我悖论的出现。即使今天我们把"自我"看作一个只是后天形成的概念，是一个后来形成的存在，"我"还是"我"吗？这个问题还是会存在的。也就是说，"自我"不应被理解为发出认识的端点，而应被理解为行为中的自我，它无非是一系列行为的总和，在行为背后并没有一个"行为者"。从"行为"的立场上能解释变化中的连续性问题，认知立场上的解释就困难了。虽然我可能通过人工智能技术改造了自己，但其实从"行为"的立场上来看，我的行为是连续的，"我"还是"我"。

（二）主体认同与技术介入

赛博格对于"人不再是人"的问题，可以看作忒修斯之船在人的层面的具体体现。学者对于赛博格问题的讨论，对于忒修斯之船的解悖也有借鉴意义。

海勒指出：当今的主体有两个身体，"表现的身体"与"再现的身体"。"表现的身体"以血肉之躯出现在电脑屏幕的一侧，"再现的身体"则通过语言和符号学的标记在电子环境中产生。海勒认为，图灵测试证明了"表现的身体"与"再现的身体"之间的重叠不再是自然的不可避免的事情，而是一种视情况具体而定的产物。技术已经介入其中，并且技术与产物的身份交织缠绕，以至于不再可能将它与完整意义上的人类主体分离开来。赛博人是可以通过技术将"表现的身体"与"再现的身体"随时分离与融合的传播主体，和以往相比，这个传播主体的主体性与逻辑都发生了根本性的变化。[①]

根据海勒的观点我们可以知道：在技术之前的时代，传播主体（人）的两种身体不可避免是重叠的。科技使"表现的身体"与"再现的身体"割裂开来。赛博格只是改变了"表现的身体"，也就是肉身，但是存在于电子环境中的"再现的身体"（虚拟形象、社交账号）并没有改变。

那么，我们从中再理解忒修斯之船的悖论。木板的更换只是改

---

① 孙玮：《赛博人：后人类时代的媒介融合》，《新闻记者》2018年第6期。

变了这艘船的实体,但存在于人们认识中的忒修斯之船(身份)会随着每一次修补而改变,变成新的忒修斯之船。如果将每一次填上的材料组成一艘新的船,它当然不是忒修斯之船,所以,忒修斯之船修补的过程,实际上是身份承袭的一个过程,实体的改变并没有改变存在于认识的主体,也就是人的意识中的语言与符号标记。换言之,忒修斯之船,在实体上,不再是之前的船,但在身份认同与主体认识上,它仍旧是忒修斯之船。

四 传播学:传播影响认知的"忒修斯之船"

以传播学中的批判学派为起点研究大众传播,有一个始终绕不开的话题,即传播对于个人,集体,社会等集团的意识形态所产生的影响。[①] 在信息传播和交流的过程中,传播无时无刻不对人的意识形态产生一定程度的影响,使人的认知发生改变,最终表现为和以往不同的认知差异。

该船舶模型和忒修斯之船悖论有着一定的相似点,即假设当一个人的思想认知在日积月累中发生极大的变化,最终意识形态与以往完全不同时,发生了变化的人是否还是原来的那个人。

人的意识形态直接影响到人对于世界的认知,并最终体现到个人行为上。传播所要达到的目的是对人意识形态的影响,不论是解放思想还是束缚以达到相通,最终都会使得受众的意识形态发生变化,这个过程和更换忒修斯之船上的木板是一致的,都是在循序渐进中产生的改变。而虽然人的意识形态发生变化,但是人本身所拥有的仍旧是和意识形态产生变化之前相同的物质条件,即普遍意义上的原来的人,类似于所有木板被更换后的忒修斯之船。

要想判断这个问题并得出基于个人认知的结论,实则要辨析的,

---

① 俞吾金:《意识形态论》,人民出版社 2009 年版。

是"人"这一个概念——人可以被拆分为精神和肉体两个部分，传播所影响的是人的意识形态，即精神部分，而意识形态的变化最终所改变的是个体的行动，对个体本身所拥有的条件并没有直接的影响。即如果认为人的本质是肉体，则传播虽然改变了人的意识形态，但并不改变个人仍是原来那个人的本质，然而如果认为精神才是人的本质，那么凡是接受了信息的人，和接受信息前的人都不再是完全相同的一个人。

对于精神和肉体哪一个部分才是人本质的讨论，一直从未停歇，其中有一个问题是关于人和永生之间的猜想，即如果一个人在肉体死去的同时将所有的记忆植入了一个空白的大脑，维持了与生前相同的意识形态，这个人是否获得了另一种意义上的永生。这个问题到现在也没有一个标准答案，因为判断的标准并没有被明晰。

忒修斯之船与人的变化相比属于较为简单的问题，因为忒修斯之船没有属于自己的意识，在这个悖论中产生变化的只是它的组成部分，并且由于组成部分的变化引起人们对于其整体变化的讨论。在这个悖论中，我们所不能够明晰的问题又或者说原则仍旧是——判断一艘船是否是原来的船的标准是什么？

忒修斯之船有两个组成部分：其一是船物质上的组成；其二是人所赋予的名号，即"忒修斯之船"这个精神象征。因此其判断标准仍有两个，即对于忒修斯之船来说，重要的究竟是原来那艘船的每一块木板，还是这艘船所拥有的象征意义。这个悖论所出现的原因，仍旧是判断标准的不明确，又或者说是因人而异，即这个概念本身所拥有的模糊性。对于个人而言只需明确判断标准即可解决问题，然而对于人的集合而言，因为各人认知的偏差，便会导致判断标准的模糊，因而这个问题被放在集体中时，很难得到解决。

我们可以认为，忒修斯之船在经历了组成部分的更替后，因其所拥有的仍是原来的设计，原来的功能，原来的名号，所以它仍然是忒修斯之船，但是因为组成部分的更替，和最初的忒修斯之船相比它已经产生了变化，而这种变化所导致的结果是——虽然它仍然可以被冠以"忒修斯之船"的名号，但是它已经不再是最初的那一艘忒修斯之船。

五 文学：小说结构中的"忒修斯之船"

有不少文学作品都经历了一个漫长的流传过程，在这个过程中，其内容构架、人物塑造也经历了多次变化，且在传播中产生了不同版本，中国古代的小说尤其如此，如《莺莺传》到《西厢记》的变化等。对应哲学中的命题，这种现象堪称文学的"忒修斯之船"：如果将一部小说作品中的情节、人物、背景、语言、结构、世界观等改变其一，是否还是原来的作品呢？

在传统意义的小说中，情节、人物、背景、语言、结构、世界观是一个有机整体，其相互作用以实现更高的艺术效果。当我们评判一部小说时，时常要将以上诸要素进行联结考察，优秀的小说作品会统筹小说的诸要素，而要素在优秀小说家笔下会相互作用，迸发出更大的艺术魅力。以福楼拜创作的现代小说精品《包法利夫人》为例，最为人称道的就是纳博科夫在《文学讲稿》中提到的"多层嵌套结构"①，他不仅将其运用在上中下三部分的整体结构中，更将此采用在小说人物、环境的塑造上：如里昂初次登场时所戴的滑稽的多层帽子、包法利夫人婚礼上多层嵌套的婚礼蛋糕、福楼拜营造的语言，等等。相反的，如果诸要素中有一个不匹配，则该小说就不能成为这部小说。以现代小说的核心要素人物为例，我们是无法想象耽于幻想的浪漫骑士堂·吉诃德出现在压抑滞塞的卡夫卡的"城堡"里，小说人物只要离开原小说创设的环境，就一刻也不能存活，更不必说推动小说情节了。文学被称为是"凝结在语言中的意

---

① ［美］纳博科夫：《文学讲稿》，申慧辉译，上海译文出版社2018年版。

识形态"，故考察语言，如果用伍尔夫流荡秀丽的笔触去书写陀思妥耶夫斯基的冷刻世界，是不相容的，而乔治奥威尔的反乌托邦作品勾勒的集权国家也只有采用那种疏荡近于粗粝的笔触才更有艺术张力。① 故而在理解小说时，无论是一句不符合人物的语言，还是不协调的环境建构，都会成为破绽，影响小说的整体性。

但在对中国古典小说研究中，以《红楼梦》的版本研究为例，对人物命运、小说结尾的认知构成了不同版本的《红楼梦》，而要素的改变似乎并没有对小说"红楼梦"这一概念发生影响，问题就在于我们所建构的"红楼梦"这一小说概念是依靠小说诸要素建构的，"红楼梦"既可以指眼前具体的脂本、程高本，也可以泛指时间维度上一切人们认定为"红楼梦"的小说。

因此，忒修斯之船悖论的问题在于对概念的界定具有模糊性，忒修斯之船既可以指眼前的具体的"这艘船"，也可以指观念上的船，但从小说审美的角度来看，一部小说只有各个要素同时具备才能成为这部小说，任何要素的缺失都会导致艺术的瑕疵，故而，如果我们从文学角度检视这个命题，眼前的忒修斯之船自更换第一块木板开始，正如优秀小说缺失一个句子，原来的忒修斯之船就已不存在了。

六 语言学：语言游戏中的"忒修斯之船"

索绪尔在《普通语言学教程》中提出：语言符号是任意的。例如"姐妹"的观念在法语里同用来做它的能指的"soeur"这串声音是没有任何内在关系的，它也可以用任何别的声音来表示。事实上，语言符号同一个社会所接受的任何表达手段一样，原则上都是以集体习惯，或者说以约定俗成为基础的。② 在这个意义上，人们使用语

---

① ［美］韦勒克、沃伦：《文学理论》，生活·读书·新知三联书店1984年版。
② ［瑞］索绪尔：《普通语言学教程》，高名凯译，商务印书馆1980年版，第107—108页。

言符号表达并讨论某一命题或悖论正是建立在某一特定群体约定俗成的语言习惯基础之上的。当讨论"哪一艘才是原来的忒修斯之船"时，语言中关于构成关系或物体同一判断的约定正是这类"把某物认定为原来的某物"的语言游戏中最基本的规则。

在维特根斯坦看来，"语言游戏是'意在于突出下列这个事实，即语言的述说乃是一种活动，或是一种生活形式的一个部分'"①，一种语言的使用必须以一定的生活形式为背景，语言游戏遵守特定生活形式产生的规则。又由于人的需求在生活形式中的表现随处可见，语言游戏便自然显示出以人的需求为导向的特征。回到"忒修斯之船"悖论的情境中，借用霍布斯进一步的引申："把替换下来的构件按照原来次序重新组装，形成一条'新船'。接着人们把旧构件组成的'新船'送进历史博物馆展出，那么又应该如何称呼这两艘船呢？哪一艘才是原来的忒修斯之船呢？那一艘'原来的'船又是在怎样的条件下被断定的呢？"

在此，考虑人们如何在日常生活中使用"原来"一词，不妨进行一个语言游戏：

（A 看到 B 平时穿的鞋子上换了新的鞋带）

A：咦？你换了鞋带，原来的呢？

B：脏了扔了，换个别的看看。

在以上情境中，A 之所以问的是"原来的鞋带"，而不是"原来的鞋子"，是因为 B 的鞋子除了鞋带并没有什么不同，而鞋带或许在颜色、粗细、磨损程度等特征上有明显不同。鞋带这一小部分的不同，不会影响整双鞋子的功能，也不足以彻底改变鞋子在人脑海中的印象，鞋子除鞋带以外的大部分特征才是人们判断的关键。由此可见，在"把某物认定为原来的某物"的语言游戏中，人们往往关注的是最多的关键特征上的一致。至于什么特征才是"关键"的、

---

① ［英］维特根斯坦：《哲学研究》，李步楼译，商务印书馆 1996 年版。

如何判定"最多"则要看具体情境和人的需要。

在"忒修斯之船"的情境中，当船员们更换船上木板时，他们是把忒修斯之船视为一件一般人造物，希望它满足人们日常生活的实用性功能，更新船的构件就是为了维持、恢复其航行的功能。据此，这时"把某物认定为原来的某物"的语言游戏规则会引导他们以"木板更换前后的船是同一艘船"为前提来行动。"原来的船"这一语言符号已经在人们的需求中潜在地约定了"替换后的船也是原来的"。而陈列在博物馆中的重组形成的忒修斯之船，承载的主要是历史文化意义。将它送进博物馆的人们已经将其视为一件文物，希望它满足人的精神需要，据此，重组的忒修斯之船与"原来的船"的语言符号对应出现在人的脑海中，引导人们送它进入博物馆。

"忒修斯之船"悖论之所以产生与人的语言、生活形式和需求密切相关，从语言和需求的角度分析，它能为我们更深入地思考实际生活形式提供更多入口。

七　史学："正名"的"忒修斯之船"

我们已经知道忒修斯之船是一个悖论，而作为悖论，它必然与人们所公认的某些定论背道而驰。在这个命题之中，关键在于："忒修斯之船"可以是原来的船、完全改装后的船和用损坏的木板拼起的破船，但又不等于其中的任何一个，于是便产生了同一性的困境。

如果我们仅把命题的对象视作"船"，那么在这个过程中不会出现同一性的问题。在置换损坏部件和添加新部件的过程中，"船"保持着自己作为船的同一性，用损坏部件拼起的破船、修补后的新船和初始的船之间并不会产生矛盾，它们都是符合"船"这一概念的实体。于是我们便要检视"忒修斯之船"相较于"船"的区别，从字面上来看，它在"船"前加了表示归属的限定语，但是更深层的变化发生在语义上，相较于字面的"名"，其所指代的"实"则是变化的核心。

为了厘清这种名实关系，我们可以引入"正名"理论，这一说法来源于《论语》：

> 子路曰："卫君待子而为政，子将奚先?"子曰："必也正名乎!"子路曰："有是哉，子之迂也! 奚其正?"子曰："野哉，由也君子于其所不知，盖阙如也。名不正则言不顺，言不顺则事不成；事不成则礼乐不兴；礼乐不兴则刑罚不中；刑罚不中，则民无所措手足。故君子名之必可言也，言之必可行也。君子于其言，无所苟而已矣。"①

马融认为"正名"即"正百事之名"，朱熹则将其解释为"纠名实，正人伦，得天理"②。杨伯峻先生在《论语译注》中将"正名"注为"纠正名分上的用词不当"，而冯友兰先生在《中国哲学史》中将其阐释为"使实皆如其名"，总的来说，"正名"指向名实的符合，但是它并不能被认为是一种简单的符合，而是面临着复杂的历史和现实语境的符合，内里包含着语境的流变因素。

如果"正名"的命题对象是"自然人"，那么这个命题就没有必要存在。但是"君""臣""父""子"此类，正与"忒修斯之船"一样，面临着复杂的历史和现实语境的符合的问题，内里包含着语境的流变因素。

我们再来看两个非常切近的命题。一个是"乐队问题"，如果一个乐队自成立以来已有多年，队伍里的所有成员都换过了一遍，那么这个乐队还是原来的乐队吗？如果我们把从乐队退休的老音乐家

---

① 孔丘：《论语》，杨伯峻、杨逢彬注译，岳麓书社2000年版，第117页。
② 刘宝楠：《论语正义·子路第十三.诸子集成》，第1册，上海书店出版社1986年版。转引自李景林《正德性与兴礼乐——孔子正名思想的理论内涵及其方法学意义》，《北京师范大学学报》（社会科学版），2011年第3期。

们再聚到一起，与年轻人组成的这个乐队相比，哪个才是真正的乐队？解决这个问题也需要"正名"的介入。

更复杂的例子则可被称为"嘉兴南湖船"问题。众所周知，在1921年8月的一天，这艘船上的十三人成立了一个改变中国近代史的组织中国共产党，而今天，这个当时在全国范围内只有50多名成员的组织现在已经成为拥有9000万成员的执政性质组织，但是它还叫中国共产党。

这种在生活中司空见惯的现象却足以成为同一性上的悖论。而如果我们对"忒修斯之船"这一命题进行祛魅，同样可以发现它其实司空见惯，我们可以指着博物馆里用损坏的木板拼成的公元前文物说"这是忒修斯之船"，也可以将那艘由新木板组成的古形制的船叫"忒修斯之船"，甚至还可以接受新服役的铁甲舰叫作"忒修斯号"的定义。

于是我们发现，这种同一性问题并不仅是"内容是反直觉的"，更是"其本身的存在就是反直觉的"，即我们平日并不认为其存在同一性问题的命题在逻辑上却是矛盾的。悖论之所以是悖论，是因为它还未做到解释的融贯，而任何真理性的解释都不能是根本上反直觉的。也就是说，我们在对忒修斯之船这一悖论进行解释的时候必须承认：在流变的语境中还存在一个使真者，它是"正名"的客体，也是人们进行日常判断的根据。

那么这个使真者可能具有何种特点？

1. 它是概念性的，其内容或是约定俗成或是在历史中生成。

2. 在日常生活中，可以认为它是客观现实的。其内容不以个人意志为转移，也可以确实用于指导人的认知。

3. 其内容是随着语境流变的。此种语境的流变可以是场域的，也可以是时间的。因此，"正名"也是贯穿历史的。

4. 它有其所指的实体，但是这个实体不仅是物质形态上的（比如船、人类），而必然承载某种价值。

这个使真者必然包含什么？可以认为它包含某种范式，"君臣父子"包含着"君臣父子"行为和关系的范式，忒修斯之船包含着木板拼接的范式，乐队包含着乐队组成的范式，中国共产党包含着党章。

但是范式并非一成不变，如不同朝代的"君臣父子"的礼制要求和依附关系也各有不同，乐队的组成也可以稍有不同，如多出几位小号手，裁撤掉管风琴手之类，党章也修改过几个版本，而铁甲舰被叫作"忒修斯号"也是可以接受的。

那么更深层次的维持同一性的是什么？我们可以认为范式的变化仍旧保存了其中的核心，如君臣隶属关系、父子赡养关系，乐队本部始终在某城市的某音乐厅，中国共产党一定要为人民谋幸福，忒修斯之船是为了纪念忒修斯。这些核心设定维持了同一性。

这时我们可以发现使真者的本质：人的价值建构。这一发现可以帮助我们指出"忒修斯之船"命题之所以被视为悖论的原因：价值建构因其客观性实际形成了一种"想象的现实"，其所指的实体因符合某种价值建构而为真，即：它并不指向某一个实体，而是指明"实体确实承载了某种价值"，因此，和木板是否被替换、替换了多少等问题无关，对"忒修斯之船"的讨论最终可还原为"实体是否承载了某种价值"（如纪念忒修斯的价值）的讨论。

结　语

悖论问题之所以常思常新，是因为其关系到人类思维的整体融贯。对悖论的研究和对解悖的尝试不仅是我们了解以往哲学家的理论的路径，更是我们挑战自己的思维的过程。在这个过程中，我们结合自己的专业知识给出了自己的答案，其中的一些切入角度是先辈哲人们从未知晓和设想过的，如人类的机械改造和量子理论。而殊途同归的是，和先辈哲人们一样，我们都意识到这是一个关于

"我们通过什么来认定同一性"的问题,并且在种种旧有的理论和新的发现中抽丝剥茧,发现同一性可以寓于结构、功能、情境、意义之中,且现实中存在一个使真者,能够使我们据此作出同一性的判断。这个过程使得我们在不断流变的世界里抓住思维可供锚定的基石,也让我们在表象的变换中寻得意义的永恒。

再思技术异化:基于韦伯与马克思历史观的比较

刘　洋[*]

> 好孩子,我对你们是听其自然;但要想想:魔鬼总比你们年老一点,你们到老时就会懂得他的语言!
>
> ——《浮士德》

一　从历史观到合理性:韦伯与马克思

"与马克思的幽灵对话"[①]是学界对韦伯与马克思思想关联的一种说法,这种对话既是韦伯与马克思在方法论上的直接对冲,又是韦伯对马克思方法、观点重要性的认可及吸收。如果说,韦伯的方法论是马克思的历史唯物主义的对立面,那么这种对立的根源应当

---

[*] 刘洋,南开大学周恩来政府管理学院社会学系硕士研究生。

[①] 阿尔伯特·所罗门(Albert Salomon)认为:"尽管内部联系非常紧密,但韦伯和马克思的作品却相互敌对。造成这种状况的原因除了历史外,两个人之间存在的知识和精神条件以及性格差异也是造成这种情况的原因。"也正因如此"韦伯体系中的所有构成要素都与马克思的作品结构形成鲜明对比"。具体参见 Albert Salomon, "Max Weber's political ideas", Graduate Faculty of Political and Social Science, *New School for Social Research*, Vol. 2, No. 3, 1935. 关于韦伯与马克思之间思想关系的论述还可见:[英] 安东尼·吉登斯:《资本主义与现代社会理论》,郭忠华、潘华凌译,上海译文出版社 2013 年版。

是历史观的根本分歧，这一分歧也指向了二者对资本主义问题分析进路的对立。

(一)"文化科学"与历史的因果说明

在韦伯的思想范畴中，社会学与历史学同属于文化科学范畴——它们均是理解性、历史性、涉及人类文化的科学——对于一种文化科学的探索，则要运用理解的方法，这既是与自然科学在方法上的对立，又是文化科学特性的自我彰显，即以人所承认的价值区分文化科学与自然科学。① 理解作为一种对主观性事物的客观把握，其客观性至少要服从两个基本前提：(1)人的行为本身的可理解性；(2)行为的目的具有可理解性。历史也是人类行为的构成，是人行动的历史。韦伯对历史的研究一方面要求把握历史的因果关系，另一方面要求在历史的因果关系之中找寻可以被理解的普遍历史。② 历史的因果关系是"各种往事的作用的规定性对某一事件的起因的影响"，对历史的确定可以从某一独特的事件开始，也可以从一种历史趋势来把握，以期限定一历史事件的特征，同时对一历史现象进行拆分，将历史现象看作"某个历史事件的某些组成因素和先前的某些情况之间的关系"，从而在前提上假定历史事件是某些因素的变化从而产生的结果——"历史结果的因果分析，应当对许多因素中的一个因素做假定性的改动"，这一前提使得探索影响历史的关键因素

---

① [美]雷蒙·阿隆：《社会学主要思潮》，葛秉宁译，上海译文出版社2005年版，第475页；[德]马克斯·韦伯：《社会科学方法论》，韩水法译，商务印书馆1999年版，第3—4页。

② 韦伯研究的是"普遍历史"，普遍历史是一种19世纪的德国史学研究范式，主张回避专门研究，力求综合描述整个历史时代或文化领域。在普遍历史下韦伯的研究问题关注于："西方文明中，而且仅仅在西方文明中才会呈现出那些（一如我们喜欢认为的那样）沿着一条具有普遍意义和普遍价值的发展路线而存在的文化现象，这一事实应当归因于哪些环境要素的综合作用呢？"韦伯的宗教社会学专题研究以比较历史为方法，力求把握"诸世界性宗教的经济伦理观"，因果关系展开于历史的比较之中，正是在历史的比较之中历史才被赋予了一种普遍意义，这种普遍的历史也是在比较之中才是可以被理解的。具体见[德]马克斯·韦伯《新教伦理与资本主义精神》，阎克文译，上海人民出版社2017年版，第187、199页。

成为韦伯历史观的重要探索内容。①

　　将影响历史进程的关键因素作为历史学的重要探索内容就决定了韦伯的历史研究更注重的是历史的过程分析，即历史运作过程中的某一片段及片段之间的联系。② 除此之外，韦伯对历史的研究还体现在理想类型这一独特的研究方法之中。理想类型作为韦伯思想中认知论的中心以一种抽象理论的概念结构，基于价值关联的基本原则和理解的方式使得这一理论工具具有完成文化科学任务使命的功能——"文化科学的作用是要获得关于具有完全特殊性质的文化现象的知识"③。理想类型作为历史整体或事件连贯性的可理解关系的概念性工具是科学的理性化的结果，其目的是"努力寻找物质的内在合理性"，是对研究对象的部分特征的概括，因此"保留了因果关系的部分性"④。阿隆对韦伯理想类型建构的方式进行了概括，认为有如下三种理想类型的建构：（1）历史事件的理想类型；（2）确定历史实在性的抽象组成部分的理想类型；（3）具有独特性质的行为的理性化再现。三种理想类型的建构方式本质上是力图把握人类社会的总的历史实在性，这些具有社会特征的组成部分的理想类型，一种来源于历史和现实的"再组概念"，是一种对现实的复杂性的抽象把握。这样一种基于价值关联和理解的概念类型，是建立在韦伯

---

　　① ［美］雷蒙·阿隆：《社会学主要思潮》，葛秉宁译，上海译文出版社 2005 年版，第 482—484 页。

　　② 韦伯认为，文化科学把握的因果关系的目的并不是探索一种自然科学意义上的"一般性规则"。在针对施塔姆勒的批判中，韦伯强调："一切历史事件和社会生活现象，归根结底只能用一个历史因素或社会生活因素来说明，否则就不符合因果范畴。但是我们凭什么相信这种说法是对的？"将历史学乃至整个文化科学的因果关系看作自然科学般的"因果法则"是一种倒退。"最后这种错误是从康德向（至少是）休谟的倒退。而第一种错误却把我们带回到更早的地方，一路回到经院哲学。"［德］马克斯·韦伯：《批判施塔姆勒》，李荣山译，上海人民出版社 2020 年版，第 71、77 页。

　　③ ［德］马克斯·韦伯：《社会科学方法论》，韩水法译，商务印书馆 1999 年版，第 15 页

　　④ ［美］雷蒙·阿隆：《社会学主要思潮》，葛秉宁译，上海译文出版社 2005 年版，第 489—490 页；［德］马克斯·韦伯：《社会科学方法论》，韩水法译，商务印书馆 1999 年版，第 15—19 页。

价值哲学的基础之上的。韦伯将价值看作人类的决定创造的一种自由选择和自有肯定——这是一种传承于马基雅维利以降的古典政治哲学传统——将价值的产生归于社会性和历史性，即一种实践在同质时间上展开的实践结果与延续。①

所以韦伯思想体系中的历史具有一种总体的历史实在性，把握历史是要发现影响历史发展的关键因素从而理解现实社会中的各种现象与历史之间的关系。② 韦伯的历史观及其方法这在其《新教伦理与资本主义》一书中尤为明显。

韦伯的"宗教社会学"的核心议题是宗教观念与社会经济行为之间的关系。③ 韦伯考察了资本主义精神这一文化概念与新教伦理的历史发展之间的关系，以及在新教伦理塑造下的资本主义精神如何影响现代资本主义的发展。④ 在这一考察之中韦伯清晰地把握了新教

---

① [美]雷蒙·阿隆：《社会学主要思潮》，葛秉宁译，上海译文出版社2005年版，第493—495页；李猛：《除魔的世界与禁欲者的守护神：韦伯社会理论中的"英国法"问题》，载《韦伯：法律与价值》，上海人民出版社2001年版，第117—118页。

② 这便是韦伯与马克思之间对话过程中的一个重要分歧，即影响历史的关键因素究竟是什么。韦伯认为，无论哪一派别的历史唯物主义都强调经济因素是影响历史的关键因素，"'历史'过程是既定时期普遍存在的'物质'资料——也即经济资料——生产和占有模式的必然结果"。而韦伯却认为不能单纯地归结于经济因素（虽然经济因素是一个重要因素），"……必须着重考虑经济条件的问题。但是与此同时，相反的关联因素也不可置之度外"。斯蒂芬·卡尔伯格指出，韦伯认为他对马克思的思想具有一种冲击力。对于韦伯来说，合理化过程可以在每个领域独立于其他领域并以自己的速度进行。例如，一种"理性的"立法形式并不是起源于那些首先引入现代资本主义形式的国家。相反，它在古罗马出现并获得了高度合理的形式。而这一点也进一步说明了韦伯理性化命题并非一个单线性命题，而是一个共线性命题。具体参见 Stephen Kalberg, "Max Weber's Types of Rationality: Cornerstones for the Analysis of Rationalization Processes in History", *American Journal of Sociology*, Vol. 85, No. 5, 1980, pp. 1145–1179；[德]马克斯·韦伯：《新教伦理与资本主义精神》，阎克文译，上海人民出版社2017年版；[德]马克斯·韦伯：《批判施塔姆勒》，李荣山译，上海人民出版社2020年版，第76页。

③ [美]雷蒙·阿隆：《社会学主要思潮》，葛秉宁译，上海译文出版社2005年版，第493—495页；[德]马克斯·韦伯：《新教伦理与资本主义精神》，阎克文译，上海人民出版社2017年版；[英]安东尼·吉登斯：《资本主义与现代社会理论》，郭忠华、潘华凌译，上海译文出版社2013年版。

④ [德]马克斯·韦伯：《新教伦理与资本主义精神》，阎克文译，上海人民出版社2017年版。

伦理在伦理理性化这一过程中对现代的理性资本主义所产生的关键作用。新教伦理的理性化，使得人们过上了一种条理化纪律化的生活，"从冥想地'逃避世界'转向了积极苦行地'改变世界'"，从而走向了实践理性化，宗教的祛魅通过形塑信徒的个性、实践、生活使得这一实践理性化进一步转化为伦理的理性化——将伦理与神性结合使得现代的伦理与古代神的"知"走向了结合，正是在这一意义上，新教区别于其他宗教——它极度倡导入世的积极态度，从而在新教的伦理理性化过程下最终走向了社会秩序的理性化，从而使得对新教伦理的历史考察具有了"普遍的历史意义"。[①] 韦伯强调了伦理与价值对理性资本主义的革命性开创作用并将其提升到一种普遍性历史意义，是对其历史观和历史方法的贯彻——将新教的伦理与价值的理性化作为影响理性资本主义发展的关键因素，其更表明了一种历史因果的偶然性，即对已知历史事件发展的结果的影响因素并不局限于经济、政治、文化某一领域，其偶然性体现在因素来源的偶然性（可能是历史现象也可能是历史事件）与影响因素性质的偶然性（无法先验断定某一因素的决定性作用）。正是在这种偶然性之下，西方的理性化进程才更显现出一种普遍性，一种必然中的偶然。[②]

（二）"人本的"历史唯物主义

马克思的历史唯物主义便是其鲜明的历史观。"德国哲学从天上

[①] 李猛：《理性化及其传统：对韦伯的中国观察》，《社会学研究》2010 年第 5 期；李猛：《除魔的世界与禁欲者的守护神：韦伯社会理论中的"英国法"问题》，载《韦伯：法律与价值》，上海人民出版社 2001 年版，第 123—125 页；[德] 马克斯·韦伯：《新教伦理与资本主义精神》，阎克文译，上海人民出版社 2017 年版。

[②] 韦伯的"宗教社会学"只是其核心议题研究的一部分，文化因素是韦伯社会理论中的一个关键因素，但其地位并非经济之于历史唯物主义的基础性作用。宗教也只是文化因素分析之中的一部分，韦伯在《新教》第五章的注释 120 中提到，"……另一部分原因则是为了矫正这项研究的隔离状态，把它与整个文化的发展联系起来，我决定首先对宗教与社会的总体历史关系作一些比较研究"也表明了这一点。

降到地上；和它完全相反，这里我们是从地上升到天上。"马克思对德国古典哲学的批判明确了其历史唯物主义的立足点，"我们的出发点是从事实际活动的人，而且从他们的现实生活过程中我们还可以揭示出这一生活过程在意识形态上的反射和回声的发展"。将人看作现实的人，将人的意识看作"生活的意识"，"从现实的、有生命的个人本身出发，把意识仅仅看作他们的意识"是历史唯物主义的鲜明特点。①

马克思之所以将历史看作人的历史，将意识看作人的意识，是基于其对人类历史前提的论述："任何人类历史的第一个前提无疑是有生命的个人的存在。因此第一个需要确定的具体事实就是这些个人的肉体组织，以及受肉体组织制约的他们与自然界的关系。"② 马克思认为无论是历史还是社会现实，其复杂性都服从着人的存在是人类历史的第一个前提，所以"新的唯物主义的立脚点则是人类社会或社会的人类"③。这一前提既是对人的主体性的认可，又是对人的历史地位的认可。在马克思的视域中"历史"与"实践"是无法分割开的——"人们为了能够'创造历史'，必须能够生活"。一切历史都是建立在人的生存上，而历史的连续性发展则是建立在生产为基础，生产力的进步为主旋律的人类实践之中的，而人的精神活动——意识，是建立在人的创造之上的，"意识一开始就是社会的产物，而且只要人们还存在着，它就仍然是这种产物"④。俞吾金认为，实践理论作为马克思全部理论的基础需要我们将对实践的理解从认识论转到生存论的本体论上，才能从人与人的关系去理解生产劳动进而打开马克思理论的人文关怀向度，⑤ 也正是在这样的理解视角

---

① 《马克思恩格斯全集》第三卷，人民出版社 1960 年版，第 30 页。
② 《马克思恩格斯全集》第三卷，人民出版社 1960 年版，第 23 页。
③ 《马克思恩格斯选集》第一卷，人民出版社 1995 年版，第 57 页。
④ 《马克思恩格斯全集》第三卷，人民出版社 1960 年版，第 31、34 页。
⑤ 俞吾金：《如何理解马克思的实践概念——兼答杨学功先生》，《哲学研究》2002 年第 11 期。

下，马克思的"全部社会生活在本质上是实践的"论述才具备了历史性和人本主义。①

马克思的历史唯物主义以实践理论为基础，力图把握历史运动的客观规律，从而去阐明这些现象何以在历史发展的一定的阶段上成为可能。"历史在马克思那里成为一个在物质需求基础上的'人的自我生产'的整体……是深入人在社会生产中的历史当下，它每一次都通过革命证明自己是生产关系的暂时性层次，而生产关系必须适应生产发展的阶段。"② 历史的暂时性是"历史唯物主义在考察异化和其他一切社会现象时，既坚持历史评价优先，又兼顾道德评价的维度"的具体表现，其内核是马克思异化理论的成熟表现及其对历史唯物主义的影响，这一变化背后也反映了历史唯物主义的成熟过程。③

道德评价是马克思青年时期的批判取向，在《巴黎手稿》中体现得尤为明显，"共产主义是私有财产即人的自我异化的积极的扬弃，因而是通过人并且为了人而对人的本质的真正占有；因此，它是人向自身、向社会的（即人的）人的复归……它是历史之谜的解答，而且知道自己就是这种解答"④。共产主义在这一阶段马克思的视野中被认为是扬弃资本主义历史阶段下异化的手段，而资本主义作为人的历史阶段之一并没有被赋予其合理性——资本主义就是要被批判的。"现代资产阶级本身是一个长期发展过程的产物，是生产方式和交换方式的一系列变革的产物"，"资产阶级在历史上曾经起过非常革命的作用"⑤。在《共产党宣言》中马克思的评价视野开始

---

① 《马克思恩格斯选集》第一卷，人民出版社1995年版，第56页。
② 戴晖：《费尔巴哈、马克思和尼采》，人民出版社2015年版，第48页。
③ 俞吾金：《从"道德评价优先"到"历史评价优先"——马克思异化理论发展中的视角转换》，《中国社会科学》2003年第2期。
④ 《马克思恩格斯全集》第四十二卷，人民出版社1960年版，第120页。
⑤ 《马克思恩格斯全集》第四卷，人民出版社1960年版，第467—468页。

从道德评价转向历史评价。① 马克思不仅承认资产阶级的历史性,还承认了历史的暂时性与阶段性。资产阶级也曾作为一种革命力量对前社会形态进行批判与改变——前社会形态的终结表明了历史的暂时性与阶段性。俞吾金认为"历史评价优先"不仅是马克思的价值立场从"布尔乔亚式的、多愁善感的道德立场转换为无产阶级的道德立场"②,还是"把道德评价置于历史评价的基础上",将历史评价作为历史道德评价的基础,不仅肯定了每一历史阶段本身在人的历史中的地位与作用,更是将道德评价建立在历史唯物主义基础之上。

(三) 历史观的分歧与合理性

马克思将历史看作现实的人的历史,强调实践的基础作用,通过对历史运动的客观规律的把握以及对道德与历史评价的统一,落脚于客观的历史运动和历史评价,而不是主观的道德观念和抽象的道德评价。韦伯则将历史看作复杂因果关系的不确定性产物,力图通过发掘影响历史的关键因素对历史进行理解。本文在开篇已经指出韦伯与马克思在历史观上具有一种分歧,通过上文的分析我们可以发现,这种分歧不仅是方法论上的不同,还牵涉到价值立场、评价方法的不同。本文的重点不是分析二位思想家在历史观上的差异,而是希望解释这种差异的本质及其问题——现代社会的合法性问题。③

如果说韦伯的历史观具有一种历史主义倾向,那么这种倾向必

---

① 俞吾金:《从"道德评价优先"到"历史评价优先"——马克思异化理论发展中的视角转换》,《中国社会科学》2003 年第 2 期。

② 俞吾金:《从"道德评价优先"到"历史评价优先"——马克思异化理论发展中的视角转换》,《中国社会科学》2003 年第 2 期。

③ 哈贝马斯认为,现代社会的合法性问题源自于韦伯关于理性统治的研究,合法性问题必然指涉两个基本问题:(1) 与真理的关系;(2) 是否被人所认同。哈氏认为,纯粹的正当性若作为合法性的一种标准,必须使整个统治系统在相应法律形式之外合法化。具体参见 [德] 哈贝马斯《合法性危机》,刘北成、曹卫东译,人民出版社 2000 年版。

然导致对某一历史阶段合法性的默认，即一种自我证明。有学者指出，韦伯的《新教伦理与资本主义》一书具有文化霸权主义的意涵，其本质也是这种文明合法性的自我论证，"……在这套历史叙事中西方是'先进的''文明的'……这种西方历史概念化的一个非常重要的人物就是马克斯·韦伯，他集中西方价值和文化，认为源自新教的理性主义和工作伦理对资本主义的兴起即西方的兴起至关重要"①。将韦伯的宗教社会学研究只看作一种文化霸权主义的理论虽然有失偏颇，但却引导我们发现这样的问题：韦伯是将西方文明的合法性看作其理论的前提？还是结论？这一问题发生于韦伯的历史观及历史研究，但是却超出这一范围，指向的是韦伯对现代社会理性化进程的态度，即从韦伯的历史观出发，理性化进程对于人来说意味着什么。

如果我们将理性化看作一种"反传统的传统"，即"理性化建立了一种以系统理性的方式不断反传统的'传统'"②，那么我们就要接受如下三个结论：（1）理性化具有一种革命性力量；（2）理性化所塑造的新传统是资本主义社会的诸社会秩序；（3）对理性化、合法化的认可就是对资本主义社会诸社会秩序的认可。在《新教伦理与资本主义》中，韦伯便向我们展开了一幅关于伦理理性化塑造理性资本主义的图卷，将社会秩序理性化的动力看作伦理理性化过程的冲突与张力，并将这种张力与整个世界图景联系起来，从而使得新教伦理在一种世界性上具备一种普遍历史意义。③ 但在韦伯后期的著作中我们发现，即便新教伦理在早期塑造了理性资本主义及理性资本主精神，但并未使得现代社会走上价值理性，程序技

---

① 杨光斌：《历史社会学视野下的"新教伦理与资本主义精神"》，《中国政治学》2018年第2期。

② 李猛：《理性化及其传统：对韦伯的中国观察》，《社会学研究》2010年第5期。

③ 李猛：《除魔的世界与禁欲者的守护神：韦伯社会理论中的"英国法"问题》，载《韦伯：法律与价值》，上海人民出版社2001年版；[德]马克斯·韦伯：《新教伦理与资本主义精神》，阎克文译，上海人民出版社2017年版。

术的发展脱离了伦理理性化的内在张力成为一个独自发展的领域——伦理理性化被弃之如敝屣，资本主义如脱缰之马在工具理性的道路上一骑绝尘。这一变化使得政治理性化无法再找到一对"反题概念"以塑造一种张力和冲突来推动其进程。①

但笔者并不认为韦伯对理性化的研究保有一种文化霸权主义，笔者认为韦伯的这一研究及其回答，直指资本主义的合法化问题，虽然韦伯试图论证西方理性主义的普遍历史意义但终究未能完成，而正是这一困扰与马克思对资本主义的合法性批判才真正在各种向度上开启了资本主义的合法性问题。

在《民族国家与经济政策》② 一文中（下文称《政策》），韦伯饱含激情地向所有的听众宣告他对德国困境的思考与解决方案，对于德国的出路，韦伯提出了两个建议：（1）建立德意志的民族国家经济政策；（2）让"政治成熟"的阶级成为德国的统治阶级。所谓"政治成熟"的阶级是"按照他们的理解力，能够把握本民族长远的经济'权力'利益，而且有能力在任何情况下把这一利益置于其他任何考虑之上"③。也就说韦伯希望德国能够建立一套从上到下（制度），由内到外（心理）的民族国家体系，使得德国自立于世界。但是按照韦伯自己的论述，《政策》一文本身存在如下两个问题：（1）韦伯是以学者的身份还是政治家的身份来演讲？（2）韦伯

---

① 李猛：《除魔的世界与禁欲者的守护神：韦伯社会理论中的"英国法"问题》，载《韦伯：法律与价值》，上海人民出版社 2001 年版。

② 盖伊·奥克斯认为韦伯在弗莱堡大学发表的经济学教授就职演说《民族国家与经济政策》就是一篇社会科学价值论基础的文章。但笔者认为这篇演讲之中只含有一种社会科学价值论的意涵，并非全然论述这一论题。在这一演讲发表时韦伯添加了一个前言，其中说到"就专业角度而言，这篇演说也只要求大家重视'科学性'，它专心致力于解释动机的形成。……公开地针对评价国民经济现象的主观立场进行个人阐述和辩护"。可见奥克斯所谓"价值论"只是一种"文本的潜在"。具体参见［德］韦伯《罗雪尔与克尼斯：历史经济学的逻辑问题》，李荣山译，人民出版社 2020 年版；［德］韦伯：《民族国家与经济政策》，甘阳编，生活·读书·新知三联书店 2018 年版。

③ ［德］马克斯·韦伯：《民族国家与经济政策》，甘阳编，生活·读书·新知三联书店 2018 年版，第 108 页。

的观点究竟是学者的科学的观点,还是政治家的政治的观点?按照韦伯的科学理论,科学的普遍有效性在于价值无涉,不将个人的、政治的价值判断带入科学研究之中。① 韦伯在《政策》一文的开篇也强调了"这篇演说也只要求大家重视'科学性',它专心致力于解释动机的形成"②。也就是说韦伯文中的观点在他自己看来是一个学者的科学观点结论。但是韦伯同样强调,学者或者教师"不要站在讲堂上居高临下地把某种自己的立场强加给学生",尤其反对在教室、课堂谈论政治,③ 那么《政策》一文可以说是以科学的普遍意义为政治的合法性背书,是韦伯对科学与政治问题之间的调和,是对"怎样才能既是一个政治活动家同时又是一个教授"问题的回答。④ 然而这一回答却不可避免地引出一个新的问题:科学作为政治合法性的来源其本身的合法性是什么?——韦伯并没有对此问题作出回答。马克斯·舍勒指出韦伯清晰地认识到现代社会并不存在"先知"或者"救世主",即传统社会中宗教的合法性经过祛魅已然在现代社会中不复存在,而现代社会自身也尚未演化出关于合法性的功能。⑤ 所以,如果说韦伯《新教伦理与资本主义》呈现出一种"文化霸权主义"的价值取向,也只是因为韦伯并未能对合法性问题进行回答,但我们依然不能认同这一评价,这一评价忽视了韦伯对

---

① [美]雷蒙·阿隆:《社会学主要思潮》,葛秉宁译,上海译文出版社2005年版;[德]马克斯·韦伯:《社会科学方法论》,韩水法译,商务印书馆1999年版。苏国勋先生认为,韦伯既是一位学者也是一位政治评论家,并且从未将二者的标准进行混淆,但本文并未使用这一论述,本文更偏向于将韦伯关于科学与政治的命题理解为韦伯合理性大命题下的探索,是从科学角度论述资本主义合理性,正是在这一意义上,本文更倾向于接受雷蒙·阿隆对韦伯科学与政治这一命题的观点。

② [德]马克斯·韦伯:《民族国家与经济政策》,甘阳编,生活·读书·新知三联书店2018年版,第83页。

③ [德]马克斯·韦伯:《科学作为天职:韦伯与我们时代的命运》,李猛编,生活·读书·新知三联书店2018年版,第30页。

④ [美]雷蒙·阿隆:《社会学主要思潮》,葛秉宁译,上海译文出版社2005年版,第472页。

⑤ [德]马克斯·舍勒:《舍勒选集》,刘小枫编,上海三联书店,1999年版。

现代社会合法性问题的提出与探索（关于理性统治与统治合法性问题的研究），而只是关注其未对此问题进行回答。相较于韦伯对这一问题的无力，马克思在其历史唯物主义之上对现代社会的合法性问题提出了回答。

马克思的历史观服从其历史唯物主义的基本要求，是建立在历史评价之上的道德评价，通过论证共产主义对人性的复归使其具有历史的合法性，从而对资本主义社会进行客观承认和价值批判，既是对现实的历史肯定也是对现实的价值否定。"对现实的描述会使独立的哲学失去生存环境，能够取而代之的充其量不过是从对人类历史发展的观察中抽象出来的最一般的结果的综合。"① 马克思对现实的批判也是从历史开始最终落脚于现实。

对现实的批判是马克思实践理论的要求，② "实际上和对实践的唯物主义者，即共产主义者说来，全部问题都在于使现存世界革命化，实际地反对和改变事物的现状"③。对现实的批判与否定实际上就是对合法性问题回答。"现存世界的世界革命化"是马克思在其历史唯物主义与社会形态论的基础上所得出的结论，"我们所称为共产主义的是那种消灭现存状况的现实的运动"，"共产主义并不剥夺任何人占有社会产品的机会，它只剥夺利用这种占有去奴役他人劳动的机会"④。马克思对现实的批判并非如韦伯所言是一种先知的预断，即站在超历史性的价值合法性之上对现实的批判，而是对现实与人的本质之间异化的否定——资本主义使得劳动异化，而共产主义要

---

① 《马克思恩格斯全集》第三卷，人民出版社 1960 年版，第 31 页。
② 这种基于实践的历史唯物主义批判既是马克思的批判方法，也是其批判核心立场。布莱斯·尼克松（Brice Nixon）指出，"批判理论依赖于批判方法，而马克思的批判方法则是历史唯物主义辩证法。实际上，这种方法是马克思批判理论的基础。因此，马克思是批判性政治经济学的理论和概念的重要来源，也是考虑该方法性质的重要来源"。具体参见 Brice Nixon, "Dialectical Method and the Critical Political Economy of Culture", *triple*, Vol. 10, No. 2, 2012, pp. 439 – 456.
③ 《马克思恩格斯全集》第三卷，人民出版社 1960 年版，第 48 页。
④ 《马克思恩格斯全集》第三卷，人民出版社 1960 年版，第 40 页；《马克思恩格斯全集》第四卷，人民出版社 1960 年版，第 485 页。

消灭这种异化,这一现实基础就在于资本主义使社会生产力大幅提高、高度发展从而使得异化成为一种不可忍受的力量,从而通过暴力在资本主义产生的危机中产生。①

马克思的任务是启迪人们发现并走出迄今为止的历史的最后危机,引导人们驶向人性的彼岸,"马克思把历史的结束当做历史自身的否定,致力于开启一个崭新的真实人性的世界"②,正是因为资本主义使得历史获得一种世界性,在这一意义上,马克思的批判具备一种世界性——世界性的批判是对世界的历史的批判,是对人的现实的批判,自然也构筑着未来世界的历史。正是在这一基础之上,马克思对资本主义现实的批判以及共产主义思想的阐发才共同构筑了现代社会的合法性与人类社会发展的未来趋势。

二 合理性与技术异化:从韦伯到哈贝马斯

马克思正是从其社会形态论和历史唯物主义出发,阐释了各历史阶段在人类历史上的合法性以及其由于生产力与生产关系的矛盾运动必然被推翻从而进入新的社会形态,又从道德和历史两个角度出发,论述了共产主义社会为社会形态之最高,从而要求革命以推翻资本主义社会秩序。从异化出发的西方马克思主义继承并发展了马克思的异化理论及批判理论。在本节,笔者提出如下的思路:西方马克思主义者,尤其是哈贝马斯对马克思的"异化"概念的继承与发展是从对韦伯的"合理性"命题的批判开始的,针对资本主义社会合理性的新的发展阶段从而过渡到马克思历史唯物主义的发展以及"异化"在晚期资本主义社会的新的变化——技术异化,进而

---

① 《马克思恩格斯全集》第三卷,人民出版社 1960 年版;戴晖:《费尔巴哈、马克思和尼采》,人民出版社 2015 年版;杨小峰:《关于韦伯对〈共产党宣言〉重构的批判性反思》,《学习与探索》2019 年第 4 期。

② 戴晖:《费尔巴哈、马克思和尼采》,人民出版社 2015 年版,第 58 页。

构建了交往理性这一"理性的理性"。

(一) 开启技术异化：从马尔库塞到哈贝马斯

在对韦伯关于工业资本主义与合理性问题的论述中，马尔库塞拒斥了韦伯关于资本主义合理性问题的论述，他认为韦伯的观点"……至今仍然有效吗？……后资本主义的合理性仍然是从内在世界的禁欲主义中引申出来的吗？我认为，对这些问题的回答必然是否定的。……它们（韦伯归纳的各种形式）的瓦解使资本主义工业化的合理性出现在非常不同的光亮之中：在它的非合理性的光亮之中……""'内在世界的禁欲主义'在后资本主义已不再是一种推动力量；它已成了为维护这个制度而效力的一种羁绊"。① 马氏认为，韦伯的合理化是以合理性的名义实现没有得到承认的政治统治的既定形式，其本身就包含了一种对某种政治形式的内在和预先的认同，"这一发展暗含在他的概念的构架中——这种暗含的层次是如此之深，以致它显得是不可抗拒的、决定性的，并且因而（在贬义上）是理性的"②，用一种合理证明另一种合理，在这种合理性下的社会系统之中，技术理性也不可能脱离于政治，所以马氏认为，技术理性的概念也许本身就是意识形态，不仅是技术理性的应用，而且技术本身就是（对自然和人的）统治，就是方法的、科学的、筹划好了的和正在筹划着的统治。③ 也就是说统治本身是服从于、产生于技术逻辑的，而且技术是一种历史的、社会的设计——技术是竞争的必备品，人要进行竞争就必须需要技术，而不是一种人的刻意的、主观的规划。马氏从韦伯出发，认为韦伯意义的合理化在发达资本

---

① ［美］赫伯特·马尔库塞：《现代文明与人的困境——马尔库塞文集》，李小兵译，上海三联书店1989年版，第82—83页。
② ［美］赫伯特·马尔库塞：《现代文明与人的困境——马尔库塞文集》，李小兵译，上海三联书店1989年版，第84页。
③ ［德］尤尔根·哈贝马斯：《作为"意识形态"的技术与科学》，李黎、郭官义译，上海学林出版社1999年版，第39—40页。

主义之中产生了一种新的变化——合理性通过一种错误的论证方式，使得现行统治的合理性被认可，"'最合理的'仍然只是在由它自己系统的可计算和可调节的运行，所决定的那种形式的合理性意义上使用的……在向统治问题、控制问题的转化中，这种合理性通过自己……内在的动力，使自己服从于另一种合理性，即统治的合理性"①。而现行统治的背后是技术的、社会的、历史的必然结果，从而使发达资本主义社会之中的统治变为了技术的副产品，"这两个事实（私人企业和自由劳动）……它们是技术的必然性……它们是统治的基础，而统治则是现代工业社会中资本主义的（甚至是经济的）合理性的一个不可分离的要素"②，而这种新的发展趋势使得统治、劳动、技术全方位地对人进行压迫，这种变化对马克思主义中的"生产力—生产关系"命题进行了冲击。在这一意义上《单向度的人》某种程度上就是对这种全方位的压迫的陈述与批判。

马氏还将韦伯的合理性命题与马克思的"生产力—生产关系"命题结合起来——生产力所发挥的作用从政治方面来说现在已经不再是对有效的合法性进行批判的基础，它本身变成了合法性的基础——合理性命题既是一种批判又是辩护生产力—生产关系命题的标准。③ 正是在这样的一种合理性全面蔓延并得以自我论证的情况下，"批判的停顿，没有反对派的社会"，批判的社会功能才得以彰显。

马尔库塞在《马克斯·韦伯著作中的工业化与资本主义》（"Industrialisierung und Kapitaliemusim Werke Max Weber"）一文的最后提出了一个基于其对韦伯的资本主义合理性批判的思考："技术理性这

---

① [美]赫伯特·马尔库塞：《现代文明与人的困境——马尔库塞文集》，李小兵译，上海三联书店1989年版，第92页。
② [美]赫伯特·马尔库塞：《现代文明与人的困境——马尔库塞文集》，李小兵译，上海三联书店1989年版，第95页。
③ [德]尤尔根·哈贝马斯：《作为"意识形态"的技术与科学》，李黎、郭官义译，上海学林出版社1999年版，第41页。

个概念本身可能是意识形态的。不仅是技术的应用，而且技术本身，就是（对自然和人的）统治——有计划的、科学的、可靠的、慎重的控制。"① 在其后续的研究中，马尔库塞在艺术中找到了走出技术异化的可能性："美学实践为马尔库塞提供了一种改造工具论的模型，……马尔库塞相信可以通过理性和想象的融合来超越理性和想象的分离。"② 哈贝马斯继承了马尔库塞对技术异化问题的探讨，并基于此对这一问题进行思考和发展。

"科学和技术的合理形式，即体现在目的理性活动系统中的合理性，正在扩大成为生活方式，成为生活世界的'历史的总体性'。"③ 技术和科学的合理性正在侵蚀整个生活世界的各个层面，从而使其合理性具备历史性和总体性。哈氏认为，马尔库塞将新的技术理性建立在与自然的交流上，"但是，从对待自然的这种态度中却得不出一种新的技术观念"；哈贝马斯认为，"我们不把自然当作可以用技术来支配的对象，而是把它作为能够［同我们］相互作用的一方。我们不把自然当作开采对象，而试图把它看作［生存］伙伴"④。哈氏从其"劳动—相互关系"这组概念出发，基于晚期资本主义发展的新趋势重新解读了技术异化这一问题。

在哈氏看来，晚期资本主义发展具有如下三个新趋势：（1）国家干预活动增加了；（2）研究和技术之间的相互依赖关系日益密切；（3）技术的科学化和国家主义化，正是这三个变化使得韦伯和马克思的理论命题的历史前提——自由资本主义——发生了改变，在这一点上，哈氏认为在晚期资本主义社会之中运用马克思劳动价值学

---

① ［美］赫伯特·马尔库塞：《现代文明与人的困境——马尔库塞文集》，李小兵译，上海三联书店1989年版，第106页。
② 安德鲁·费恩伯格、朱春艳：《哈贝马斯或马尔库塞：两种类型的批判？》，《马克思主义与现实》2005年第6期。
③ ［德］尤尔根·哈贝马斯：《作为"意识形态"的技术与科学》，李黎、郭官义译，上海学林出版社1999年版，第47页
④ ［德］尤尔根·哈贝马斯：《作为"意识形态"的技术与科学》，李黎、郭官义译，上海学林出版社1999年版，第45页。

说的条件不存在了——生产力的发展异化为技术的发展,从而使得劳动和相互作用在观念上从模糊走向对立,人们越来越将技术理性看作一切的理性,这其中当然也就包括了统治的合理性,也正是在这一意义上,哈贝马斯将技术看作一种意识形态。技术作为一种意识形态区别于一种独特性——这种独特性来源于技术能够成为一种意识形态的条件:(1)社会的合法性的来源被异化为科学的规定而不是人的相互作用的规定;(2)人对世界的理解从一种普遍意义的文化理解走向了一种狭隘的个体化,作为意识形态的技术使得政治成为一种技术的副产品,技术的逻辑深入到制度框架的发展趋势,使得目的理性和相互作用之间的差异在意识层面上消失,人们趋于将技术的一切若隐若现的内在安排看作社会的历史的合法的自在状态。

这种人们意识层面上的自在使得社会的冲突从阶级迈向了生活世界之中。哈贝马斯认为资本主义社会的新的发展趋势使得马克思的阶级斗争和意识形态理论的使用前提发生了改变,"按照马克思的说法,政治经济学批判,过去只是作为意识形态批判才是资产阶级社会的理论。但是,当公平交换的意识形态瓦解了,人们也就不能再用生产关系直接地批判统治制度了"[1]。哈氏将晚期资本主义的发展看作自由资本主义下的阶级斗争的产物,是资本主义危机对国家制度的危害使得晚期资本主义兴起,而在晚期资本主义人们不再以阶级的形式维护利益,这一具有政治意涵的词语在人们的意识之中淡出。虽然具有阶级的集体性的文化传统、生活方式、政治观点依然没有变化,但是只要冲突不牵涉政治领域,不影响制度运行即可。而在哈贝马斯看来,晚期资本主义社会的存在基础不再是马克思时代的工人劳动,既然"这个社会制度不再是依靠它们(工人)的劳动而生存",那么马克思所提出的革命便只能通过一种阶级的联合才

---

[1] [德]尤尔根·哈贝马斯:《作为"意识形态"的技术与科学》,李黎、郭官义译,上海学林出版社1999年版,第59页。

能实现。而这一切，哈贝马斯都将其看作生产力的意识形态功能的退场，技术成为了新的意识形态，技术作为意识形态的不同之处在于，这一意识形态"不太可能受到反思攻击的，因为它不再仅仅是意识形态"，它会"阻挠人们讨论社会基本问题"和人们对技术的反思，从而走向了技术对自身合理性的自我维护。①

（二）走出技术异化：现代社会中自由何以成为可能

如何走出技术异化是对韦伯命题中"现代社会下人的命运"的回答，也是对马克思命题中异化问题的回答，直接指涉着自由在现代社会何以成为可能。在韦伯的思想世界中，不可避免的官僚制是现代社会新的奴役"铁笼"②，而在政治领域韦伯并未探索到如宗教领域一般的具有张力的反题概念——政治领域之中没有什么能推动人们发现自由的曙光，在这一意义上韦伯的探索是失败的。③ 如果我们从哈贝马斯的视角去解读就会发现韦伯的失败是必然的，将技术的合理性作为一个历史的自在本身就是一个悖论。而马克思以革命推翻资本主义社会从而迈向共产主义的解决方案在哈贝马斯看来也不具备现实基础——毕竟作为革命基础的生产力已经被技术异化为现代社会的合法性本身。

哈贝马斯呼唤政治重新回归生活世界，其背后更是对反思的呼唤，正是因为"人们对技术进步的方向本身并没有加以反思，……新的技术能力不知不觉地闯入到现今的生活方式之中……把最广泛

---

① ［德］尤尔根·哈贝马斯：《作为"意识形态"的技术与科学》，李黎、郭官义译，上海学林出版社1999年版，第67—70页。

② 有学者指出，韦伯在1915年前后的理论命题因对现实政治的关注而转向了对"理性化与自由"的考察，由此引出了其"支配社会学"的理论。韦伯的支配社会学也可以看作其宗教社会学核心命题的政治领域探索。具体参见李猛《除魔的世界与禁欲者的守护神：韦伯社会理论中的"英国法"问题》，载《韦伯：法律与价值》，上海人民出版社2001年版。

③ ［美］雷蒙·阿隆：《社会学主要思潮》，葛秉宁译，上海译文出版社2005年版，第493—495页；［德］马克斯·韦伯：《新教伦理与资本主义精神》，阎克文译，上海人民出版社2017年版。

的理性结论和没有加以反思的目的、僵死的价值学说……之间的不协调关系公开化了",政治作为公共的反思领域,是社会在意识上走向自由的可能性,"只有当我们用政治意识来判断和解决这种辩证关系时,我们才能把握住……技术进步同社会的生活实践之间的联系",这也是实践反思的开始。① 公众的非政治化是技术统治的必需,它将一切矛盾和反思掩盖在了技术的合法性之下,所以哈贝马斯才将希望寄托在学生团体之中,② 让他们来代替阶级冲突成为一个新的冲突领域以期使反思与矛盾重返公民社会之中,但我们的问题是:(1) 是否只有冲突才能让反思重降于生活?(2) 学生群体是否真的能够担当这一历史使命?

毋庸置疑,冲突能够带给我们反思,但冲突不是反思的唯一路径。米尔斯提出的"社会学的想象力"就为我们找寻反思提供了新的可能性。"社会学的想象力"在前提上至少包含着社会学家与社会中的公众两个群体,后者在运用"社会学的想象力"时是要对抗生活在现代社会中的"陷阱感","现如今,人们往往觉得自己的私人生活是一道又一道的陷阱"③——这种"陷阱感"表现于行动者的主观感受,根植于社会的现代性及其后果。"生活的陷阱"产生于社会的整体性变迁,"陷阱感"是这种整体性变迁带来的一种人的感性认知,而社会学的想象力"有助于他们运用信息,发展理性,以求清晰地概括出周边世界正在发生什么,他们自己又会遭遇到什么"④——正是应对这种"陷阱感"的世界观的重塑。这种新的世界观是对既有世界的整体反思,也是对既有世界观的整体反思,力

---

① [德] 尤尔根·哈贝马斯:《作为"意识形态"的技术与科学》,李黎、郭官义译,上海学林出版社1999年版,第94—96页。
② [德] 尤尔根·哈贝马斯:《作为"意识形态"的技术与科学》,李黎、郭官义译,上海学林出版社1999年版。
③ [美] 赖特·米尔斯:《米尔斯文集:社会学的想象力》,李康译,北京师范大学出版社2017年版,第3页。
④ [美] 赖特·米尔斯:《米尔斯文集:社会学的想象力》,李康译,北京师范大学出版社2017年版,第5页。

图构建一种新的思想共同尺度："在思想上的每一个时代都会有某种思考风格区域成为文化生活的共同尺度"①。而"共同尺度"是人们所公认的具有共识的规范。"思想共同尺度"则是人们在思想观念上所公认的具有共识的规范。米尔斯倡导将社会学的想象力作为新的"思想的共同尺度",是希望通过将社会学的想象力合法化的方式,让现代社会的行动者走出现代性转型带来的"陷阱感",本质上是对如何走出现代社会困境的解答。所以,哈氏以构筑新的冲突使反思重回生活世界的路径并非是唯一的,关键在于什么能够唤醒反思。

那么学生群体是否能够担当唤醒反思的历史使命呢?哈贝马斯认为这是必然的,大学生之所以能够担当这一历史使命的理由有三点:(1)其利益并非来源于社会现实,社会也不可满足;(2)他们拒斥统治的合法性要求;(3)他们以一种反对一切的冲突进行对抗。② 但与其说是让学生群体担当这一历史使命,不如说是让受价值理想引领的行动群体来担当这一历史使命,这种价值理想是一种思想的现实超越,是一种历史性的价值理想。哈氏也发现,科学不再是当代大学教育的导向性力量,"……科学在技术中的应用和技术进步又反过来应用于科学研究,成了劳动世界的核心和实体","……科学随着它渗透到职业实践,它自身与教育相脱节"③,大学体制的"美国化"是一个自韦伯时代就发生的现象——如果教育也受着技术的逻辑,那么我们是否还能满怀希望地将这一历史使命交付于学生群体吗?所以在这一问题上,我们似乎又回到了韦伯式的命题之中——去寻找受价值理想引领行动的群体,让他们完成这一

---

① [美]赖特·米尔斯:《米尔斯文集:社会学的想象力》,李康译,北京师范大学出版社2017年版,第16页。
② [德]尤尔根·哈贝马斯:《作为"意识形态"的技术与科学》,李黎、郭官义译,上海学林出版社1999年版。
③ [德]尤尔根·哈贝马斯:《作为"意识形态"的技术与科学》,李黎、郭官义译,上海学林出版社1999年版,第89页。

历史任务。①

三 结语

与马克思不同,矛盾充斥着韦伯的思想。他力图证明资本主义诸社会秩序的合理性却也看到自由在官僚制下的陨落;他毕生探索科学与政治之间何以协调却也无法将其融合;他以理性的方法认识现实却发现理性也许正是非理性现实的源泉。但我想,也许这正是韦伯的伟大之处——韦伯犹如一个在现代社会的工具理性丛林中迷路的探险者,使出浑身解数却不见自由的曙光。韦伯的伟大在于其思想的矛盾所指向和引出的问题。这一矛盾直指资本主义合理性问题,并引发了西方马克思主义关于合理性问题的探讨——从韦伯开始,以马克思为基础,落脚于资本主义现实发展了晚期资本主义时代的西方马克思主义理论。也许这些思想对于身处东亚文化和社会主义制度下的我们来说并没有十足的现实意义,但它却引领我们发现批判与反思。无论是"道德评价优先"还是"历史评价优先",反思与批判贯穿马克思思想的始终,对于身处现代社会的我们来说,也许马克思思想的基础已经变化,也许马克思所批判的现象已经变异,但批判与反思却始终不会退却其耀眼的光芒。诚如马尔库塞所言,社会批判理论的目的是"研究这些发展的根源,考察它们的种种历史替代性选择",并且"拒绝把给定的事实领域当作有效性的决

---

① 韦伯在《民族国家与经济政策》一文中发出了这样的感慨:"历史老人送给我们的生日礼物乃是以往任何一代都未受过的最可怕诅咒,这就是:注定作为'政治侏儒'的命运。"所谓"政治侏儒"正是"政治不成熟"的人:韦伯见证了德意志帝国的统一与辉煌,也目睹了各自为利、缺乏民族感的德国民众,在他看来容克贵族借助其政治优势地位为本阶层谋利为念,凌驾于国家和民族利益之上,并没有承担领导阶级的责任,而市民阶级由于长期处于政治中的被支配地位,没有充分的政治经验和政治能力,所以才会认为在他的时代,没有哪个人、哪个阶层能够担当领导德意志民族的,使德国走向辉煌的重任,因为没有谁是"政治成熟"的。具体参见[德]马克斯·韦伯《民族国家与经济政策》,甘阳编,生活·读书·新知三联书店2018年版,第83页。

定语境",从而在伦理上去探索"人类生活是值得过的,或者可能是和应当是值得过的",在社会层面去探索"在一个既定的社会中,存在着种种改善人类生活的特殊可能性以及实现这些可能性的特殊方式和手段"[①]。只有对现实抱有否定与批判的态度,人类才能在想象国度中发现历史的礼物。

---

① [美]赫伯特·马尔库塞:《单向度的人:发达工业社会意识形态研究》,刘继译,上海译文出版社2006年版,第2—3页。

编 后 记

袁祖社[*]

《思想星空》旨在为新时代陕西师范大学教育与教学观念变革历史上，国内首家以学科命名的书院——陕西师范大学哲学书院，搭建一个交流思想、砥砺学术的平台。

刊名是书院特聘院长、国内知名学者、北京师范大学韩震教授最终确定的，非常契合书院的理念、宗旨和办刊目标。

书院创办伊始，就被确定为"陕西师范大学拔尖创新人才试验区"，形成并确立了"重专业融通与综合素质培养，重理性精神与批判性思维能力训练，重开放性国际视野与创新意识规训，重优良心智与健全人格养成"的办院理念，以及"明智""通慧""识理""敏行"的院训。

书院自2018年正式获批，迄今已经走过了非常不平凡的三个年头，甘苦自知。2021年，书院第一批学生圆满完成学业，顺利毕业，这有赖于所有参与者的努力。书院逐渐获得了社会各界的肯定、认同和接纳，书院的知名度、美誉，书院学生的获得感、满意度以及全体书院人的自信心、自豪感等也在不断增强，书院正在成为陕西师范大学乃至整个西部创新哲学教育的一张亮丽的名片。

---

[*] 袁祖社，男，1963年生，陕西师范大学哲学与政府管理学院院长、哲学书院常务副院长，教授，博士生导师。

正是为了相对全面、相对充分地展示书院教师丰富、独特的教学、科研成果，书院学生探究式、对话式学习的心得，以及书院社团、师生社会实践等多方面的创新性举措，同时经常性地介绍国内外书院教育的最新理论成果以及发展现状，促进书院与海内外书院的交流，不断扩大书院的社会影响，《思想星空》在栏目设计上，既有国内外著名学者前沿性哲学理论的探索，也有围绕现代大学通识教育理念和实践所做的深刻思考；既有书院教师学术研究成果的精要介绍，又有学生优秀课业成绩的摘优刊载……

刊名取作"思想星空"，清新隽永、旨趣高远、意味深长。哲学的思考，是从星空开始的。浩渺、深邃、美丽的夜空，群星璀璨，令人浮想联翩、充满无穷的遐想。屈原的《天问》，充满了先秦时期中国古代哲人求索的渴望与智慧：曰遂古之初，谁传道之？上下未形，何由考之？冥昭瞢暗，谁能极之？冯翼惟象，何以识之？明明暗暗，惟时何为？阴阳三合，何本何化？圜则九重，孰营度之？惟兹何功，孰初作之？斡维焉系，天极焉加？八柱何当，东南何亏？九天之际，安放安属？隅隈多有，谁知其数？天何所沓？十二焉分？日月安属？列星安陈？……

仰望星空的目的，不仅仅是洞悉宇宙的奥妙，更是更好地观察、理解和诠释人类生存和生活于其中的社会世界、精神与心灵世界的人文的、价值的真理。于是，我们听到了自古希腊"哲学之父"泰勒斯开端的一群哲人，深湛思索以后贡献给人类的卓越的哲学智慧。人类哲学思想的星空，因有哲学"智慧之星"的点缀，更加明亮、更加熠熠生辉。古希腊自然哲学时代，是以哲学的方式点亮人类关于世界本质之思考之开始，是思想为世界点灯，照亮后人探索之路的肇始。希腊哲学的主题，在于寻索"万物生成、存在与变化"之最终根据，所谓"本体论"的学问。思想家最初的探索，引人入胜。

衷心希望这本小小的不起眼的学术刊物能够为推动当代中国高

等教育双一流建设，切实贯彻以学生为中心的宗旨，能够为推动哲学通识教育做一些力所能及的贡献。

《思想星空》的创办和正式出版，得到了陕西师范大学学科建设与发展规划处、社会科学处等职能部门领导，得到陕西师范大学哲学与政府管理学院党政以及书院各位同人的大力支持。值此正式出版之际，一并致以深深谢意！